The Real Eighties

AMERIKANISCHES KINO DER ACHTZIGERJAHRE: EIN LEXIKON

Lukas Foerster und Nikolaus Perneczky (Hg.)

Österreichisches Filmmuseum
SYNEMA – Gesellschaft für Film und Medien

Ein Buch von SYNEMA ☰ Publikationen
The Real Eighties. Amerikanisches Kino der Achtzigerjahre: ein Lexikon
Band 31 der FilmmuseumSynemaPublikationen

SYNEMA – Gesellschaft für Film und Medien
Neubaugasse 36/1/1/1
A-1070 Wien

Korrektur: Joe Rabl
Grafisches Konzept, Gestaltung und Produktion: Gabi Adébisi-Schuster
Coverfoto: *Johnny Handsome,* 1989, Walter Hill (Collection Cinémathèque suisse/Alle Rechte vorbehalten)
Druck: Donau Forum Druck Ges.m.b.H.
Gedruckt auf FSC-zertifiziertem Papier
Verlags- und Herstellungsort: Wien

ISBN 978-3-901644-71-9

Mit Dank an die Freie Universität Berlin für die finanzielle Unterstützung
(im Rahmen des Sonderforschungsbereichs 626, *Ästhetische Erfahrung im Zeichen der Entgrenzung der Künste*).

Dieses Buch entstand mit Unterstützung durch das Österreichische Filminstitut

Österreichisches Filmmuseum und SYNEMA – Gesellschaft für Film und Medien
sind vom Bundeskanzleramt Österreich/Kunst und Kultur – Abt. (II/3) Film
sowie von der Kulturabteilung der Stadt Wien geförderte Institutionen.

BUNDESKANZLERAMT ▪ ÖSTERREICH

Inhalt

Lukas Foerster und Nikolaus Perneczky

Zum Geleit

Alles Übel entspringt den Achtzigerjahren. Sie waren die erste Hochphase des Neoliberalismus, der überall in der westlichen Welt über gewerkschaftliche Organisation und andere Formen des Widerstands triumphierte, während die gesellschaftlichen Aufbruchsbewegungen der 1960er- und 1970er-Jahre ein jähes Ende nahmen. Auch filmhistorisch werden die 1980er meist als Verfallsgeschichte konturiert: Sie gelten als das Jahrzehnt, in dem New Hollywood zu Grabe getragen wurde und das Blockbuster-Prinzip, wie es das Mainstreamkino seither bestimmt, seinen unaufhaltsamen Siegeszug antrat; als eine Zeit des Übergangs, in der das amerikanische Kino sich im Einklang mit Präsident Reagans neoliberaler Agenda neu ordnete. Gestützt werden solche Pauschalerzählungen von einem populären Imaginären, das sich, kristallisiert in sofort wiedererkennbaren Bildern, noch vor jede Wahrnehmung schiebt und eine unbefangene Begegnung nahezu verunmöglicht. Die Eighties sind gebrandmarkt als das Jahrzehnt, in dem sich zunehmende soziale Härten und ideologische Verengungen in Schulterpolstern und verspiegelten Sonnenbrillen materialisierten, in muskelbepackten Actionhelden und aalglatten Yuppies mit Vokuhila oder Föntolle, in Filmen wie *Top Gun*, *Raiders of the Lost Ark*, *E.T. the Extra-Terrestrial*; ein Jahrzehnt der allgegenwärtigen Bilder zwar – nicht umsonst unter der politischen Führung eines ehemaligen Film- und Fernsehschauspielers –, aber zugleich das Jahrzehnt, in dem wir lernten, dass den Bildern, die überall zur trügerischen Oberflächlichkeit der Warenform tendierten und als elektronische Signale ihren Halt an der Wirklichkeit verloren, nicht mehr zu trauen war.

The Real Eighties sucht nach Widerständen und Widersprüchen in den Erzählungen und Texturen dieses verfemten Kinojahrzehnts – auch und gerade mit Blick auf die Mitte des Hollywood-Mainstreams. Im Anschluss an die gleichnamige, von den Herausgebern kuratierte Filmreihe, die von Mai bis Juni 2013 im Österreichischen Filmmuseum zu sehen war, versammelt das Buch kurze bis mittellange Texte in lexikalischer Ordnung. Die Grundeinheit des Lexikons – sein Rückgrat – bilden Einträge zu einzelnen Filmen; dies auch, weil die Inspiration des Buchs auf die Programmarbeit im Kino zurückgeht. Dazu tritt eine Reihe von Porträts: Texte zu veritablen Pop-Ikonen der Hollywood Eighties und prägenden Charakterdarsteller/inne/n; zu legendären Produzentenpersönlichkeiten und einer Riege mal mehr, mal weniger bekannter Filmemacher/innen, unter besonderer Berücksichtigung von Randfiguren und Grenzgängern der kommerziellen Filmproduktion: den zu früh oder zu spät Gekommenen, den Zeitlosen und aus der Zeit Gefallenen. Ergänzend dazu entwickelt eine Handvoll längerer Beiträge historische beziehungsweise thematische Bögen entlang von politischen, technologischen oder soziokulturellen Einsätzen; Bögen, wie sie sich im Rahmen einer Filmreihe erst im Ganzen besehen, das heißt über die Dauer eines Monatsprogramms und mithin nur den hartnäckigsten Kinobesucher/inne/n erschließen.

Im Kino wie im Buch war es uns ein Anliegen, die Filme (beziehungsweise Filmbeschreibungen) miteinander in einen Dialog treten zu lassen, der neue Verbindungen knüpft und mit alten Gewissheiten bricht. *The Real Eighties* entwirft ein eigenes Koordinatensystem des US-Kinos der Achtzigerjahre. In seinem Zentrum stehen nicht *tent-pole*-Produktionen und Kassen- oder Kritikererfolge, sondern die ganze Bandbreite und Reichhaltigkeit des kommerziellen »Normalbetriebs«, mitsamt den vielsagenden Fehlzündungen und Querschlägern, die dieser Betrieb neben beziehungsweise als Teil der Routine immer auch mithervorbringt. Also nicht vornehmlich der Blockbuster in der damals begründeten Spielberg/Lucas-Tradition, sondern die in der Rückschau zumeist übersehenen Spielarten eines »mittleren« Genrekinos: Thriller, Komödien, Horrorfilme, Melos, in denen sich der filmindustrielle *genius of the system* auch noch Jahrzehnte nach dem Niedergang des klassischen Studiosystems fortschreibt. Zwar ist das Buch ein Lexikon, aber eines, dem es ausnahmsweise nicht um

Repräsentativität und schon gar nicht um Vollständigkeit geht. Geleitet von eigenen Interessen und Setzungen (der Herausgeber wie der Autor/inn/en), verzeichnet es eine alternative Kartografie der Hollywood Eighties – gelegentlich gegen den Strich all der Klischeevorstellungen gebürstet, die dieser Ära anhaften, öfter jedoch in ausdrücklicher Absehung von bestehenden Deutungsmustern. Das in Auswahl und Ausrichtung dieses Lexikons waltende Prinzip ist eher offen exploratorisch als oppositionell; sammelnd und einschließend anstatt von kritischer Ausschließlichkeit.

Das negative, kritische Moment des Buchs hingegen richtet sich vor allem gegen Verhärtungen und Knoten in den geläufigen Eighties-Filmgeschichten. Um sie auszuheben, schlägt der Band eine in (mindestens) zweifacher Hinsicht »außenstehende« Perspektivierung vor. Einmal versammelt er deutschsprachige Texte zu englischsprachigen Filmen, verfasst von Autor/inn/en, die (mit wenigen Ausnahmen) dem deutschsprachigen Raum entstammen. Zum anderen sind sowohl die Herausgeber als auch das Gros der Autor/inn/en »Nachgeborene«, die ihre prägenden Kinoerfahrungen in den 1990er- und Nullerjahren gemacht haben und sich ihrem Gegenstand daher aus der Erkenntnisperspektive einer unhintergehbaren Nachzeitigkeit nähern. Diese doppelte Distanz ermöglicht einen anderen Blick, ohne ideologische Scheuklappen (oder zumindest: mit andersartigen), einen Blick, der Potenziale entdeckt, die früheren Beobachter/inne/n im Eifer der diversen Gefechte unzugänglich waren – nicht zufällig hatten es viele der Filme, denen

unser Augenmerk gilt, schwer bei der zeitgenössischen, zumal US-amerikanischen, Kritik.

Zu den eigens für diesen Band verfassten
Texten treten historische Vor-Bilder dieser
»äußerlichen«, deutschsprachig-verschobenen
Sicht der Dinge. Wesentliche Stimmen der
cinephilen deutschen Filmpublizistik der Achtzigerjahre, von denen einige hier als Wieder-
abdruck inkludiert sind, nahmen an diesem
Kino schon damals eine den politischen Desillu-
sionierungen trotzende Generativität wahr,
die ihren unmittelbar betroffenen anglofonen
Kolleg/inn/en oft verborgen blieb – obwohl
es natürlich immer Positionen wie die von
Pauline Kael gab, die einzelne, zumeist als
widerständig gerühmte Auteurs gegen die Ge-
samttendenz des Kinos, in dem sie arbeiteten,
verteidigten. Von solchen Ausreißern (und von
den industrienahen Jubelschreibern) abgesehen,
erlebte die nordamerikanische Kritik die Hollywood Eighties jedoch einhellig als Niedergang,
als Zurückdrängung politischer Möglichkeiten
und ästhetischer Spielräume unter dem Druck
zunehmender Korporatisierung und Konzern-
Konglomeration. Dass auch europäische Kritiker diesem Narrativ nicht abgeneigt waren,
zeigt die vielleicht einflussreichste Schrift in
dieser Traditionslinie, *Hollywood from Vietnam
to Reagan* (1986) des britischen Filmkritikers
Robin Wood.

Die ersten filmhistoriografischen Aufarbei-
tungen der 1980er waren nicht minder skeptisch.
Am wenigsten voreingenommen noch nähert
sich Steven Prince dem US-Kino der Achtzigerjahre in seiner 2002 erschienenen wirtschafts-
historischen Summa des Jahrzehnts, *A New Pot*

of Gold: Hollywood under the Electronic Rainbow,
worin sehr kleinteilig die zentralen Entwick-
lungslinien – insbesondere filmindustrielle Umbrüche in puncto Wirtschaftsweise und Ver-
wertungsketten – entfaltet werden. Diese veränderten Umstände hatten nachhaltige Folgen
auch für Anmutung und Rezeption der darunter produzierten Filme. Technologische Entwicklungen – prominent: das Aufkommen von
VHS und elektronischen Bildgebungsverfahren
– sowie der Aufstieg der Multiplex-Kinos in
den Shoppingmalls der USA begünstigten
die Herausbildung neuer Auswertungsmodelle
und korrespondierender Filmtypen. Blockbuster und High-Concept-Filme, wie sie die heutige Kinolandschaft durchziehen, haben ihren
Ursprung in diesen epochalen Transformatio-
nen der amerikanischen Filmindustrie in den
1980ern; sie sind Kernstücke einer synergeti-
schen Gewinnkalkulation, die von der Kino-
kasse auf andere Medienplattformen und von
dort auf die gesamte Warenumgebung über-
greift – unter dem Dach einer Handvoll globa-
ler Medienkonzerne.

Auch die deutschsprachige Kritik der 1980er-
Jahre nahm diese Entwicklungen mit Besorgnis
zur Kenntnis, vor allem in der ideologiekritischen Linie etwa der *Filmkritik*. Zugleich jedoch formierte sich ein Gegenpol zu dieser
konsolidierten Position, allen voran in der 1982
von Milan Pavlovic und Philip Siegel gegrün-
deten Filmzeitschrift *steadycam*, die das Mainstreamkino jener Jahre feierte und dabei ausge-
lassen mit persönlichen, impressionistischen
Schreibformen experimentierte. Einige Beiträge
dieses Bands, und vielleicht auch sein panora-

matisches Konzept, schließen auf die eine oder andere Art an die *steadycam*-Tradition an.

Dennoch ist unser Ansatz insgesamt ein anderer. Der Hauptgrund dürfte, siehe oben, im Generationenunterschied zu suchen sein. Wir sind Kinder der 1980er nur im wörtlichen Sinn; die Filme, von denen der Band handelt, haben wir nicht als Zeitgenoss/inn/en im Kino entdeckt, sondern nachträglich, meist zu Hause, jede/r für sich und auf eigenen Wegen. Mag schon der *steadycam*-Blick auf die 1980er ein idiosynkratischer gewesen sein, unser heutiger ist es erst recht. Der Blick auf Filmgeschichte hat sich allgemein gewandelt. Was damals seinen Anfang nahm, hat sich seither intensiviert; Filmgeschichte löst sich vom Kino, wird in neuer Weise verfügbar, erst auf Home Video (und nachfolgenden Trägermedien) und dann im Netz – insbesondere in Bereichen, die online so gut erschlossen sind wie die Hollywood Eighties. Aus dieser Situation entstanden neue Formen des cinephilen Diskurses mit markant antikanonischem Drall: Die Relevanzbehauptungen und Allgemeingültigkeitsansprüche der *gate keeper* geraten zunehmend in Widerspruch zu den unzähligen, höchstpersönlich erarbeiteten Zugängen zur Filmgeschichte, die im Netz zirkulieren. Mehr noch als die vorausgegangene Filmreihe unternimmt das Lexikon zu den *Real Eighties* den Versuch, diesen veränderten Rahmenbedingungen Rechnung zu tragen.

Eine Grundparadoxie werden wir natürlich nicht los: Auch wenn der Band sich einem weitgehend egalitären Begriff von Filmgeschichte verschreibt, muss er faktisch doch eine Auswahl treffen, die wie jede andere vom Nicht-

ausgewählten kritisiert wird. Die lexikalische Ordnung, der die Beiträge sich fügen, impliziert keineswegs einen Anspruch auf Vollständigkeit. *The Real Eighties* will (und kann) kein umfassendes Nachschlagewerk des US-Achtzigerjahre-Kinos sein. Es ist uns zwar durchaus daran gelegen, eine gewisse Bandbreite an Genres, Produktionszusammenhängen und Motivkomplexen abzubilden, aber über weite Strecken folgt der Band persönlichen (mitunter privaten) Faszinationen und Fixierungen. Manche Schwerpunktsetzungen – wie etwa das Werk von Regisseur James Bridges, der in gleich vier Einträgen eine zentrale Rolle spielt – waren vor Beginn der editorischen Arbeit nicht vollends absehbar. Andere Akzente sind bewusst gesetzt. So richtete sich unser Interesse von Anbeginn auf Hollywood nicht nur als globalisierte Bilderfabrik, sondern auch und vor allem als Zentrum des *amerikanischen* Kinos. Der Band konzentriert sich auf Filme mit direktem Bezug zur Gegenwart (und jüngeren Vergangenheit) der USA; das in den 1980ern boomende Fantasy-Genre hingegen, aber auch zum Beispiel der »exotische Abenteuerfilm« sowie viele Spielarten des *period film* (mit Ausnahme der grassierenden Fifties-Nostalgie), bleiben weitgehend ausgespart. *The Real Eighties*: Das hebt auf keinen Realismusbegriff im engeren Sinn ab, sondern soll den programmatischen Fokus auf ein Kino lenken, das an amerikanischen Lebensrealitäten interessiert und orientiert ist.

Die lexikalische Reihung ist weniger ordnendes als generatives Prinzip; Texte kommunizieren, davon sind wir überzeugt, anders und vielleicht freier miteinander, wenn man sie alphabetisch ordnet und nicht, zum Beispiel, thematisch, chronologisch, thesenhaft. Das Disparate der Texte wird dabei weder versteckt noch gezähmt, sondern ausgestellt – ein Ansatz, der gerade an Bruchstellen neue Anschlussmöglichkeiten herstellt. Als Enzyklopädie, als Nachschlagewerk, ist unser Lexikon tatsächlich nur bedingt geeignet. Sein spezifischer Anspruch ist ein kartografischer: Wir hoffen, dass sich die Lexikoneinträge zu einem (Wimmel-) Bild fügen, das so vorher nicht sichtbar war. Und das sich für jede/n Leser/in anders zusammensetzen wird: Die Reihenfolge der Lektüre ist beliebig variierbar; das Buch lädt zum freien Blättern ein oder zur Schnitzeljagd der Querverweisungen, die in fast jedem Text aufscheinen. Auslassungen wie Überschneidungen sind bei einem solchen Unterfangen unvermeidbar, und wir haben es nicht durchweg darauf angelegt, sie zu minimieren. Die Verdoppelungen im Buch sind stets auch produktive Verschiebungen, bieten alternative Perspektiven auf einzelne Filme, Figuren, Diskurse – etwa in der Differenz zwischen Einzelfilm und Werkkorpus (wie in den Einträgen zu **Fast Times at Ridgemont High** beziehungsweise **Teen Movies**) oder in erkenntnisträchtigen Umwertungen und -gewichtungen, die sich ergeben, wenn man ein und denselben Film von Regie, Schauspiel oder thematischen Gesichtspunkten her erschließt.

Auch stilistisch und tonal unterscheiden sich die Texte deutlich voneinander; persönlich-essayistische Schreibpraktiken stehen neben stärker theoretisch informierten oder auch klassisch auteuristischen Ansätzen; manche bleiben

nah am Material, andere entfalten ein systematischeres Interesse oder schlagen großräumige Schneisen durchs Jahrzehnt. Die Zugänge sind mal wissenschaftlich, mal journalistisch grundiert, mal rühren sie von cinephilem Fandom her. Und die meisten Texte vereinen alle drei, in jeweils unterschiedlicher Gemengelage. *The Real Eighties* macht es sich zur Aufgabe, die zusehends sich verhärtenden Grenzen zwischen diesen unterschiedlichen Diskursfeldern wieder durchlässiger zu machen. Auch in dieser Hinsicht geht es um eine Kartografie, um den Versuch, nicht alle, aber einige wesentliche Positionen im Feld des deutschsprachigen Schreibens über Film (ergänzt um zwei im Original englischsprachige Beiträge) abzubilden. Die historischen Stimmen, die dem Band beigefügt sind, dienen dabei nicht einfach der Kontextualisierung. Sie sollen vielmehr zeigen, dass einerseits bereits in den 1980ern der Diskurs über das Kino jener Jahre reichhaltiger und vielschichtiger war, als man das angesichts aktueller Resümees (und nostalgischer Verkultungen) vermuten würde – was sich vor allem, abseits der großen Feuilletons, in der Filmzeitschriftenkultur niedergeschlagen hat, deren reiches Erbe heute viel zu wenig beachtet wird. Andererseits hoffen wir, dass das Nebeneinander des Ungleichzeitigen, von vergangenen Gegenwartsdiagnosen und gegenwärtigen Vergangenheitslektüren, Erkenntnisse über historisch-diskursive Schwerpunktverlagerungen eröffnet, und auch über die Geschichtlichkeit der kulturellen Praxis »Schreiben über Film«.

Was wird bei all dem sichtbar, was sind unsere anderen, neuen, unsere »wirklichen«

Eighties? Zum Beispiel andere Gesichter. Das von **Debra Winger** etwa, einer Schauspielerin, die der vermeintlichen Gefühlskälte der Dekade mit offenherziger Sinnlichkeit trotzt, oder das von **Albert Brooks**, der lange vor *Seinfeld*, aber bereits im ästhetischen Austausch mit Fernsehformaten, das komische Potenzial narzisstischer Modernitätsneurosen auskundschaftet. Wieder andere Gesichter, die man zu kennen glaubt, nehmen plötzlich neue Züge an, zum Beispiel, wenn man **Sylvester Stallone** nicht als den überlebensgroßen Schauspieler der Überlieferung, sondern als politisch zutiefst ambivalenten Regiearbeiter beschreibt. Oder Don Siegel, wenn man sich ihm nicht von den etablierten Klassikern seines coolen Bewegungskinos her nähert, sondern vom hysterisch-erratischen Spätwerk *Jinxed!*.

Sichtbar werden außerdem andere Erzählungen *in* den Filmen, die wiederum andere Erzählungen *über* Filme und Filmgeschichte ermöglichen. So wird deutlich, wie sehr die 1960er und 1970er an allen Ecken und Enden noch in die 1980er hineinragen, zum Beispiel in einer langen, vielseitigen Serie von Loner- und Außenseiterfilmen. Sichtbar werden widerständige Erzählungen und Stileme, die in den Niedergangserzählungen mit ihren ideologiekritischen Vorverurteilungen nicht vorkommen. Man denke nur an einen Film wie Bill Forsyths *Housekeeping*, bei dem man sich heute fragt, wie es möglich war, dass er je von einem Major-Studio produziert werden konnte; ein Film als Plädoyer nicht nur für Außenseiterschaft, sondern für eine selbstgewählte, fast schon obstinate Asozialität. Niemand würde auf die Idee kommen, ihn als einen »typischen« Eighties-Film zu beschreiben, aber er steht für eine durchaus markante Unterströmung des amerikanischen Kinos der Achtzigerjahre, für einen widerborstigen, proto-anarchistischen Regionalismus, für ein Kino der kleinen, dezidiert lokalen Form, wie es auch im Regiewerk von **Richard Pearce** Niederschlag findet sowie, zumal krisenhaft, in dem zahlenmäßig signifikanten, kritisch aber völlig vernachlässigten Zyklus von Filmen, der Anfang des Jahrzehnts um das musikalische Genre des **Country** herum entstand.

Auch die vermeintliche Blockbuster- und High-Concept-Einöde des Hollywood-Mainstreams belohnt den offenen Blick zurück: Man entdeckt dann beispielsweise jenseits aller Geschmacksgrenzen operierende Preziosen wie *Perfect* oder *Hardbodies* oder gewinnt Einblicke in die historische Genese der tief greifenden filmsprachlichen Innovationen eines **Tony Scott**. Nicht zuletzt gilt es, die Renaissance – oder muss es heißen: das letzte Aufbäumen? – des kleinen, erstaunlich schmutzigen Genre-Filmschaffens zu würdigen, dem die Hollywood Eighties einige ihrer denkwürdigsten Werke verdanken: quicklebendiges Gossenkino wie Gary Shermans *Vice Squad* und schrundige Horrorkleinode wie *C.H.U.D.*, Douglas Cheeks Erkundung der New Yorker Kanalisation. Sichtbar wird, kurzum, der Reichtum eines filmindustriellen Normalbetriebs, die Formenvielfalt eines breitenwirksamen *mid-budget*-Filmschaffens, das seither, und besonders in den letzten zehn Jahren, in eine tiefe Krise gestürzt ist.

Sichtbar wird zudem, dass es dem amerikanischen Mainstreamkino in den 1980er-Jahren noch einmal, vielleicht ein letztes Mal, gelungen war, einen Sinnzusammenhang zu etablieren, der, vor dem endgültigen Zerfall in Nischen und Teilpublika, auf ein geteiltes Ganzes verwies, selbst wenn dieses bereits von überdeutlichen Krisensymptomen geplagt war. Die 1980er-Jahre waren von einem nicht immer harmonischen Nebeneinander der alten und neuen Gemeinschaften des Bewegtbilds geprägt. Die das große Ganze bedingenden gesellschaftlichen Ausschlüsse ließen sich nicht länger ignorieren und brachen, wo man es doch versuchte, als weithin sichtbare Widersprüche aus den glatten Oberflächen des Achtzigerjahre-Kinos hervor. Der vorliegende Band kann diese Ausschlüsse – den Zusammenhang von Normalität und Normierung – nicht komplett einholen, aber er begreift es doch als seine Aufgabe, einige Sollbruchstellen im hegemonialen Gefüge, zum Beispiel die (De-)Konstruktion von **Whiteness**, zu bezeichnen. Black Cinema wie das des L.A.-Rebellion-Sonderlings **Jamaa Fanaka** oder Filme von Frauen tauchen durchaus auf, jedoch eher am Rande als Markierungen konstitutiver Ausschlüsse.

Bücher müssen ihre Einschränkungen produktiv machen, wobei das lexikalische Prinzip da vielleicht eine Ausnahme bildet: Seinem Ideal nach ist das Lexikon unendlich fortsetz- und erweiterbar. Real existierende Lexika indes müssen irgendwo aufhören, so auch dieses. Aber wo? Geschichte ereignet sich nicht in Dekadensprüngen. Insofern ist die Frage danach, wo »unsere« *Real Eighties* beginnen und wo sie

enden, nicht banal. Da der Anfang des von uns gewählten Jahrzehnts filmhistorisch zumindest einigermaßen mit dem Ende von New Hollywood – oder jedenfalls mit dem *watershed moment* **Heaven's Gate** – in eins fällt, ist der Einsatzpunkt im Jahr 1980 vergleichsweise unproblematisch. Wann aber enden die Achtzigerjahre? In globalpolitischer Hinsicht eignet ihnen eine gewisse Geschlossenheit. Die Welt war nach 1989, nach dem Ende des Kalten Kriegs, nicht mehr dieselbe; die letzte Generation der Kalten Krieger, von Reagan über Thatcher bis Gorbatschow, war abgetreten oder bereitete den Abschied vor (nur Kohl hatte die Zeichen der Zeit verschlafen).

Das Kino der 1980er ist dennoch bis heute unter uns – immer noch und immer wieder. Zwar haben sich seit damals auch im amerikanische Kino entscheidende Umbrüche vollzogen – der Aufstieg der neuen »Indies« kündete in den 1990ern von neuen Diversifizierungsstrategien, während Horrorfilme, Komödien und andere zentrale Genres des Jahrzehnts an Zugkraft verloren. Außenseiterschaft innerhalb des Systems wurde schwieriger, oder trat zumindest in Konkurrenz zum Independent-Segment, zu neuen *players* wie Miramax und dem Sundance Festival. Zugleich jedoch bildeten sich in der amerikanischen Filmindustrie der Zeit Produkttypen und Geschäftsformen heraus, wie sie Hollywood auch im Jahr 2018 noch kennzeichnen.

Die Achtzigerjahre sind also einerseits vorüber, andererseits werden wir sie nicht mehr los. Sie sind von einer einmaligen Plastizität und Prägnanz; kaum ein Jahrzehnt verleitet so sehr zu »Jahrzehnt-Geschichte«, evoziert Bilder, Lebensstile, Moden und Ideologeme von einer derart ikonischen Wucht und Wiedererkennbarkeit, die man dann, je nach Erkenntnisinteresse, auffalten, systematisieren, parodieren oder remixen kann. Trifft das auf die Neunzigerjahre, die auch schon wieder zwanzig Jahre und mehr zurückliegen, in ähnlicher Weise zu? Gibt es eine feste Idee der 1990er, die man mit anderen, abweichenden oder widerstrebenden Ideen – mit den »Real Nineties« – konfrontieren könnte? Die aktuelle Netflix-Serie *Stranger Things* montiert mit algorithmischer Konsequenz lauter Eighties-Kino-Versatzstücke zu einer Nostalgie-Horrorshow. Wäre dieses (eben um eine dritte Staffel verlängerte) Projekt ähnlich erfolgreich, wenn die Macher mit dem Formeninventar der Neunziger hätten Vorlieb nehmen müssen? Würde uns derselbe Schauer – der Schauer eines vagen, halb erinnerten, aber dennoch sicheren Wiedererkennens – überkommen? Wie dem auch sei: Das Hollywood der Eighties ist, im Guten wie im vermeintlich Schlechten, in einem Maß kanonisiert und festgeschrieben, wie es das der Nineties nicht ist – und vielleicht nie sein wird. Es ist ein Kinojahrzehnt, gegen das sich antikanonisch opponieren, das sich noch sinnfällig kartografieren lässt. Immer wieder und immer wieder neu. In diesem Sinn möchten wir den vorliegenden Band verstanden wissen als eine Landkarte, die einlädt zu eigenen Entdeckungsreisen.

Unser Dank gilt unseren Autor/inn/en sowie den Mitarbeiter/inne/n des Österreichischen Filmmuseums, die bei Retrospektive und Buch mitgewirkt haben – insbesondere Gabi Adébisi-Schuster, Alejandro Bachmann, Alexander Horwath, Christoph Huber, Eszter Kondor, Regina Schlagnitweit und Elisabeth Streit. Außerdem zu danken haben wir Teresa Althen, Aldijana Bećirović, Erich Brinkmann, Benjamin Desalm, Frederik Lang, Ulrich Mannes, Brigitte Mayr, Michael Omasta, Milan Pavlovic, Joe Rabl, Viktor Rotthaler, Claudius Seidl, Fabian Tietke und Cecilia Valenti.

HANS SCHIFFERLE

Body Double
Brian De Palma, 1984

»Wenn sie ein X haben wollen, dann sollen sie auch eins bekommen! Wenn sie Suspense sehen wollen oder Terror oder Sex – ich bin der richtige Mann dafür. Es wird ungeheuerlich … Brian De Palmas *Body Double*! Ich kann's gar nicht erwarten!«
Brian De Palma in einem Interview mit *Esquire*

Anfang. Eine große gemalte Sonne. Titel, über die Blut läuft. Die Kamera schwenkt über einen Studiofriedhof. Nebelschwaden. Sind wir in einem Horrorfilm aus den 60er-Jahren, irgendeinem *exploitation movie*? Ein Grab im Querschnitt. Darin liegt ein Billy-Idol-Dracula: hellblondes Haar, Leder, ein Handschuh. »Action, Jake, Action«, ruft der Regisseur.

Klammerung. Vorsicht am Anfang von De-Palma-Filmen, und am Ende. Das geht vielleicht mit einem Spiel, mit Film im Film an, dazu ein Auftaktschock. Manchmal kehrt man am Ende zum Anfang zurück. Eine der zynischsten Klammern gibt es in De Palmas bestem Film, *Blow Out* (1981): Für einen billigen Horrorfilm braucht man einen Todesschrei. Die Schauspielerin quiekst nur. Am Ende hat der Tontechniker den perfekten Schrei für die Schauspielerin. Es ist der Todesschrei seiner Freundin.

Exploitation. Ausbeuten und Auswerten. In einem Method-Acting-Kurs soll Jake Skully, die Hauptfigur, lernen, aus sich herauszugehen.

Feel, Personalize, Act steht an der Tafel. Nach den Geschehnissen, nach den schrecklichen Geschehnissen, nach allem, was für ihn inszeniert wurde, geht er aus sich heraus: *acting out*. Er liegt in einem Grab, lebendig begraben. Action, Jake. Am Ende kann er wieder Dracula spielen.

Body Double. Bei Nacktszenen wird die Schauspielerin durch ein Körperdouble ersetzt. Man sieht nur ihren Körper, man braucht nur ihren Körper. Für die Rolle des Pornostars wollte De Palma zuerst eine wirkliche Königin der *adult movies*, Annette Haven. Dass der Plan nicht realisiert wurde, lag zum Teil an den längeren Probezeiten, hauptsächlich aber an der Weigerung des Studios, einen *adult film star* in einem regulären Hollywoodfilm zu haben. Annette Haven ist eine der schönsten und besten Sexfilmstars, sie ist in etwa siebzig Hardcore-Filmen aufgetreten (*Anna Obsessed*, Martin & Martin, 1977; *China Girl*, Paul Aratow, 1975; *Love You!*, John Derek, 1979; *Once Upon a Time* …, bei dem sie auch Regie führte, 1979). De Palma machte sich die Gespräche mit der Haven für den Film zunutze. Die Konzeption der Holly-Body-Figur ist in Zusammenarbeit mit ihr entstanden: Holly Body, Holy Body.

Die Hitchcock-Connection. Hitchcock – De Palma, das ist bekannt. Den Plot von *Vertigo* (1958) hat De Palma schon mal verwendet, den von *Rear Window* (1954) ebenfalls. Auch ein *Vertigo*-ähnlicher Effekt fehlt nicht, als Jake in einem engen Tunnel einen klaustrophobischen Anfall erleidet. Ein männliches und ein weibliches Haus in *Body Double* korrespondieren mit einem weiblichen und männlichen Auto in

Body Double (1984)

Vertigo. Eine Duschszene ist schon fast obligatorisch. Eine Zufallsbekanntschaft gibt es wie in *Strangers on a Train* (1951) und eine Panoramawohnung wie in *Rope* (1948). De Palma hantiert und bastelt, besonders gern mit Hitchcock-Bauteilen.

In ihrem manchmal bis zum Gehtnichtmehr getriebenen Spiel mit dem Zuschauer, in ihrer Übertriebenheit, in ihrer *smoothness* sind sie oft nicht *hitchcocklike.* Der totale Einsatz der Musik, der Kamerawirbel bei Liebesszenen, das erinnert mich immer ein wenig an Claude Lelouch. Aber es ist besser als Lelouch: Jake verfolgt Gloria. Und mit ihm fährt, schwenkt, schleicht die Kamera. De-Palma-Filme sind oft Verfolgungsfilme. Gloria führt Jake dann aus dem engen Tunnel und sie schauen sich an und sie küssen sich. Das ist natürlich ein Traum, ein wunderschöner Traum, da muss sich einfach alles drehen. Ein Regisseur, den De Palma verehrt, und in dessen Stil er einmal einen Film machen möchte, ist David Lean.

Das getäuschte Auge. Einmal sieht man in *Body Double* eine Wüste. Die Wüste bewegt sich: ein fahrbares Hintergrundbild auf einem Studiogelände. *Body Double* spielt in Tinseltown, unter Schauspielern in Hollywood. In L.A.: Würstchenbude, Schauspielschule, Pornostudio, Villen in den Hollywood Hills. »Holly Does Hollywood« mit *Frankie Goes to Hollywood.* Schein und Sein, Wirklichkeit und Traum sind getrennt, liegen in mehreren Ebenen übereinander, ergeben ein Bild. Holly Body ist das Body Double für Gloria. Für den Film gab es natürlich ein Body Double sowohl für Melanie Griffith wie für Deborah Shelton. Der Arbeiter auf dem Mast, der Gloria beobachtet und wiederum von Jake gesehen wird, ist der Indianer, der Sam Bouchard ist, der Alexander Revelle ist, den Gregg Henry spielt. In Wirklichkeit ist es ein Stuntman. Jake, der Kleindarsteller, ist einer, der sich noch besonders leicht was vormachen lässt. Das zeigt sich, als er heimkommt und seine Freundin lachen hört, ein bestimmtes Lachen. Der Zuschauer weiß Bescheid. Der arme Jake geht ahnungslos lächelnd ins hintere Zimmer, wo er sie mit einem anderen im Bett erwischt. Arbeitslos, ohne Freundin, ohne Wohnung, klaustrophobisch. Ein leichtes Opfer, ein passiver De-Palma-Held. Gebannt wie ein Kaninchen schaut er der onanierenden Frau durchs Teleskop zu.

Dressed to Kill. »Todschicke« Opfer und maskierte Mörder. La belle et la bête. La belle ist reich, mondän. Im weißen Kostüm, geschlitzt, eng. Eine schöne Brünette mit blaugrünen Augen, dreißig Jahre, obere Klasse. Sie heißt Gloria. Elisabeth Taylor hieß Gloria in

Butterfield 8 (Daniel Mann, 1960), wo sie eine High-Class-Prostituierte spielte. Sie stirbt am Ende. Sic transit gloria. Die Indianermaske schaut wie ein jüngerer Little Big Man aus. Unter der faltigen Maske – der glatt wirkende Gregg Henry.

Drills und Thrills. De Palma sei zu weit gegangen. Eine der größten Geschmacklosigkeiten der Filmgeschichte. Der Ruf nach der Psychiatercouch. »Brian De Palma, wie alle guten Surrealisten, tut sich leichter mit Messern und Rasierklingen als Pistolen.« (T. Rafferty) Motorsägen, Elektrogeräte nehmen den Platz überdimensionaler Messer ein. Der Elektrobohrer als phallische Variante. Ann Snitow im *Film Comment* zu Bohrer / Penis: »eine Analogie, die dem Penis nicht zum Vorteil gereicht, egal wie man darüber denkt.«

Doppelstruktur. *Sisters* (1972), *Dressed to Kill* (1980), *Body Double*. Der Mord ist das zentrale Ereignis, das den Film in zwei Hälften teilt. Ende mit Schrecken, Schrecken ohne Ende. Am Schluss gelöste Atmosphäre, Film im Film. Es wird die fertige Aufnahme des Vampirkusses unter der Dusche gezeigt. Action. Es fließt Blut in Strömen. Die Lichter gehen an.

Zuerst erschienen als:
»Das getäuschte Auge. Zu *Body Double*«.
In: *steadycam*, Nr. 5 / Februar 1985, S. 36–37.

JOACHIM SCHÄTZ

Brooks, Albert

geboren als Albert Lawrence Einstein, 22. Juli 1947

Um den Abstand zwischen Performer und Publikum zu verkürzen, reicht ihm eine Fingerbewegung. In einem Kurzfilm, den Albert Brooks 1975 zur eben angelaufenen Sketchsendung *Saturday Night Live* beisteuert, sitzt der Komiker allein daheim im Bett, eine Fernbedienung in der Hand. Damit kann er den Zoom der auf ihn gerichteten Kamera betätigen, erklärt Brooks dem Fernsehpublikum und nutzt die nächsten fünf Minuten zur Demonstration seiner Gestaltungsmacht als Protagonist und Regisseur in Personalunion. Die Totale eines lapidaren Seventies-Interieurs zieht sich auf Knopfdruck wiederholt um den Lockenkopf des Komikers zusammen. Nebenher laufen soziale Interaktionen ab, die sich ein ums andere Mal als bloße Verlängerungen des Egos im Krankenbett herausstellen: Der Hausarzt bescheinigt Brooks telefonisch, völlig überarbeitet zu sein, und rät dringend vom Erfüllen seiner Verträge ab. Ein Filmlaborant, der den Ansprüchen des Künstlers in der Vergangenheit nicht genügen wollte, erhält eine Schmähbotschaft per Schautafel. Und ein junger Essenslieferant, der sich erst unbotmäßig vor die Kamera gedrängt hatte, sagt brav Werbesätze für Brooks' neues Comedy-Album auf.

Die Persona des geltungssüchtigen Showbiz-Gockels hatte Brooks seit Anfang der 1970er-Jahre in Talkshow-Auftritten, Kurzfilmen und Alben kultiviert. Atemberaubend am Sketch im Bett ist die konsequente wie listenreiche filmische Entgrenzung dieser Persona. Gerade wo Kameraoperationen, Setting und Personal die ausschnitthafte Eröffnung einer Alltagswelt markieren, erweisen sie sich als penibel arrangierte Spielzeuge eines uferlosen Solipsismus.

Das berührt einen entscheidenden Punkt auch der späteren, abendfüllenden Regiearbeiten von Brooks, besonders der beiden herausragenden, in den 1980er-Jahren realisierten Komödien *Modern Romance* (1981) und *Lost in America* (1985). Deren Inszenierung ist auf eine Weise ruhig, raumzeitlich klar und geduldig beobachtend, die auf den ersten Blick mit dem unsteten, getriebenen Gebaren der von Brooks gespielten Protagonisten kontrastiert, aber bereits in dieses verstrickt ist. Statt eines neutralen *zero-degree style* praktizieren diese Filme ein konzentriertes Schauen, das schwer abgrenzbar changiert zwischen analytischer Distanznahme[1] und einem Mitvollzug der obsessiven Verarbeitung von Umweltsignalen, an der sich Brooks' Protagonisten aufreiben. Ganz ähnlich sind die perlenden Orchesterscores, mit denen Brooks seine Filme durchgehend versieht, halb ironische Glättung, halb schon Fokalisierung des Gezeigten in den Hörgewohnheiten und Selbstbildern seiner Baby-Boomer-Protagonisten, die noch inmitten eskalierender Lebenskrisen vor Anspruchsdenken strotzen. Auch wenn also niemand vor der Kamera eine Fernbedienung in der Hand hält, involvieren Albert Brooks' Filme gezielt Fragen um ihre (erzählerischen, bildlichen, sozialen) Rahmensetzungen und deren Implikationen.

So ein Verfahren lässt sich schwer auf Dauer (etwa die einer Sitcom) stellen. Es muss stets – Sketch für Sketch, Album für Album, Film für Film – von vorne ansetzen, mit einem weiteren Konzept, neuen Prämissen, die dann durchgearbeitet, abgeschöpft werden. Albert Brooks neigt Dramaturgien weniger der Ansammlung oder Steigerung als der Entleerung zu. Das gilt schon für die Sketches, die der von Jugend an bestens vernetzte Sohn eines Komikers und einer Schauspielerin mit Anfang zwanzig im nationalen Showfernsehen aufzuführen beginnt: meist Dekonstruktionen gut abgehangener Nummern aus dem Schaugeschäft, ein unfähiger Bauchredner etwa oder ein redseliger Pantomime.[2] 1973 sitzt Brooks – breite Schultern, etwas schwammiges Gesicht – in der *Tonight Show* und erklärt, nach fünf Jahren sei ihm das Material ausgegangen. Natürlich könnte er jetzt nach Lachern heischen, indem er sich die Hose herunterzieht, eine Torte ins Gesicht wirft, mit Schlagobers besprüht etc. – und er tut das auch, eins nach dem anderen. Aber sein Stil, beteuert er, ist das nicht: »This isn't the real me.«

Performance statt Witzeerzählen, Metamanöver statt Alltagsanknüpfung, instabile Adressierungen statt politischer oder persön-

1 Auf die Inszenierung als Distanzierung hebt etwa Dave Kehr ab. Vgl. ders.: »Critic's Choice: New DVD's. *Late Spring/Modern Romance*«. In: The New York Times, 16.5.2006, nyti.ms/2GtSUyE.
2 Vgl. Richard Zoglin: *Comedy at the Edge. How Stand-Up in the 1970s Changed America.* New York/Berlin/London 2009, S. 112–113. Zu Brooks' Biografie und Karriere bis Ende der 1970er-Jahre gibt Kapitel 6 von Zoglins Buch den besten erhältlichen Überblick. Vgl. ebenda, S. 109–124.

licher Verbindlichkeit – an ähnlichen Knöpfen
drehen zeitgleich neben Brooks unter anderem
Andy Kaufman, Steve Martin und Martin Mull.
Von den übergriffig jovialen Patriarchen im
Showfernsehen und in Las Vegas grenzen sie
sich alle ebenso deutlich ab wie von der Gegen-
kultur-Stand-up-Komik nach Lenny Bruce.[3]
Filmkritiker Kent Jones attestiert diesen Komi-
kern, frei nach Harold Bloom, Einflussangst.[4]
Umarmt wird das Kleinteilige der eigenen
Idiosynkrasien, im Zentrum steht die überra-
schende Geste, der singuläre Akt. (Die meisten
Brooks-Sketches werden einmalig im Fernsehen aufgeführt, viele sind mit den Bändern der
Sendungen verloren.)[5] In das kontinuierliche
Austesten, Feilen, Variieren von *routines*, wie es
die Erwerbsarbeit von Stand-up-Comedians bestimmt, ist das nur bedingt übertragbar. Steve
Martin zog 1981, mit einem Bein schon Film-
star, einen entschiedenen Schlussstrich unter
eine sensationell erfolgreiche Stand-up-Karriere.
Albert Brooks bricht eine Tour Anfang 1974
nach einer Panikattacke ab und tritt seither nur
mehr sporadisch auf. Als Lorne Michaels ihn
wenig später als allwöchentlichen Gastgeber
für die in Planung befindliche spätere Comedy-
Institution *Saturday Night Live* anfragt, handelt
Brooks sich lieber eine Nische für selbst insze-

nierte Kurzfilmsegmente aus.[6] An die sechs
daraus entstandenen Filme knüpft *Real Life*
(1979), sein ausgesprochen lustiges Langfilm-
debüt als Regisseur und Co-Autor, recht unmittelbar an, sowohl im vergnügten Auskosten
der Brooks-Persona als auch in der detailver-
liebten Mimikry an etablierte Fernsehformate.
In Anlehnung an die PBS-Proto-Reality-Serie
An American Family (1973) will »Brooks« ein Jahr
im Leben einer ganz normalen US-amerikanischen Familie dokumentieren. Neben dem
Oscar sieht er für seine Mühen einen Nobel-
preis winken. Sobald sich der Alltag der Familie Yeager (in der Vaterrolle: Charles Grodin,
Frustriertheitsvirtuose) in Phoenix, Arizona, als
zu langweilig herausstellt, wird der joviale
Showman zum Manipulator, schließlich zum
Brandstifter.

MEMOIRS OF AN INDIVIDUAL MAN:
MODERN ROMANCE (1981)
Nach diesem Endpunkt eines offen parodisti-
schen Filmstils und Selbstgebrauchs fängt Albert
Brooks mit den 1980er-Jahren von vorne an: In
Modern Romance, seinem Zweitling als Regisseur
und Autor (Letzteres, wie meistens, in Zusammenarbeit mit der 2010 verstorbenen Drehbuch-
autorin Monica Johnson), verkörpert er erstmals statt »Brooks« eine weniger übers Show-
geschäft definierte Variation seiner selbst. Es ist
der Einstand für den säkular-jüdischen Upper-
Middle-Class-Normalneurotiker, den Brooks in
fast allen folgenden Regiearbeiten abwandeln
wird (Ausnahmefall: das »Brooks«-Revival *Looking for Comedy in the Muslim World*, 2005). Dieser trägt stets einen Allerweltsnamen (Daniel

3 Vgl. Gavin Smith: »All the Choices. Albert Brooks
  interviewed by Gavin Smith«. In: *Film Comment*,
  Jg. 35, Nr. 4/July–August 1999, S. 20–21.
4 Vgl. Kent Jones: »*Verloren in Amerika*«. In: *Viennale 1997*
  [Festivalkatalog]. Wien 1997, S. 200.
5 Vgl. Judd Apatow: »Our Mr. Brooks«. In: *Vanity Fair*,
  17.12.2012, www.vanityfair.com/hollywood/2013/01/
  albert-brooks-this-is-40.
6 Vgl. Richard Zoglin, a.a.O., S. 117–120.

Miller, John Henderson, Steven Phillips), wohnt in Los Angeles oder Umgebung, ist narzisstisch-dauerbesorgt, beruflich tätig irgendwo zwischen Kreativwirtschaft (Werbung) und Kulturindustrie (Science-Fiction-Autor) und auch im Familienstand nahe an Brooks' Biografie orientiert.

Den Wohlwollensvorsprung, den etwa Woody Allen meist für seine selbst oder von anderen verkörperten Avatare übrighat, ersetzt bei Brooks eine so ungerührte wie unablässige Observation aus mittlerer Distanz. Kein Wunder, dass Stanley Kubrick, der damals Steve Martin als Hauptdarsteller für *Eyes Wide Shut* (1999) erwog, *Modern Romance* bewunderte.[7] Dort heißt Albert Brooks Robert Cole und macht in der ersten Szene recht unsanft mit seiner Freundin Mary Schluss. Deren routiniert genervte Reaktion lässt eine bereits eingespielte Wiederholungsschleife aus *uncoupling* und Versöhnung vermuten, in die sich das Folgende fügt. Den halben Film lang ist Robert damit beschäftigt, seine Entscheidung abwechselnd zu verarbeiten, zu zelebrieren, zu bereuen. Ist die Trennung schließlich rückgängig gemacht, zersetzen seine Eifersucht und übersteigerten Erwartungen die Beziehung erneut. (Kathryn Harrold, die Mary als ebenso selbstbewussten wie duldsamen Menschen im Orbit einer Nervensäge gibt, wird sich ein Jahrzehnt später in *The Larry Sanders Show* [1992–98] mit ähnlichen Dauerprojektionen herumschlagen. Dort ist sie die Ex-Frau und Wieder-Partnerin des von Garry Shandling gespielten Showmasters.)

Der breitbeinig generalisierende Titel des Films erhebt Roberts Schwierigkeiten der Objektwahl zum Kultursymptom. In den 1970er-Jahren, so Albert Brooks in einem Interview, habe Stand-up-Comedy ihren Fokus verschoben: vom *everyman* zum *individual man*.[8] Damit meint er die Entwicklung weg von Witzen über »universelle« Mittelklasse-Erfahrungen hin zum performativen und einzelbiografischen Selbsteinsatz. Der Wechsel vom Jedermann zum Individualmenschen (bei Brooks eben doch vor allem -mann) benennt bei ihm aber auch ein zentrales thematisches Interesse. Der Narzissmus, der seinen Figuren verbietet, sich als Teil einer Masse zu denken, ist historisch datiert. Immer wieder beschreibt Brooks das Feld jener entnormierten Zwänge und *double binds*, die Richard Sennett 1974 als »Tyrannei der Intimität« diagnostiziert oder Eva Illouz später mit anderem Akzent dem »emotionalen Stil« des Warenkapitalismus zurechnet: die forcierte affektive Aufladung von öffentlichen Rollen, Arbeitsverhältnissen und Konsumangeboten sowie den Imperativ zur unabschließbaren Arbeit an authentischem Selbstausdruck und erfüllten Intimbeziehungen.[9]

7 Vgl. Scott Raab: »Albert Brooks Knows the Whole, Hellish Truth«. In: *Esquire*, 29.1.2007, www.esquire.com/news-politics/a514/esq0999-sep-albert-brooks. Zu Kubricks Plänen für Steve Martin vgl. Michael Herr: »Kubrick«. In: *Vanity Fair*, 21.4.2010, www.vanityfair.com/hollywood/2010/04/kubrick-199908. Zu Albert Brooks als kategorisch »kaltem« Komiker vgl. Ron Rosenbaum: »Dear Albert Brooks: Please Don't Go Warm«. In: *Observer*, 30.8.1999, http://observer.com/1999/08/dear-albert-brooks-please-dont-go-warm.
8 Vgl. Gavin Smith, a.a.O., S. 17.
9 Vgl. Richard Sennett: *Verfall und Ende des öffentlichen Lebens. Die Tyrannei der Intimität*. Frankfurt am Main 1986; Eva Illouz: *Gefühle in Zeiten des Kapitalismus*.

Ein abgebrochenes Langfilmprojekt Brooks'
noch vor *Real Life* hätte von einem Selbsthilfe-
guru handeln sollen, aber auf die in den 1970er-
Jahren massiv gewachsene Selbstverbesse-
rungskultur spielt bereits seine allererste Regiearbeit an.[10] Ein 1972 realisierter Werbefilm für
eine fiktive »Albert Brooks' Famous School
of Comedians« parodiert die real existierende
»Famous Artists School«, die Fernkurse zur
Künstlerausbildung für alle anbot. Brooks' erstes Album *Comedy Minus One* gibt sich 1973 als
Trainingsmaterial aus. In der letzten Viertelstunde ist das Hörpublikum angehalten, den
fehlenden Part in einer Doppelconference mit
Brooks von einem mitgelieferten Textblatt ein-
zusprechen – eine großartig klägliche Übung in
Scheinermächtigung.

Modern Romance überträgt diesen Impuls in
eine Art kapitalistischen Superrealismus[11] und
entwirft das Los Angeles von circa 1980 als Kon-
sumgeografie aus Vitaminfachgeschäften, Sport-
zonen, ununterscheidbar ausgestatteten Restaurants und Wochenendtrips zu Romantik-
bungalows. Noch der Einkauf von Laufschu-
hen wird zum Persönlichkeitsparcours, bei dem
sich das neu erwachte Sportinteresse unter den
Augen des Verkäufers als glaubwürdiger Ich-
Ausdruck beweisen muss: Es ernst meinen heißt
in ein ganzes Ausrüstungspaket investieren.

Modern Romance (1981)

Wie die anderen autotherapeutischen Tech-
niken, für die Robert sich zu begeistern versucht (Arbeit, Musik hören, ein Lückenbüßer-
Date), wird auch das Jogging nach ein paar
halbherzigen Metern aufgegeben. Der Witz
gerade in dieser ersten Hälfte von *Modern
Romance* entsteht aus dem Oszillieren zwischen
Überschwang und Selbstmitleid, zwängleri-
scher Lockerheit und durchbrechendem Ressentiment. Die erratische Taktung und Heftig-
keit dieses Pendelausschlags überrumpelt,
gerade auf der windstillen Oberfläche aufge-
räumter *long* und *medium shots*, immer wieder.
»Albert Brooks was maybe the last American
comedy director to introduce a major innova-
tion in terms of structure and timing«, meint
US-Kritiker Ignatiy Vishnevetsky und beschreibt Brooks' engmaschiges Komikgewebe
wie eine Minimal-Music-Komposition: »great
swelling, interlocking, tinkling accumulation of
neurotic comic matter that eschewed the usual
one-two of a punchline in favor of a steady
build-up of offhand comments.«[12]

10 Vgl. Richard Zoglin, a.a.O., S. 123.
11 Den Begriff des Superrealismus bringt Dave Kehr für
   Brooks ins Spiel. Vgl. Dave Kehr: »*Lost in America*«.
   In: *Chicago Reader*, www.chicagoreader.com/chicago/
   lost-in-america/Film?oid=1151419.
12 Ignatiy Vishnevetsky: »In the Margin: All Solos«. In:
   Mubi Notebook, 15.5.2011, https://mubi.com/notebook/
   posts/in-the-margin-all-solos.

Exemplarisch verdichtet zeigt sich diese kleinteilige Komödienpoetik in einer frühen Zentralsequenz von *Modern Romance*: Eine knappe Viertelstunde lang taumelt Robert in annähernder Echtzeit durch sein Haus, telefoniert mit Mutter und Kollegen, redet auf seinen Wellensittich ein und vereinbart ein Rendezvous mit einer entfernten Bekannten. Nicht nur in den telefonischen Unterhaltungen werden unterschwellige Forderungen und Widerstände gelegentlich absurd explizit (das Begehr eines Kollegen, mit Mary auszugehen, weist Robert als »inzestuös« zurück), auch die umgebende Dingwelt klopft Brooks auf die vertrackten Beziehungen ab, die sie zu Robert unterhält. Das beginnt mit der pharmazeutischen Selbstmedikation durch Quaaludes[13], die mit Roberts Stimmungsschwankungen rückkoppeln, betrifft aber vor allem das Interieur des Hauses, von der umarmten Plattensammlung, die dem Liebeskranken dann doch nur den Discoschlager *A Fifth of Beethoven* bietet, bis zur Holztür eines Schrankraums, gegen die Robert wiederholt torkelt.

Kent Jones hat von der »wahrlich körperlichen Variante der Abstraktion« geschrieben, die Brooks am US-amerikanischen Alltagsleben zwischen Plüschteppichen, Supermärkten und Pseudonobelrestaurants freilegt.[14] Wider die Entfremdungswehmut à la Jacques Tati, die in dieser Formulierung anklingt, bleibt Brooks jedoch resolut unnostalgisch. Auch den Ausweg der spielerischen Ent- und Umfunktionalisierung, den Tati öffnet, lässt Brooks nur in knappen Momenten des Stolperns (wie jenem mit der Schranktür) anklingen. Spiel, als zweckentbundene Tuchfühlung mit den Dingen, würde eine

Selbstdistanz verlangen, die seine Protagonisten in der Regel nicht aufbringen.[15] Im Umgang mit den Dingen bleiben auch Brooks' spätere Regiearbeiten deutlich unter der Slapstick-Schwelle, aber aufmerksam für widerstrebende Materialitäten und Platzierungen: Ein vor einem Auftritt zu früh auf die Bühne gestelltes Mikrofon wird in *Looking for Comedy in the Muslim World* Gegenstand umständlichster Aushandlungen. In der Jenseits-Komödie *Defending Your Life* (1991) reicht schon das insistierende Surren eines elektrischen Drehstuhls, um eine Fantasie des Jüngsten Gerichts in einer zeitgenössischen Technikrealität zu verankern (und, nebenher, eine Szene akustisch zu rhythmisieren).

Von wegen Dingwelt: In *Modern Romance* werden Selbst- auch als Medientechniken lesbar. »Wie nebenbei überführt Brooks die zeitgenössischen Leitmedien der Liebe – Rolodex, Telefon und Anrufbeantworter – derselben narzisstischen Schleifenbildung, für die heute Facebook & Co. verantwortlich gemacht werden.«[16] Handlungsanleitend ist nicht nur das misstrauische Studium von Telefonrechnungen der Angebeteten, sondern auch das nervöse Warten auf Nachrichten vor dem Anrufbeantworter, »diese[m] Übergangsinstrument in das Regime ständiger Erreichbarkeit (dessen Kehrseite ja ist, dass manchmal niemand anruft oder schreibt).«[17]

13 Schlaftabletten, die in den Vereinigten Staaten auch als euphorisierendes Rauschmittel populär waren, bis sie 1984 vom US-Markt genommen wurden.
14 Kent Jones, a.a.O., S. 202.
15 Vgl. Richard Sennett, a.a.O., S. 338–340.
16 Nikolaus Perneczky: »*Modern Romance*«. In: *Österreichisches Filmmuseum* [Programmheft], Mai/Juni 2013, S. 9.
17 Bert Rebhandl: »Verteidigung des Lebens. Notizen zum

Später, anno 1996, werden in *Mother* innerfamiliäre Verkennungen bereits per Videotelefonie abgewickelt. Die Prägung des Selbstbildes durch den Gebrauch von Medientechnologie schließt in *Modern Romance* Roberts Beruf als Filmcutter im Billigfilmsegment ein. Zur Zeit der Handlung ist er mit dem Schnitt eines (nach den gezeigten Ausschnitten zu urteilen) eher mittelmäßigen Raumschiffdramas mit George Kennedy befasst. Das Zerfallen jedes Überblicks in Detailversessenheiten, an dem Robert in seinem Privatleben laboriert, zeigt sich am Schneidetisch oder beim Nachvertonen als nützliche Begabung.

Das Wissen über Routinen der Postproduktion, das zwei ausführliche Sequenzen vermitteln, perspektiviert beiläufig den Blick auf die Inszenierung von *Modern Romance* selbst – auch in diesem formreflexiven Sinn, nicht allein im Hinblick auf die Figuren, hat die Inszenierung des Films eine analytische Stoßrichtung. Den Nutzen von Informationsverzögerung in der Filmmontage, den Robert in der Schnittarbeit an einer Dialogszene beweist, könnte man beispielsweise schon kurz vorher in einer beklem-

menden Szene aus seinem eigenen Leben studieren: Robert holt eine Frau namens Ellen zum Rendezvous ab, sie steigt in sein Auto. Die beiden fahren unbehaglich schweigend zum Essen, eingefasst in eine statische Einstellung von vorne. Nach eineinhalb Minuten hält das Auto und ein Umschnitt auf eine Totale enthüllt, dass sie bloß den Block umkreist haben. Er sei noch nicht bereit für ein Date, erklärt Robert und komplimentiert Ellen vor ihrem Haus aus dem Auto. Der Witz steckt in der Einstellungsfolge. Zugleich prozessiert der aus dieser Gagstruktur abgeleitete *medium shot* der Autofahrt eine ganze Kaskade von Kultur- und Gefühlstatsachen: »[Wir] bemerken nicht nur den anscheinend enormen Energieaufwand, den es braucht, um den Status quo zwischen zwei faktisch Fremden zu erhalten. Wir fixieren uns auf die gleißende Straßenbeleuchtung hinter den Autofenstern, den weinerlichen Song, der das Plüschinnere erfüllt, die perfekte Glasoberfläche des nächtlichen L.A.«[18]

Solche minutiöse Hingabe der Inszenierung an situative und lebensweltliche Details hält dem Narzissmus des Protagonisten nicht einfach eine Reibungsfläche entgegen, sondern ihr haftet bereits etwas verwandt Obsessives an. Gespiegelt wird Roberts überall Versicherung suchender Tunnelblick auf der Handlungsebene ausgerechnet im Regisseur des Films-im-Film. Autor-Regisseur James L. Brooks, der zweite zentrale Kino-Brooks der 1980er-Jahre (siehe *Terms of Endearment*), spielt ihn als auf Zuspruch angewiesenes Nervenbündel. Seinen abgedrehten Film hofft er mit hundert kleinen Kniffen noch entscheidend aufzubessern.[19] Wo

Werk des Komikers Albert Brooks«. In: *Cargo*, Nr. 17/2013, S. 54.
18 Kent Jones, a.a.O., S. 202.
19 In der Postproduktion – Fegefeuer oder Vorhölle? – werden beide Brookses in den 1990ern weitere Erfahrungen sammeln, als James L. Brooks' Hollywood-Business-Musical *I'll Do Anything* (1994) mit Albert Brooks in einer großen Nebenrolle nach langem Test-screening-Prozedere alle Gesangs- und Tanzeinlagen verliert. Vgl. Jonathan Rosenbaum: »I'll Undo Everything«. In: *Chicago Reader*, 17.2.1994, www.chicagoreader.com/chicago/ill-undo-everything/Content?oid=883816.

Filmemachen sich in Handwerk (und, im Fall einiger Tonstudioarbeiter, Dienst nach Vorschrift) auflöst, wird der leerlaufende Wiederholungszwang des Paares vermittelt über Marys Arbeit bei einer Bank in den Zusammenhang einer raumzeitlich entgrenzten Geschäftskultur gestellt. Gegen Ende macht Robert Mary eine Szene, weil sie lieber ein Geschäftsessen mit japanischen Großkunden hat als ein Dinner zu zweit. Tradierte Ansprüche haben ihre Geltung verloren, neue Regeln sind noch nicht ausgehandelt.

DIE DICHTE DER WELT: *LOST IN AMERICA* (1985)

In Brooks' nächster Regiearbeit *Lost in America* legen gleich zu Beginn drei markante Kamerafahrten einen Zusammenhang zwischen postfordistischem Businessalltag und flexibilisierten Yuppie-Selbstentwürfen nahe. Die erste tastet, unter Vorspanntiteln, den Hausrat des Ehepaars Howard ab, der in Umzugsschachteln neben leeren Kästen steht. Weil David (Brooks) sich einer anstehenden Beförderung sicher ist, haben er und Linda (sensationell: Julie Hagerty als ebenbürtig neurotische Partnerin) bereits ein neues Zuhause gekauft. Eine Steadicam folgt David am nächsten Morgen durch die Werbeagentur, in der er arbeitet, erst vom Lift zu seinem Büro, später von dort zum Termin beim Vorgesetzten. Wo ein solcher Marsch durchs Werbebüro ein Jahr später im Tom-Hanks-Yuppiedrama *Nothing in Common* (Garry Marshall, 1986) zur Leistungsschau blitzgeschwinder Kontaktaufnahmen gerät, registrieren Brooks und Kameramann Eric Saatinen neben einer unbeholfenen Interaktion im Foyer vor allem das Desorientierende der verwinkelten Bürogänge, die in klinischem Weiß mit Blutrot-Akzenten (Kubricks Steadicam-Zentralfilm *The Shining* [1980] ist nicht weit) zum Parcours fürs sprichwörtliche *rat race* werden.

Den folgenden Ausbruch tragen diese Bilder bereits in sich. Als David statt des Aufstiegs in die Führungsetage eine Versetzung nach New York angetragen bekommt, kündigt er nicht nur gekränkt, sondern beschließt gleich den Ausstieg aus der Gesellschaft. Die mausige Linda, Personalverantwortliche eines Kaufhauses, ist für die Selbstfindungsreise durchs Heartland erstaunlich schnell gewonnen (nicht, dass sie groß eine Wahl hätte). Aber so wenig wie in den lauen Interieurs aus *Modern Romance* finden die mitgetragenen Hoffnungen und Unsicherheiten eine taugliche Projektionsfläche in der von Adorno beschworenen trostlosen »Schönheit der amerikanischen Landschaft: daß noch dem kleinsten ihrer Segmente, als Ausdruck, die unermeßliche Größe des ganzen Landes einbeschrieben ist.«[20]

Das mantraartig angerufene Vorbild ist *Easy Rider* (Dennis Hopper, 1969), aber gegen die betäubende Weite des Außen haben David und Linda sich durch ein Wohnmobil-Eigenheim gepanzert und sechsstellig finanziell abgepolstert. Die Gegenkulturnostalgie kann man nur mehr mit Verkehrspolizisten teilen, während ein links vorbeiziehender Biker Davids identifikatorisches Daumenhoch mit dem Mittelfinger erwidert. »Hier ist alles enthalten, was es über

20 Theodor W. Adorno: *Minima Moralia. Reflexionen aus dem beschädigten Leben*. Frankfurt am Main 2003, S. 54.

die Differenz zwischen New Hollywood und Reagan Hollywood zu sagen gibt, und darüber, wie einem Komiker wie Brooks gar nichts anderes ubrigbleibt, als zu zeigen, wie er in dieser Differenz aufgerieben wird.«[21] Aber was für eine Art Hollywoodkomödie entsteht da im Spagat, die ein formsensibler Auteurist wie Dave Kehr schon mal mit der materialistischen Sprödigkeit von Straub/Huillet vergleichen kann?[22] Der autochthone Angeleno Brooks – dass der berufliche Umzug nach New York für seine Figur die größte vorstellbare Demütigung darstellt, ist ein auch gegen sich selbst gewandter Witz – hat das Kunststück fertiggebracht, seinen vermutlich klaustrophobischsten Film *on the road* zu drehen. Nur drei der 45 Drehtage wurden Produktionsnotizen zufolge im Studio verbracht, der Großteil ist mit Laienstatist/inn/en und wenig Kunstlicht unterwegs an Originalschauplätzen gefilmt.[23]

Das allmähliche Scheitern der Howards an ihren Aussteigeraspirationen erzählen Brooks und sein Stammkameramann Eric Saarinen, Sohn eines einflussreichen finnisch-amerikanischen Architekten, nicht zuletzt über einprägsame Skizzen gebauten Lebens. Das Las-Vegas-Hotel, wo Linda gleich zum Einstand die Geldreserven verspielt, wirkt mit seinen niedrigen Korridoren, herzförmigen Bettchen und fern blinkenden Spielautomaten wie die beim Wa-

Lost in America (1985)

schen eingelaufene und beige verfärbte Version eines Film-Casinos. In den anschließend eskalierenden Ehestreit drängt sich der Hoover Dam als obszön überdimensionierter Betonmonolith. Die folgende Erschöpfung aller Hoffnungen findet ihr Gegenüber in den Straßen eines prototypisch flachen, verstreuten Kleinstädtchens in Arizona, wo David als Schülerlotse und Linda als Bedienung in einer Imbissbude stranden.

Dieser Realismus der Kunststoff-Holzfurniere und Teppichfußböden behauptet weniger ein »wirkliches Amerika«, das Aufmerksamkeit für sich beansprucht, als eine Opazität und Dichte der Welt, an der sich die Zähigkeit der Brooks'schen Figuren komisch verausgaben und verbrauchen kann. Das gilt ähnlich für die Erzählweise in ausführlichen, eng aneinanderhängenden Zeitblöcken, die David oder Robert kaum je frühzeitig aus einer quälenden Situation entlässt, und besonders für die Besetzungspolitik: Den Sitcom-Produzenten und Film-

21 Bert Rebhandl, a.a.O., S. 56.
22 Vgl. Dave Kehr: *When Movies Mattered. Reviews from a Tranformative Age.* Chicago 2011, S. 95.
23 Vgl. Auszüge aus dem Presseheft zu *Lost in America* auf Albert Brooks' offizieller Homepage: www.albertbrooks.com/movies/lost-in-america.

regisseur Garry Marshall (*Happy Days*, 1974–84; *Pretty Woman*, 1990; auch *Nothing in Common*) als Casinomanager zu casten, ist erst einmal keine augenfällig lustige Wahl. Aber in seiner großen Szene, wenn David ihn vergeblich beschwatzt, Lindas verspieltes Geld als Publicity-Stunt zurückzuerstatten, geben Marshalls onkelhafte Autorität, das Blecken seiner perlweißen Zähne, die schneidige Sprechweise mit italoamerikanischem Akzent (Santa Claus wird »Senticlaus«) der Nebenfigur und ihrer wachsenden Ungeduld einen unerwarteten Drall. Solche Idiosynkrasien springen mich beim Sehen nicht als klar benennbare Spleens an, aber sie halten ein Eigenleben an den Erzählrändern gegenwärtig, das die Brooks-Figuren in ihrer geschäftigen Projektemacherei ausblenden und dem sie so erst recht ausgesetzt bleiben.[24] Über Linda kommt ihre Spielsucht-Attacke, als wäre es die erhoffte Erleuchtung, David weiß mit ihr nachher nur zu sprechen wie zu einem unfolgsamen Hund.

Zwanzig Jahre später, in *Looking for Comedy in the Muslim World*, erklärt ein Reisegefährte Brooks, er habe sich unlängst *Lost in America* angesehen. Sein Verdikt hört dieser wohl nicht zum ersten Mal: nicht schlecht, aber das Ende ist aufgesetzt. In den Filmen der dazwischenliegenden Jahre, in *Defending Your Life* oder *Mother*, wird sich Brooks zu großen Selbsterkenntnis-Finalmomenten durchringen, die die Analyse der Inszenierung und die Selbsttherapie der Figur zur Deckung zu bringen drohen. In *Lost in America* und *Modern Romance* wird dagegen, haben sich alle Reserven erschöpft, einfach die Reset-Taste gedrückt. Mit

einem Heiratsantrag schindet Robert nach einer weiteren Entgleisung Beziehungszeit mit Mary heraus; David beschließt, seinen Stolz zu schlucken (im Amerikanischen drastischer: »to eat shit«) und bei der Firma in New York zu Kreuze zu kriechen. Epiloge zu Beginn des Abspanns schreiben die biografischen Schleifen noch ein Stück fort, bis zur Scheidung oder den Gehaltseinbußen des reuig Zurückgekehrten: Leben als Weiterlaufen in der Spur, Versöhnung als Verhöhnung.

»WHAT DO YOU SEE FOR YOUR CHARACTER IN THREE YEARS?« — »SUICIDE.«[25]

Lost in America wird als erste Brooks-Inszenierung zum (moderaten) Kassenerfolg. Seine Regie- wie Schauspielkarriere bleibt in den Folgejahren trotzdem überschaubar, Letzteres auch aus eigener Entscheidung. Nach lebhaften Kurzauftritten in *Private Benjamin* (Howard Zieff, 1980) und *Twilight Zone: The Movie* (Joe Dante, John Landis, George Miller & Steven Spielberg, 1983), die schon vorüber sind, wenn die Filme richtig beginnen, kriegt Brooks seine bis dato dankbarste Rolle unter fremder Regie

24 Es wäre lohnend, besonders die Filme mit Hauptfigur »Albert Brooks« entlang der modernen Krisenfigur des »Projektemachers« zu untersuchen, der seine Familie zur Ressource macht (*Mother*) und dessen notorisch unabgesicherte Geltungsansprüche sich über die Felder Kunst, Wissenschaft (*Real Life*) und Politik (*Looking for Comedy in the Muslim World*) ausbreiten. Vgl. Markus Krajewski (Hg.): *Projektemacher. Zur Produktion von Wissen in der Vorform des Scheiterns*. Berlin 2004.
25 Die Antwort soll Brooks 1976 bei einer Geschäftsbesprechung zu einer ABC-Sitcom gegeben haben, in der er die Hauptrolle erst annahm, dann doch ablehnte. Richard Zoglin, a.a.O., S. 122.

in James L. Brooks' *Broadcast News* (1987). Seine Verkörperung des hochkompetenten, aber wartungsaufwendigen Reporters Aaron Altman wird für den Oscar als bester Nebendarsteller nominiert. Hauptpartien in *Big* (Penny Marshall, 1988), *Midnight Run* (Martin Brest, 1988), *When Harry Met Sally ...* (Rob Reiner, 1989) werden angeboten, aber von Brooks abgelehnt.[26] Als er 1994 wieder in Arbeiten anderer Regisseure auftaucht, scheint er in *The Scout* (Michael Ritchie), als knarziger Entdecker von Baseballtalent Brendan Fraser, bereits verfrüht ins Altersfach gewechselt zu sein, wo er allerdings erst ab *Drive* (Nicolas Winding Refn, 2011) wirklich reüssiert.[27]

Noch in den 1980ern ist Brooks, den erstmals Martin Scorsese in *Taxi Driver* (1976) auf der Leinwand einsetzte, sogar in einem Langweiler wie dem Preston-Sturges-Remake *Unfaithfully Yours* (Howard Zieff, 1984) für ein paar Energiestöße gut: Dauernd agiert er dort knapp neben und unter dem leiernden Farcenrhythmus der Dialoge, mit einer leicht übergriffigen Kumpelhaftigkeit, die im Unklaren lässt, ob seine Konfidentenfigur die Liebesleiden von Star Dudley Moore nicht ein Stück weit genießt.

Mit James L. Brooks und Garry Marshall

hat er in *Modern Romance* und *Lost in America* selbst zwei Filmemacher besetzt, die – in ihren Arbeitsbiografien wie Filmpoetiken – exemplarisch für das erfolgreiche Ausgreifen des Sitcom-Fernsehens in die Kinokomödie der 1980er-Jahre stehen. Dessen Merkmale: Wechsel zwischen breiter Komik und Melodramatik im Zehn-Minuten-Takt; Ausufern der Erzählbögen ins (gern in Parallelhandlungen gestaffelte) Episodische; das Einmünden von Dramaturgie in Lebenslektionen; klar herausgestanzte Charaktere, die mit ihrer Festgeschriebenheit mitunter ringen. Von diesen Sitcom-Affinitäten teilt Albert Brooks nur die letzte: Seine in sich gefangenen und einander in vielem identischen Hauptfiguren ergeben zusammengenommen einen Baby-Boomer-Bildungsroman, in dem wiederum jede einzelne Station Serienbildungspotenzial hat, hätte man es darauf angelegt. Die Faszination für den therapeutisch-industriellen Komplex, die er mit James L. Brooks teilt, ist bei ihm – mindestens bis *Lost in America*, aber im Kern das ganze Werk hindurch – eine klar skeptische.

Auch die anderen einflussreichen Formverschiebungen der US-Komödienform, die in den 1980er-Jahren passieren, bleiben Brooks' Regiearbeiten äußerlich: Zwar führen sie Linien seiner frühen Fernsehsketches fort, mit sketchbasierten Nummernrevuen wie denen der Zucker / Abrahams / Zucker-Schule (*Airplane!*, 1980; *The Naked Gun: From the Files of Police Squad!*, 1988) haben sie aber so wenig zu tun wie mit den lose arrangierten Komikergipfeltreffen von Harold Ramis (*Caddyshack*, 1980; *Club Paradise*, 1986). Gerade im rezenten US-

---

26 Vgl. Bradford Evans: »The Lost Roles of Albert Brooks«. In: *Splitsider*, 30.6.2011, http://splitsider.com/2011/06/the-lost-roles-of-albert-brooks.

27 Ursprünglich war die Rolle in *The Scout* für Komiker Rodney Dangerfield maßgeschneidert worden. Brooks und Monica Johnson haben die Sportbusinesskomödie umgeschrieben, ohne die kreative Kontrolle zu behalten. Das Ergebnis ist ein über weite Strecken charmanter Film, aber auch der einzige von Brooks geschriebene, der durch sein Ende beschädigt wird.

Kino gibt es Anknüpfungen an diese Einzel-position: Judd Apatow besetzte Brooks in *This Is 40* (2012) als Vater seines Stellvertreter-Prota-gonisten, wobei Apatows Temperament deut-lich näher beim weltumarmenden Ausfransen von Ramis und James L. Brooks liegt. Selbst eine einigermaßen unversöhnte Habitus-Leer-laufstudie wie *Greenberg* (2010) von Noah Baum-bach mit Ben Stiller, beide erklärte Brooksianer, hält ihrem distinktionsgetriebenen Protagonis-ten vorsorglich ein wenig Außenseiter-Melan-cholie in Reserve. Ein Brooks vergleichbarer säuerlicher Tonfall findet sich im rezenten US-Kino eher in Alex Ross Perrys Screwballkomö-die *The Color Wheel* (2011). Der Regisseur und Co-Autorin Carlen Altman, beide Ende zwanzig, spielen darin gehässige Geschwister auf einem Roadtrip. Die Erfolgs- und Erfüllungsillusionen von Brooks' Protagonisten sind die gleichen ge-blieben; der ökonomische Rückenwind, den seine Generation spürte, trägt aber nicht mehr.

Albert Brooks selbst extrapoliert in seinem ebenfalls 2011 erschienenen Debütroman *2030. The Real Story of What Happens to America* für die nahe Zukunft eine staatliche und private Schul-denkrise. Nachdem Krebs geheilt wurde, trei-ben die enormen Pflegekosten seiner greisen Alterskohorte deren Kinder und Kindeskinder in Schulden und gerontophobe Militanz. Nach einem Erdbeben finanziert China den Neuauf-bau von Los Angeles gegen eine Beteiligung an den Stadteinnahmen und installiert endlich ein funktionierendes Gesundheitswesen. Der 375-Seiter wirkt mehr getrieben von der Detail-freude am spekulativen Planspiel als von be-sonderer satirischer Angriffslust. Was in Brooks'

Filmen als Biografie eines *individual man* for-matiert war, wird hier fortgeführt – und ein Stück weit auch rückblickend kenntlich ge-macht – als Nationalchronik jener Vereinigten Staaten, deren New Deal ungefähr endete, als Brooks zu filmen anfing. »Brad and his friends would sit outside and play a guessing game of what the construction was and where it was heading, and he could never get over how much had changed within his one lifetime. He remembered the first Japanese car he ever saw when he was a boy. It was a Datsun and every-one thought it was cute.«[28]

CHRISTOPH HUBER

Cannon Films

Den American Dream des Achtzigerjahre-Kinos definierten zwei Filmverrückte aus Israel: Die beiden Cousins Menahem Golan (31. Mai 1929– 8. August 2014) und Yoram Globus (*7. Oktober 1941) hatten sich ab Mitte der Sechzigerjahre in der Heimat als eingespieltes Erfolgsduo eta-bliert: Golan (ebenfalls ein geborener Globus, der sich seinen Künstlernamen patriotisch am-bitioniert von den Golanhöhen borgte) fun-gierte dabei vorrangig als Regisseur-Autor-Im-presario-Kreativkopf; die Kreativität von Glo-bus entfaltete sich eher in den Finanzen und im Verhandlungsgeschick. In der nächsten Dekade

---

28 Albert Brooks: *2030. The Real Story of What Happens to America.* New York 2011, S. 282.

ebnete ein Deal mit MGM den Weg ins gelobte Filmland der Vereinigten Staaten, wo das Duo 1979 mit dem Geld aus diversen Hits – die *Eis-am-Stiel*-Serie (*Eskimo Limon*, diverse Regisseure, 1977–1988) hatte eben international eingeschlagen – das in der Finanzkrise befindliche unabhängige Studio Cannon Films preisgünstig aufkaufte. Im nächsten Jahrzehnt traten Golan-Globus mit so revolutionären wie reißerischen Konzepten an, um aus Cannon Films einen siebten *major player* neben den sechs etablierten Hollywood-Studios zu machen – was beinahe gelungen wäre: Aufstieg und Fall des Unternehmens, das bald zum zahlreiche Subfirmen umspannenden Konglomerat The Cannon Group, Inc. anwuchs, vollzogen sich binnen einer größenwahnsinnigen Dekade.

Golan und Globus agierten dabei als Reaganomics-Versionen der alten Studiomoguln: Nicht zufällig wurden sie in den Achtzigerjahren zu den Königen von Cannes, wo sie mit publicityträchtiger Omnipräsenz am oberen wie unteren Ende der Skala punkteten. Während ihre Prestigeproduktionen den Wettbewerb des Festivals üppig bestückten, schlossen sie am parallel stattfindenden Markt schamlose (Vorverkaufs-)Deals en masse ab, inklusive aufsehenerregender Stargast-Partys und (Fantasie-)Inserate für alle möglichen und unmöglichen Projekte in den täglich erscheinenden Branchenzeitschriften. Je wiedererkennbarer die aktuellen Erfolgsformeln, desto verkaufbarer: Mit skrupellosem Trend-Surfen durch Poverty-Row-Gefilde lieferte Cannon auch eine Art Röntgenbild der Reagan-Jahre. Action-Exploitation vom Fließband war ein Grundstock zum

Ausbau des Firmenimperiums – ob Ninja-Attacken im Dutzend oder Selbstjustiz-Exzesse mit den Cannon-Kassengaranten Charles Bronson und Chuck Norris, oft inszeniert von den andernorts verschmähten Veteranen J. Lee Thompson und Michael Winner: Die Massen-(ab)fertigung der sogenannten Go-Go-Boys war bald so verrufen, dass schon das Firmenlogo zu Filmbeginn (samt der berühmt-berüchtigten Zeile »A Golan-Globus Production«) gegen Ende der Achtzigerjahre unweigerlich vom Publikum mit Buhrufen quittiert wurde.

Doch wäre es ein Irrtum, das Cannon-Kapitel als reinen Trash-Kult abzutun, wie zuletzt im Zuge diverser Eighties-Revivals als (durchaus liebevolle) Renaissance mit (angemessen) populistischen Legendenbildungs-Dokumentationen und Retrospektiven mit hohem Mitternachtskracher-Anteil. Zugegebenermaßen ist allein Golans erste Regiearbeit der Dekade (und für Cannon) ein Musterbeispiel für den Stoff, aus dem die bunt delirierenden Camp-Träume sind: Sein atemberaubend geschmackloses, dement designtes Disco-Musical *The Apple* (1980) ist der gutgelaunteste *bad trip,* der je als vermeintlich kommerziell halluziniert wurde – und doch auch ernst gemeinte biblische Allegorie. Was viel über die Geisteshaltung bei Golan-Globus sagt: Im Sinne einer ganzheitlichen Kino-Idee, die im Verlauf des Video-Jahrzehnts vollends zerbröseln würde, strebte man gleichermaßen nach schnellem kommerziellen Erfolg wie nach künstlerischer Verwirklichung, egal, wie verquer der jeweilige Zugang ist. (Golans eigene, oft genug von schundigen Abkürzungen gezeichneten Regiearbeiten sind mit all ihren Höhen und Tiefen der perfekte Ausdruck dieser manchmal merkwürdig verträumt anmutenden Entrepreneurs-Philosophie: Sein Leitthema blieb stets Selbstverwirklichung.)

Die sandigen Meilen an öden Spätnacht-TV-Programm-Blockbuchungs-Wüstenlandschaften, die vom Cannon-Fließband liefen, ebenso wie die immer wieder daraus auftauchenden Oasen der erhabenen Umnachtung (man denke nur an Winners *Death Wish 3*, ein absurdes Alamo des urbanen Vigilantismus von 1985) und unzweifelhaften Triumphe (ein perfekter Film: **Andrej Končalovskijs** *Runaway Train* aus demselben Jahr) sind undenkbar ohne die andere Seite von Cannon. Studioproduzierte waschechte Kunstfilme etwa von John Cassavetes (der Berlinale-Sieger ***Love Streams***, 1984) oder Jean-Luc Godard (*King Lear*, 1987; legendär: die Serviette, auf der Golan und Godard in Cannes den Handschlag-Deal festhielten), ambitionierte Ausreißer aller Couleurs – vom Autorenkino der Landsfrau Michal Bat-Adam (*Ha-Me'ahev*, 1985) oder eines Dušan Makavejev *(Manifesto*, 1988) über exzellente Krimis von John Frankenheimer *(52 Pick-Up*, 1986), Jerry Schatzberg (*Street Smart*, 1987) oder Norman Mailer *(Tough Guys Don't Dance*, 1987) bis zu Godfrey Reggios Trancefilm-Fortsetzung *Powaqqatsi* (1988) –, sogar längere Kollaborationen mit Genre-Auteurs wie Tobe Hooper oder Ausnahmefiguren wie Končalovskij, der in Cannes mehrfach hintereinander gegen hauseigene Konkurrenz antrat, zum Beispiel gegen Robert Altmans *Fool for Love* (1985), Franco Zeffirellis *Otello* (1986) oder Barbet Schroeders *Barfly* (1987).

Selbst in Manoel de Oliveiras strenge, siebenstündige Paul-Claudel-Theateradaption *Le Soulier de satin (Der seidene Schuh,* 1985) steckte Cannon (Vertriebs-)Geld, während das Reich der Go-Go-Boys sich aufblähte: Allein 1986 erschienen über vierzig Cannon-Filme, dazu kamen Kinoketten-Investitionen und Großproduktions-Ambitionen. Eine Serie unerwarteter und ungewöhnlich teurer Flops läutete 1987 den Anfang vom Ende ein (Trinität des Untergangs: Golans grandiose Armdrücker-Apotheose *Over the Top* mit **Sylvester Stallone,** Gary Goddards verkannter Fantasy-Fehltritt *Masters of the Universe* und der unselige vierte *Superman*-Film von Sidney J. Furie). Die undurchsichtige Cannon-Bilanz (es gab u. a. Mafiageld-Gerüchte) kippte vollends und nach dem Bankrott 1989 trennten sich Golan und Globus im Streit – und lieferten sich gleich ein charakteristisches Wettrennen, wer als Erster eine Soloproduktion zum Modetanz Lambada herunterreißen würde; das Schwimmen auf Musikwellen war seit dem Doppelschlag von 1984 mit den billigen Breakdance-Hits *Breakin'* (Joel Silberg) und *Breakin' 2: Electric Boogaloo* (Sam Firstenberg) ebenfalls eine Cannon-Spezialität. Das ebenso bezeichnende Resultat: Beide Lambada-Filme starteten gleichzeitig. Und erfolglos: Man machte sich das begrenzte Zielpublikum streitig.

Golan und Globus scheiterten am Glauben an ihre eigenen megalomanischen Träume (und sicherlich auch an ihrem dubiosen Finanzgebaren): Als wären sie selbst vom metallischen Glanz ihres die Dekade auch darin auf den Punkt bringenden Logos geblendet gewesen.

Denn sie fantasierten weiterhin vom großen Kino alter Schule, während die Cannon-Erfolge dem cleveren Umgang mit einem System entsprangen, das dem Kino als »großem« Leitmedium einen weiteren Todesstoß versetze: Nachdem das Fernsehen ins (Laufbild-)Zentrum des Lebens gerückt war, sorgte die Verbreitung von **VHS**-Kassetten für eine weitere Verlagerung der Sehgewohnheiten – und die entsprechende Reorientierung des Marktes. Die nutzten Golan-Globus genial: Indem sie die internationalen Verleihrechte vor allem für VHS und Fernsehen verkauften, während oder bevor die Produktion des Films begann, erzeugten sie einen konstanten Cashflow, der konstante Expansion zu ermöglichen schien. Bei entsprechend geringen Kosten konnte der Film gar keinen Verlust mehr machen – abenteuerliche Produktionsumstände und beknackte Blaupausen-Kombinationen sorgten dabei oft genug für nachgerade surreale Ideen, die ihren Teil zum Cannon-Kult beitrugen (Formel 1983: Martial-Arts-Klopfer + Exorzist-Aerobic-Horror = *Ninja III: The Domination*, Regie: Sam Firstenberg).

Auch produktionsseitig sorgte der »Cannon contract« für einen Wandel: Als der Dreh zu Golans süßer ethnischer Elliot-Gould-Komödie *Over the Brooklyn Bridge* (1984) auf Geheiß der Directors Guild of America eingestellt werden sollte, handelte man findig neue Verträge aus, mit dem Argument, dass es unfair sei, dass für Produktionen mit Kosten von einer Million Dollar dieselben gewerkschaftlichen Bedingungen gelten wie für einen Fünfzig-Millionen-Blockbuster. Ebenso wie mit ihrer gerade im Direct-to-Video-Bereich Furore machenden Pre-Sales-Strategie sorgten Golan und Globus für einen Umbruch in den Unterpreissegmenten der Hollywood-Produktionsgeschichte, während sie sich gleichzeitig wie Filmmoguln aus den Goldenen Zeiten gebärdeten: Der anekdotenselige Golan schmückte seine Kinoliebe von Kindesbeinen an mit demselben Enthusiasmus aus, mit dem er kurzerhand und offensichtlich wahllos Ideen für dringende Drehbuchänderungen (oder -erfindungen) in die Cannon-Diktiergeräte ratterte. In ihrer Begeisterung hielten sich Golan-Globus irgendwann tatsächlich für Kino-Krösusse, brachen die eigenen Goldenen Regeln der Sparsamkeit – etwa mit einer Millionengage für Sylvester Stallone – und machten aus dem Fall (von) Cannon auch ein Menetekel für die wirtschaftliche Entwicklung einer neuen Ära.

LUKAS FOERSTER

C.H.U.D.
Douglas Cheek, 1984

Sie leben unter den Straßen. Mit ihren grünen Händen suchen sie einen Weg nach oben, durch die Gullis, die im Englischen so viel sinniger *manholes* heißen. Mörderisch und verrottet sind sie, doch wen wundert das? Die Stadt, unter der sie wohnen, die ist auch mörderisch und zumindest halbverrottet. Es ist ein fließender Übergang: von den Cannibalistic Humanoid Underground Dwellers, den C.H.U.D.s,

C.H.U.D. (1984)

zu den unterirdisch lebenden Obdachlosen, die diesen nicht nur als Nahrung dienen, sondern aus denen sie auch ihr Personal rekrutieren; zu den oberirdisch lebenden Obdachlosen und ihrem späthippiesken Kumpel im *homeless shelter*; zu den schnurrbärtigen Polizisten in ihrer ranzigen Einsatzzentrale; zu dem Fotografen (John Heard), der im Zentrum des Figurenensembles steht und der eigentlich auf die in den Reagan-Jahren nicht mehr angesagten »relevanten« Reportagen spezialisiert ist, aber von seiner Model-Freundin (Kim Greist) zum bequemen *good life* in den Suburbs verführt zu werden droht; zu den korrupten *big shots* mit dunklen Ringen unter den Augen und ihren finsteren Handlagern, wie zum Beispiel einem kleingeldfressenden Lacostehemdträger (!). Fotograf und Model durchschauen selbst beim denkbar unglamourösen Glamour-Fotoshoot diesen Zusammenhang: Hier oben sind die Dinge mindestens so kaputt wie da unten. Er ist angeekelt, sie eine Opportunistin. »Why are you putting make-up on your ass?« – »That's where the pimple is.«

New York ist noch (aber nicht mehr lange) eine analoge Stadt, die Geschichte voller Wählscheibentelefone, Schreibmaschinen, eine altmodische Akte enthält die Verschwörung, Schwarzweißfotografien sichern die Beweise, ein Röhrenfernseher verbindet unten und oben. Die Monster sind gebastelt, das spritzende Kunstblut macht wirklich dreckig und der Geigerzähler wirkt fast wie ein Gerät aus einem Science-Fiction-Film der Fünfzigerjahre. Vom Kommenden kündigt jedoch, und das mit drängender Macht, der großartige Synthie-Soundtrack (David A. Hughes): die reine Monstrosität des Elektronischen, fast schon Computermusik, fernab aller orchestralen Pracht, stumpfes Brummen, brutale Klangteppiche, einfache, repetitive Melodien, von einer minimalistischen Schönheit, die man sonst nur von den besten John-Carpenter-Scores kennt.

Ein Vorgänger ist Lewis Teagues noch auf den klassischen Monsterfilm verweisender *Alligator* (1980). Ein Nachfolger J. Michael Muros hysterischer Pomo-Exzess *Street Trash* (1987). *C.H.U.D.*, der Mittelteil dieser informellen Trilogie der verdrängten urbanen Asozialität post *Taxi Driver* (Martin Scorsese, 1976; für ein verwandtes Projekt in einem anderen generischen Register siehe **Vice Squad**, Gary Sherman, 1982) ist in seiner funktionalen, von ausgedehnten Parallelmontagen angetriebenen Inszenierung der formal unauffälligste Film der drei, aber er hat die beste Besetzung (besonders toll: ein junger Christopher Curry als fragiler, empfindsamer Cop Bosch, der irgendwann nur noch derangiert im Polizeiwagen lümmelt und an seiner Krawatte herumspielt) und er wirft sein Netz am weitesten aus: Die erste Hälfte greift die Ikonografie der Politthriller der 1970er-Jahre auf, heruntergebrochen auf eine hemdsärmelige Großstadt-Provinzposse freilich; wenn's in der zweiten Hälfte unter Tag geht, schwingt unverkennbar das Vietnam-Trauma mit.

Analoger *neon slime* tränkt die düsteren, entleerten Bilder, treibt die nervösen, dilettanti-schen *bad guys* ebenso an wie die wenigen ehrenwerten Gestalten, die sich ihnen eher zufällig in den Weg stellen, nicht, weil ihnen an der Zivilisation viel liegt, eher im Gegenteil: weil sie ihr eigenes Leben satthaben. Und die wieder und wieder runter in den Dreck, in den Morast steigen, wo man auf »all kinds of shit« stößt, auf das nur unzureichend Verdrängte, auf die »tatsächlichen Tatsachen«, auf die die lediglich halbverrottete Oberfläche doch nur unzureichend verweisen kann. Noch gibt es materielle, genrekinoförmige Verbindungen zwischen dem Falschen an der Oberfläche und dem Grauen in der Tiefe. Ein Spalt, der sich am Rand der U-Bahn-Haltestelle auftut, ein mit roher Gewalt geschlagenes Loch in der Kellerwand. Monster, die an morschen Kellertüren anklopfen, eine Blutfontäne aus dem Duschabfluss. »Are you kidding? Your guy's got a camera, mine's got a flamethrower!«

DIEDRICH DIEDERICHSEN

Colors
Dennis Hopper, 1988

Zum einen ist es natürlich herrlich, wie Dennis Hopper die wohl ursprünglich geplante Männerfreundschaftsbullentränendrüse vertrasht und sich in Andeutungen und ein paar Altbulle-und-Jungbulle-gehen-ficken-Witze verliert (mit dem üblichen staatstragenden Familienvateropfer, das zum aufopfernden Bullen-tun-ihre-Pflicht-Programm gehört wie das Blau in den

Augen von Paul Newman), um sich stattdessen hemmungslos seiner Freude an neuen Jugendkulturen hinzugeben. Trends kommen und gehen, aber Dennis Hopper ist immer zur Stelle, wenn einer von ihnen etwas dauerhafter zu werden verspricht, und dreht den definitiven Film zum Trend/Jugendbewegung (so wie Al Oerter alle vier Jahre aus der Versenkung erschien und die olympische Goldmedaille im Diskuswerfen gewann, auch wenn er sonst nichts gewann und nie einen Rekord aufstellte). Irgendjemand hat ihn vor Jahren, als er noch selber die Rock'n'Roll-Delinquenten spielte, dazu programmiert. Wir haben ja *Easy Rider* (1969) neulich wieder gesehen, in der Sommertheater-jeden-Tag-ein-anderer-Klassiker-der-Filmkunst-Reihe, und das ist ja ein wirklich großer Film, der für die ausgehenden 60er jugendkulturtechnisch genau das leistet, was der Wirklichkeit damals nicht gelungen ist: die Versöhnung von Hippie-Gefasel, Hippie-Sex und Hippie-Drogen mit dem wehrhaften, echten Leben der Biker, alles unter der Sonne der Einsicht, dass wir alle echte Armleuchter sind. Für Hopper ist jede Jugendkultur zunächst eine Delinquentenkultur, seine unausgesprochene Theorie der Subkultur: Nicht ihre vermeintlichen Ideen, Ziele, Behauptungen sind von Bedeutung, sondern die Bedingungen, unter denen die, die jeweiligen Anstöße für eine neue Bewegung gebenden, Gangster kriminell geworden sind. Auch Hip-Hop hat für ihn nichts zu tun mit einer neuen schwarzen ästhetischen Praxis, die an soziale Mobilitätsversprechen, entweder politische in allen Varianten oder unpolitisch amerikanische, gebunden ist, sondern ist Gangster-

Kultur, was vorher für ihn auch Punk (*Out of the Blue*, 1980), Hippies (*Easy Rider*), Rock'n'Roll (verschiedene Filme, darunter der *Colors*-verwandte, neulich im TV genossene *Key Witness* [Phil Karlson, 1960], mit Hopper als Schauspieler und Mitglied des 50er-Juvenile-Delinquent-Brat-Pack Sal Mineo, Natalie Wood, James Dean – »sie sind alle tot«, weiß der Pressetext traurig) waren. Jugendkultur ist eine tragische Auflehnungsveranstaltung für Hopper, ihre Helden sind eher Artaud und Mesrine als Guevara und Lenin. Das Soziale und Politische ist eine im Prinzip nur untergeordnete Unterabteilung des Lebens als Scheiße, das Erwachsene und andere Trottel führen. Solange du aber jung bist, spürst du noch die eigentliche, uncodierte Energie des Lebens in dir, und dieses Leben befiehlt dir den Tod, bevor du dich auf denen ihr Spiel einlässt. Diese fast artistische, dandyistische Lesart, seine eigene Geschichte in Wahrheit, legt Hopper über noch jede Jugendkulturparabel, aber eben vor allem über jedes Drehbuch, auch wenn es noch so sozialdemokratisch oder einfach ideologisch-amerikanisch gedacht und geschrieben ist. Folgerichtig ruft der Hardliner unter den Neighbourhood- (beziehungsweise Barrio-)Verteidigern, der größte Gang-Romantiker, der als einziger auch Argumente gegen die von der Polizei und Verwaltung gestellten Gangsozialarbeiter zu bieten hat, im Moment der Überwältigung durch eine Bullenübermacht: »Es gibt keine Zukunft«, und feuert auf den älteren, versöhnlerisch-humanistischen der beiden Bullen, so den eigenen Tod provozierend. Dies tut, folgt man den Vorstellungen unserer soziologieverseuchten Hirne, kein Gang-B-Boy, die Typen wollen doch wohl eher Goldketten und Ganovenautos und nicht in die Werke Ernst Jüngers oder Yukio Mishimas eingehen. Denken wir, aber nicht Hopper. Und das ist natürlich groß von ihm, so falsch er auch liegen mag: In einem Stück Kultur (wie in einem Film) muss eine Figur aus kulturkompatiblen Motiven handeln, hier Uzi-hoch-und-es-lebe-der-Tod, um als Mensch mit Leben und Geschichte wahrgenommen und gewürdigt zu werden. Insofern lügt Hopper nicht einmal: Der heroische, weltfremde Schmus ist nichts als eine Übersetzung auf den Code des Spielfilms und seiner bürgerlichen Biografismen und heroischen Gesten, und sogar die richtige. Denn der sein Barrio verteidigende, kleine Hip-Hop-Dealer zeichnet sich eindeutig durch die Todesverachtung aus, die ihm guerra-civil-mäßig in den Mund gelegt wird, auch wenn er sie in Wirklichkeit nicht zu inszenieren braucht, weil sie zu seinem Alltag gehört.

Denn es bleibt trotz allem noch eine Menge von dem Zoobesucher-Blick übrig, den das Auge der Bullen (Wärter) den Zuschauer einlädt zu werfen. Im Gegensatz zu allen vorangegangenen, von Hopper bearbeiteten Jugendkulturen hat die L. A.-Hip-Hop-Gangsterszene nur noch die archaischsten Motive (Überleben, die Gegend beschützen, von der Gang respektiert werden, sich zuknallen), nichts, was sich gut in einem bürgerlichen Jugendhirn anfühlt. Wenn Linda Manz in *Out of the Blue* ihren widerwärtigen, versoffenen Daddy, nachdem er sie zu vergewaltigen Anstalten macht, in die Luft pustet, ist das zwar auch eine Outlaw-Kinderstory, wie sie Programmkino-Kids nie erlebt haben, aber

Colors (1988)

bürgerliche Kinder können ihren aus nichtigeren und allgemein-pubertären Gründen gehassten Daddy mit dem Vergewaltiger identifizieren. Dieses Leben hier lässt sich aber nicht überschreiben auf normale Erste-Welt-Verhältnisse, aber auch nicht distanziert anschauen wie *The Warriors* (Walter Hill, 1979), als theoretischer Unterhaltungsfilm, der sich die Gang-Situation zunutze macht wie ein Western. Gerade die Direktheit der Bandenszenen im Vergleich zu dem betulichen Trash der Penn/Duvall-Beziehung fordert eine Stellungnahme, und es ist klar, dass sich diesen Film auch Leute ansehen können werden, die sich einfach daran freuen, wie sich dieses Pack gegenseitig umbringt und in die Luft jagt. Dem Kid, das heute so alt ist wie ich, als es *Easy Rider* gab, helfen nicht mal unsere romantischen Lügen: Dies ist nicht von unserer Welt und wer im Safe European Home an diesem Soundtrack seine Freude hat, kann, im Gegensatz zu den Black-Flag- oder Neil-Young-Fans, die am Soundtrack von *Out of the Blue* ihre Freude hatten, sich beim besten Willen weder mit den Gangstern noch mit den Bullen identifizieren.

Das ist ja auch eine generelle Problematik: Starke Bewegungen und ästhetische Erschütterungen kommen aus den Dritte-Welt-gewordenen oder -werdenden Peripherien der Ersten Welt, besonders in den USA. Diese Peripherien haben sich aber immer mehr vom bürgerlichen Mittelpunkt entfernt, die Ähnlichkeiten zwischen den als Jugendliche / Studenten / Intellektuelle marginalisierten oder als Arbeiterklasse unterdrückten und nicht ganz integrierten Teilen der Ersten Welt und den vorbildgebenden Subkulturen an ihren Rändern nehmen ständig ab und beschränken sich mittlerweile nur noch auf die Musik, die die Mittelpunktbewohner sich von den Rändern holen, um ihre physisch ungefährlich gewordenen, komplizierten und inneren Konflikte mit massiven Rhythmen und Zeichen aufzuladen, ohne sich, wie noch vor zehn Jahren, erst recht aber vor zwanzig, mit den Inhalten auch nur annähernd auseinanderzusetzen. Was in der politischen Wirklichkeit seinen Niederschlag darin findet, dass Linke, die nicht für sich selbst mehr kämpfen, sondern für die Opfer unserer Wirtschaft an den Rändern der Ersten und in der Dritten Welt, immer weniger wissen, wie sich die Interessenlage des DGB-Kumpels und der Bewohner etwa der Gettos von Los Angeles oder irgendeiner asiatischen Großstadt noch vermitteln lassen, ohne irgendwelche Aktionen. Hopper arbeitet dem entgegen, indem er den Gang-Jungs eine bürgerliche Heldenwürde gibt, ziemlich verzweifelt, denn da ist wirklich nichts bewundernswert an den Charakteren, die hier aus Nichtig-

keiten morden und brandschatzen, blutige Amateurmafia spielen, um die kläglichsten Brosamenprofite aus dem Drogenhandel streiten und Slumzeilen zu militärischen Territorien erklären. Außer, dass sie sich ihr Los nicht ausgesucht haben und ihre Sache sowieso so gut machen wie möglich, weil es schließlich um ihr Leben geht.

Dass die weiße Mittelklasse-Geschichte, die Robert Duvall und Sean Penn als Alt- und Jungbulle weise und milde gegen stürmische Verbrechensbekämpfer (»Du bist auch nur ein Gangster«), Menschenfreund und Menschenfeind auszufechten haben, nicht vollends ins Lächerliche abdriftet, hat sie der von Hopper noch weniger beachteten Nebengeschichte, der grenzübergreifenden Liebesgeschichte zu verdanken, die Sean Penn als der misslungene Macho, der ständig scheiternde Method Actor, bewundernswert durchsteht. Keine Frage, dass uns dieser Typ mit den millionenfach gesehenen und immer um entscheidende Millimeter verrutschen Standard-Grimassen zwischen **Rourke** und De Niro als Monument missglückter und damit zeitgemäßer und vor allem neben Madonna sehr passend angesiedelter Männlichkeit sympathisch ist, wie er hier die gesamte Fahndung der Gang-Sondereinheit durch Übereifer versaubeutelt und eine von Hopper nur noch lustlos angedeutete Liebesgeschichte dazu – das gibt diesem Bullen-Generationskonflikt eine zusätzlich lustige, zitathaftechomäßig vielen berühmten Fernsehserien nachdämmernde Dimension.

Penn wird so zum Denkmal der Unmöglichkeit des Mannes im ausgehenden 20. Jahrhundert. Ob er nun Farben trägt oder ficken will. Es geht um die Seite, auf der man steht, mal wieder, und die meisten Frontlinien, die hier Welt teilen und zu Territorien erklären, sind natürlich die von außen, vom System durch funktionierende Communities gehauenen. Teilen und Herrschen hat in Amerika wegen allgemeiner Buntscheckigkeit der Bevölkerung sowieso Tradition, beziehungsweise ergab sich von selber, und bleibt als leichtes Mittel, wenn irgendwo was nicht beherrschbar ist. Was als abstrakter, politischer Vorgang in einem Film natürlich nicht darstellbar ist, gelingt Hopper aber wieder übersetzt, indem er Übereifer und Libido des Jungbullen einen schon schlimmen Status quo verschlimmern lässt. Das Tragen (Bekennen) von Farben, um das es in diesem Film geht, macht ebenfalls die Verzweiflung deutlich, in der sich Linke befinden, deren zutreffende Einschätzung von Ungerechtigkeiten immer weniger vermittelbar wird: Früher konnten solche Hopper-Schilderungen von politisch relevanten Tatbeständen samt Jugendkultur-Exposure immer einen Solidarisierungserfolg mit Bewusstseinsschub verbuchen. Dieses Fahnen- und Farbentragen ist aber natürlich nur eine Farce. Wie aber soll man sich mit einem Uzi-Träger solidarisieren? Man tut es aber trotzdem, eher motorisch. Wenn man das Kino verlässt, fehlt einem was in der Hand: Es ist die Waffe. Wie soll man jetzt nach Hause kommen? Ach, es ist ja nur Köln. Glück gehabt. Der Gefahr, dass die naturgemäß reichlich vielen Toten hier im Maschinenpistolengewitter unbetrauert vergessen werden und so wirklich eine rechtskräftige Gewaltverherrlichung herauszuinterpre-

tieren gewesen wäre, tritt Hopper entgegen, indem er vom ersten Moment an jedes Opfer ausführlich und expressiv beweinen lässt und ihm ein anständiges Begräbnis bereitet (wo dann wie in Nordirland die nächste Schießerei losgeht). Das Leben mag aus Hip-Hop bestehen, gestorben wird mit Gospel, auch hier ist Hopper, und das ist eine typische Independent-Leistung in Hollywood, fair vorgegangen.

Zuerst erschienen in:
Spex, Nr. 12/Dezember 1988, S. 74–75. Die vorliegende Fassung wurde vom Autor geringfügig überarbeitet.

LUKAS FOERSTER

Country

Der favorisierte Soundtrack des amerikanischen Kinos der frühen 1980er-Jahre ist nicht mehr Disco und noch nicht Hip-Hop, auch nur in Ausnahmefällen Punk, sondern: Country (and Western). Gängige Filmgeschichtsschreibungen geben nicht viel auf die gar nicht einmal so kleine Welle an Countryfilmen, die im Gefolge von *Urban Cowboy* (James Bridges, 1980) und *Coal Miner's Daughter* (Michael Apted, 1980) die Kinos erreicht. Industriehistorisch mag sie in der Tat nicht mehr sein als ein Echo der (im Gegensatz zum Country-Hype weltweit spürbaren) Disco-Welle, die *Saturday Night Fever* (John Badham, 1977) ausgelöst hatte. Im Folgenden gehe ich allerdings von der Vermutung aus, dass das (aus einer bestimmten Perspektive) amerikanischste aller Musikgenres ein innigeres Verhältnis zum amerikanischen Kino unterhält als gemeinhin angenommen. Und dass es deshalb kein Zufall sein kann, dass die Hollywood Eighties mit einer Reihe von Country-Melodramen eingeleitet wurden.

Wollte man die Verbindung zwischen Countrymusik und dem amerikanischen Kino historisch aufarbeiten, müsste man wohl mindestens bis zu den singenden Cowboys der 1930er- und 1940er-Jahre zurückgehen; zum Beispiel zu Ken Maynard, dem ersten singenden Cowboy, der vor seiner Filmkarriere unter anderem bei Bufallo Bill's Wild West Show arbeitete und damit im eigenen Lebenslauf nachvollziehen konnte, wie gelebte Frontier-Erfahrung zum Spektakel der Volkskultur und dieses in der technischen Reproduktion zur Massenkultur, zur Kultur des Populären wurde. In dem frühen Gene-Autry-Film *Oh Susanna!* (Joseph Kane, 1936) hat sich Autrys Gesang allerdings bereits vom Cowboykörper emanzipiert und als Schallplatte materialisiert. Diese Schallplatte mit seinem eigenen Gesang wiederum verhilft dem Helden in einer Szene aus der Patsche: Weil seine Stimmbänder ausgerechnet in dem Moment angeschlagen sind, in dem er beweisen muss, dass er tatsächlich der weltberühmte Cowboy Gene Autry ist, platzieren seine Gehilfen im unsichtbaren Außen des Bildraums einen Plattenspieler. Für Autry stellt sich lediglich noch das Problem der Synchronisation.

Erwähnen müsste man dann noch eine Gruppe von Countrymusic-Exploitationfilmen aus den 1960er-Jahren: Filme wie *Second Fiddle to a Steel Guitar* (Victor Duncan, 1965), *Las Vegas Hillbillys* (Arthur C. Pierce, 1966), *The Road to Nashville* (Will Zens, 1967), *Hillbillys in a Haunted House* (Jean Yarbrough, 1967). Filme, die den Bezug zum alten Westen endgültig aufgeben und das Abenteuer in der Unterhaltungsindustrie selbst suchen; die aber vorerst noch lokalspezifische Phänomene bleiben, ihren Ort in den Drive-in-Kinos des amerikanischen Südens haben. Noch geht es nicht darum, die Countrymusik der Mainstreamkultur zu vermitteln.

Für die Vorgeschichte des Country-Booms der frühen 1980er lohnt es sich, stattdessen mit Robert Altmans *Nashville* (1975) anzufangen, einem Film, der derartige Abstraktionsschritte – Abstraktion vom alten Wilden Westen, aber auch von einer Lebensart, die von Migrations- und Frontier-Erfahrungen geprägt ist – bereits voraussetzt und gerade das Synthetische an der Populärkultur zum Ausgangspunkt seiner dekonstruktivistischen Gesellschaftsstudie macht. Manchmal geht Altman dabei eher plump vor, etwa, wenn er ein besonders eindringlich vorgetragenes Liebeslied zweimal durch Interviewfetzen über den Vietnamkrieg unterbricht. Interessanter ist die ausgedehnte, mehrere Minuten lange Titelsequenz, die in einem Musikstudio spielt, in dem Henry Gibson einen (ironisch-) patriotischen Countrysong einspielt:

I pray my sons won't go to war
But if they must, they must
I share our country's motto
And in God I place my trust
We may have had our ups and downs
Our times of trials and fears
But we must be doin' somethin' right
To last two hundred years

Aufgelöst ist die Sequenz in einer Handvoll mehrmals wiederkehrender, durch Altmans typische Zooms destabilisierter Tableaus, die eine durch und durch synthetische Situation beschreiben. Raum wie Bild sind durch die Trennwände im Studio parzelliert, und außerdem dank Glasspiegelungen in die Tiefe hineingeschichtet, die Beteiligten – der *lead singer*, die Backgroundsänger, ein Gospelchor, die Produzenten, einige unbeteiligte Zuschauer – sind und bleiben voneinander strikt getrennt, Verbindungen laufen nur über indirekte, vermittelte Blickachsen. Auch die Musik stellt keine Verknüpfung her, sondern fungiert nur als Bedingung der Trennung: Schließlich machen die Bilder nichts weiter, als die Artifizialität einer unter massenmedialen und hochtechnisierten Bedingungen produzierten Populärkultur zu verdoppeln.

Am Ende des Films setzt Altman kontrastierend eine Synthese ins Bild. Gemäß des paradoxen fiktionalen Wahlwerbespruchs »New Roots for the Nation« entsteht eine neue Gemeinschaft, die sich nicht mehr über die geteilte Vergangenheit, die »last two hundred years«, definiert, sondern über ebenjene Verwerfungen in der Gegenwart, die der Film vorher zweieinhalb Stunden lang ausgebreitet hat. Barbara Harris singt:

The price of bread may worry some
It don't worry me
Tax relief may never come
It don't worry me
Economy's depressed – not me
My spirits high as they can be

And you may say that I ain't free
But it don't worry me

Dazu zeigt Altman zunächst dokumentarisch anmutende, von einem im gesamten vorherigen Film komplett abwesenden Authentizitätspathos besetzte Bilder von Konzertbesuchern. Alles fügt sich schließlich in ein Tableau, das in einem letzten Zoom so lange erweitert wird, bis es all diejenigen Akteure in einer harmonischen, aber natürlich nach wie vor nicht ironiefreien Komposition umfasst, die in der Eingangssequenz, durch Montage zwischen und in den Bildern, noch strikt getrennt waren: *lead singer*, Backgroundsänger, Musiker, Gospelchor, Publikum und schließlich auch die Bühne als Ganzes.

Interessanterweise verhält es sich mit den Songtexten fast umgekehrt: Während Henry Gibsons Song noch problemlos von der ersten Person Singular in die erste Person Plural springt, bleibt Harris' Lied konsequent auf der Ebene der individuellen, nicht ohne Weiteres verallgemeinerbaren Erfahrung; und es stellt der in Tradition begründeten Zwangsvergemeinschaftung eine nur im fragilen Moment des musikalischen Vortrags existente Wahlgemeinschaft der emphatisch Vereinzelten gegenüber. Beide Szenen zeigen, dass die Countrymusik in Altmans Film maximal diskursiv aufgeladen wird: In ihrem kreativen Umgang mit Tradition und Geschichte soll sich eine Nation formen, die ihre eigenen Wurzeln wählt beziehungsweise überhaupt erst erfindet. Country ist für Altman gleichzeitig nur eine von vielen Metaphern für diese neue Gemeinschaft, die nur entstehen kann, nachdem der organische Zusammenhalt des alten, in der Tradition der letzten zweihundert Jahre verwurzelten Nationenbegriffs aufgesprengt worden ist – und vielleicht nicht einmal die interessanteste: Der Autounfall zum Beispiel scheint, das legt eine andere *Szene* des Films nahe, mindestens ebenso viel Erkenntnispotenzial zu bergen.

Als eine Art Komplementärfilm zu *Nashville* kann James Szalapskis Dokumentation *Heartworn Highways* gelten, der im selben Jahr entsteht (allerdings erst 1981 in die Kinos gelangt). Szalapski porträtiert einige Protagonisten der »Outlaw Country«-Szene, einer in den Siebzigerjahren viel beachteten Spielart des Genres, die sich vom süßlichen Sound des Nashville-Mainstreams – der in Altmans Film parodiert und subvertiert wird – abwendet. Der Film arbeitet deutlich heraus, dass »Outlaw Country« nicht eine Rückkehr zu einem wie auch immer gearteten Ursprung ist, sondern ein Zweckbündnis entwurzelter Individuen, die sich ihre Provenienz – die in diesem Fall mit der Nation nicht mehr viel am Hut hat – selbst aussuchen.

In einer Szene führt Townes van Zandt die Filmcrew auf dem halb verfallenen Bauernanwesen herum, auf dem er lebt, und wird dabei fast von einem Loch in seinem Garten verschlungen, das seiner eigenen Auskunft zufolge das Werk mystischer Kaninchen ist. Derartige Fabulationen werden auch in *Heartworn Highways* wieder ergänzt durch Authentizitätspathos, in diesem Fall durch den des Individuums, das als *singer-songwriter*, lediglich begleitet von der Akustikgitarre, die Bedingungen seiner Entwurzelung offenlegt. Townes van Zandt singt *Waitin' Around to Die*:

One-time, friends, I had a ma, I even had a pa
He beat her with a belt once cause she cried
She told him to take care of me, she headed
   down to Tennessee
It's easier than just a-waitin' 'round to die

I came of age and found a girl in a Tuscaloosa
   bar
She cleaned me out and hit it on the sly
I tried to kill the pain, I bought some wine and
   hopped a train
Seemed easier than just a-waitin' 'round to die

Ob der niederschmetternden Melancholie des Vortrags kann man leicht die gleichfalls niederschmetternde Ironie der Lyrics überhören: Nicht die Resignation, das Sich-Ergeben ins Schicksal, das »a-waitin' 'round to die« ist die wahre Niederlage, sondern die Tatsache, dass man es nicht dabei bewenden lassen kann. Im Hintergrund sitzt ein alter Mann, ein Nachbar van Zandts, der vorher als »Walking Blacksmith« vorgestellt wird und der im Film eine Tradition der ländlichen, selbstbestimmten (und schwarzen) Außenseiterschaft zu bezeichnen scheint. Während er van Zandt zuhört, beginnt er zu weinen.

Bei allen Differenzen sind sowohl *Heartworn Highways* als auch *Nashville* Filme, die sich an einer Idee von Country nicht als urwüchsig-ursprünglicher, sondern synthetisch-fabulatorischer Form von Kulturproduktion abarbeiten; eine Form, die aber gleichwohl nicht hinter

einen gewissen Authentizitätsanspruch zurück-
fallen darf. Es liegt nahe, in einer solchen Konzeption auch das Selbstbild einer künstlerisch
ambitionierten Regisseursgeneration zu sehen,
die im Angesicht einer krisenhaft-brüchigen
Filmindustrie an neuen Formen des auteuris-
tisch-nichtentfremdeten Filmschaffens arbeitet;
dessen Varianten wären dann Ironisierung und
Dekonstruktion auf der einen Seite – wie bei
Altman; Außenseiterpathos und eine Poesie
der kleinen Form auf der anderen – wie bei
Szalapski. New Hollywood hatte für ein paar
Jahre beidem eine Perspektive geboten; die
Szalapskis des amerikanischen Kinos sind
Mitte der 1970er freilich längst wieder in die
Peripherie verbannt, die Altmans haben sich
besser gehalten, quer durch alle Genres und
Budgetklassen.

Filmgeschichtlich haben *Nashville* und erst
recht *Heartworn Highways* erst einmal wenig
Folgen. Zwischen 1975 und 1980 entstehen
wenige Filme mit direktem Bezug zu Countrymusik; wenn die Welle dann aber doch startet,
hat sie einigen Schwung: In der ersten Hälfte
der 1980er-Jahre entstehen unter anderem drei
Countrymusiker-Biopics, zwei offizielle (*Coal
Miner's Daughter*, über Loretta Lynn; Karel
Reisz' *Sweet Dreams*, 1985, über Patsy Cline) und
ein inoffizielles (*Honkytonk Man*, Clint Eastwood, 1982, inspiriert von Episoden aus dem
Leben gleich zweier Musiker: Hank Williams
und Jimmie Rodgers), Filme über fiktionale
Countrysänger (*Honeysuckle Rose*, Jerry Schatzberg, 1980; *Tender Mercies*, Bruce Beresford,
1983; *Songwriter*, Alan Rudolph, 1984), mindestens zwei Verfilmungen von Countryliedern

Honeysuckle Rose (1980, Jerry Schatzberg)

(*The Night the Lights Went Out in Georgia*, Ron
Maxwell, 1981; *Take This Job and Shove It*, Gus
Trikonis, 1981) sowie weitere Filme mit in-
direkterem, aber nicht weniger bedeutendem
Bezug zu Country: *Urban Cowboy* zum Beispiel
war nicht nur der hauptsächliche Auslöser der
Countryfilm-Welle, sondern auch eine wichtige
Triebfeder der zunehmenden Mainstreamisie-
rung des Musikgenres. Zu nennen wären
außerdem Alan Rudolphs Country-Rock'n'Roll-
Crossover-Film *Roadie* (1980) sowie äußerst er-
folgreiche countrylastige Actionkomödien im
Stil von *The Cannonball Run* (Hal Needham,
1981).

Musikhistorisch kann man diesen Boom mit
dem fortgesetzten Erfolg ebenjener Form »un-
reiner« Countrymusik in Verbindung bringen,
von der sich die Outlaw-Countrysänger aus
Szalapskis Film absetzen wollten. Der Nash-
ville-Sound der späten 1950er- und 1960er-Jahre,
das Countrypolitan der späten 1960er und
1970er, noch später diverse Pop- und Neo-

Country-Wellen hatten das ursprünglich strikt ländlich und provinziell konnotierte Musikgenre sukzessive mit der pop- und zunehmend auch mit der dezidiert jugendkulturellen, urbanen Gegenwart in Kontakt gebracht. Schon dabei geht es freilich, wie das Gene-Autry-Beispiel zeigt, nicht mehr wirklich um einen Gegensatz zwischen Volkskultur und Populärkultur – das Band zur Ersteren ist bereits bei den singenden Cowboys vollständig gerissen; stattdessen geht es um verschiedene Spielarten des Populären, die sich freilich in der Art und Weise unterscheiden, wie sie Begriffe von Authentizität und Gemeinschaft vermitteln.

Die Verbindung von Countrymusik- und Filmgeschichte kann man an genau dieser Stelle ins Spiel bringen: Der Transformationsprozess, der eine an lokale Gemeinschaftserfahrungen gekoppelte musikalische Tradition in einen gesamtpopkulturellen Zusammenhang einspeist, fällt in den frühen 1980ern mit den Transformationsprozessen des amerikanischen Kinos post New Hollywood vielleicht nicht unbedingt in eins; er eröffnet jedoch eine kulturhistorische Fluchtlinie, die über bloße Niedergangserzählungen hinausweist. Besonders deutlich wird das in *Honeysuckle Rose* und *Urban Cowboy*, zwei in vieler Hinsicht paradigmatischen Filmen für das gesamte informelle Genre des Countrymusic-Films der Zeit. Unter anderem, weil sie die gesellschaftsanalytischen und dokumentarischen Ambitionen der Filme von Altman und Szalapski gegen erprobte Modelle des Unterhaltungskinos eintauschen; und zwar vor allem: gegen das Melodram.

Honeysuckle Rose – nominell ein Remake des Gustav-Molander-Films *Intermezzo* aus dem Jahr 1936 (beziehungsweise von dessen erstem, von Gregory Ratoff inszenierten amerikanischen Remake aus dem Jahr 1939) – ist ein Film, der deutlich an die Siebzigerjahre anschließt: über seinen Regisseur Jerry Schatzberg an New Hollywood, über den Soundtrack, den Hauptdarsteller Willie Nelson und zahllose szenische Details an die Outlaw-Country-Szene sowie an diverse andere gegenkulturelle Strömungen, in die jene eingebettet war. *Honeysuckle Rose* ist in erster Linie ein Konzertfilm, der dem Sänger Buck Bonham (Nelson) auf seinen Konzertreisen folgt. Es geht darin explizit um den Kommerzialisierungsdruck, dem die Outlaw-Country-Szene der 1970er ausgesetzt war.

Es gibt in dem Film, insbesondere in den Konzertpassagen, zwei Linien, die ihn zunächst fast zu zerreißen drohen, am Ende aber erstaunlicherweise in eins fallen. Die eine verbindet ihn mit den Siebzigerjahren: Andauernd montiert Schatzberg in die Bühnenszenen Einstellungen, die die Reise selbst, also das Vorher und Nachher der Auftritte zeigen: einerseits den Tourbus, wie er durch die amerikanischen Weiten fährt, mal durch Industrieanlagen, mal durch zersiedeltes Niemandsland, mal durch Wiesen und Wälder; andererseits das Innere desselben Busses, die Bandmitglieder und Anhang beim gemeinsamen Abhängen und Trinken. Show, Aftershow-Party und der Transit zwischen den Shows gehen ineinander über, die Montage synthetisiert eine neue Existenzform, die sich im beständigen Aufbruch und in auf eine entspannte Art befreiten interpersonellen Beziehungen manifestiert.

Zu diesen Sequenzen wird, vor allem in der ersten Filmhälfte, mehrmals Willie Nelsons *On the Road Again* eingespielt, ein Lied, das heute bekannter ist als der Film, dem es entstammt, und das vor allem durch eine extrem reduktive, zyklische Struktur bestimmt ist:

The life I love is makin' music with my friends

And I can't wait to get on the road again
On the road again

Like a band of gypsies we go down the
  highway
We're the best of friends

Insisting that the world keep turning our way

And our way
Is on the road again
Just can't wait to get on the road again
The life I love is makin' music with my friends

And I can't wait to get on the road again

Ein Lied, in dem die vier Worte »on the road again« alle Ansätze, eine konventionelle Strophenform und damit so etwas wie ein Narrativ zu entwickeln, immer gleich wieder einfangen. Die Liedstruktur macht, wie in mancher Hinsicht auch der Film, klar, dass die welterschließende Funktion des »On the road«-Seins droht, in ihr Gegenteil, in Selbsteinschließung und in eine Selbstbezüglichkeit der ewigen Outlaws umzuschlagen. Tatsächlich verliert der Film – und zumindest teilweise scheint das eine be-

wusste Setzung zu sein – mit zunehmender Laufzeit die Frage aus dem Auge, wie die kleine Gemeinschaft im Bus, die noch einmal, auch in Nelsons Lied, in der ersten Person Plural behauptet werden kann, zu der größeren Gemeinschaft außerhalb des Busses sich verhalten könnte. In einer frühen Szene, Bonhams erster Heimkehr, funktioniert die Vermittlung noch, später läuft der Kontakt fast nur noch über das hierarchische Konzertsetting: oben die als Individuen ausdifferenzierten Musiker, unten die jubelnde, undifferenzierte Masse.

Die zweite Linie des Films, sozusagen die Achtzigerjahre-Linie, zeigt einen alternativen Modus dieser Einschließung an. In den Konzertszenen selbst gibt es neben der rein registrierenden Frontalität auch Einstellungen, die die offenen Montagesequenzen der ersten Linie zu einem romantischen Dreieck verengen. In schematisch anmutenden Einstellungsfolgen entwickelt sich ein Melodram zwischen Buck Bonham, seiner Frau Viv und Lily Ramsey, der Tochter eines alten Mitstreiters, mit der Buck Viv zu betrügen beginnt. Zu derselben Linie gehört außerdem eine erfolgreiche intergenerationale Stabübergabe an den Sohn. Was sich da formiert, ist eine strikt patriarchale Erzählung, die sich auf ganz andere Art von der Gesellschaft abschottet: in der neurotisch überformten Kleinfamilie und in den Kurzschlüssen, die die sich ewig wiederholenden Blickachsen produzieren. Man sieht nur noch Vater / Mutter / Kind und nicht mehr ins Freie.

Zu dieser zweiten Linie passt eines der schönsten Lieder des Films, gesungen von Hank Cochran, *Make the World Go Away*:

Now I'm sorry if I hurt you
Let me make it up to you day by day
And if you will please forgive me
And make the world, make it go away

Make the world go away
Get it off my shoulder
Say the things we used to say
And make the world, make it go away

Der angestrebte und im Film gewissermaßen doppelt durchgearbeitete Weltausschluss verbindet sich mit einem erneuten Wandel der grammatikalischen Form: Das »we« bezieht sich nicht mehr auf eine inklusionsbereite Gemeinschaft, sondern auf die intime Zweierbeziehung, der dominante Kommunikationsmodus ist die direkte Ansprache der Liebenden, die ihre eigene, intime Geschichte – »the things we used to say« – gegen die Welt ausspielen; und damit auch ihre privaten, intimen Wurzeln als einzige Gründungsbedingungen einer möglichen Gemeinschaft setzen – die dann eben nur eine familiäre sein kann.

Der Schluss des Films bringt beide Modi des Weltausschlusses zusammen: Die letzte Konzertszene des On-the-Road-Movies ist gleichzeitig die Versöhnungsszene des Familienmelodrams. Und das Publikum bejubelt in einer Art Übersprungshandlung weniger die Musiker als ebenjenes erfolgreich zu Ende deklinierte Melo. Eine Bruchstelle in dieser Anordnung markiert ein langsamer Zoom auf Lily, die ausgeschlossene Dritte der Familiengeschichte, die sich konsequenterweise im Publikum wiederfindet.

Im erfolgreichsten und interessantesten Film der Country-Welle, *Urban Cowboy* von James Bridges, verweist zunächst einmal nichts auf die Vergangenheit. Unverkennbar konzipiert als Starvehikel für John Travolta, ist *Urban Cowboy* ein aufwendig und mit einiger Lust an der Fetischisierung seines Starkörpers produziertes Melodram, für das die extrem poppige Countrymusik auf der Tonspur zunächst nicht viel mehr zu sein scheint als eine Strategie der Ausdifferenzierung nach dem Erfolg des Disco-Films *Saturday Night Fever* und des Retro-Pop-Films *Grease* (Randal Kleiser, 1978).

Gleichzeitig aber bekommt Bridges etwas an seiner Zeit zu fassen, was diesen anderen, heute weitaus bekannteren Musikfilmen der Ära entgeht. Und das, obwohl sie – zusammen mit einer ganzen Reihe weiterer Musik- und insbesondere Tanzfilme – auf den ersten Blick alle dieselbe Geschichte zu erzählen scheinen: Es geht jeweils um die popkulturelle Selbstdisziplinierung von Körpern, die auf dem primären Arbeitsmarkt nicht mehr nachgefragt sind. Auch in *Urban Cowboy* gibt es einen zentralen Handlungsstrang, in dem es um körperliche Selbst- und vor allem Fremddisziplinierung geht, aber für den interessiert sich der Film selbst nicht allzu sehr.

Travoltas Figur heißt Bud, zieht zu Beginn von seinem Elternhaus auf dem Land nach Houston, Texas, dessen Industrieparks schon während der Titelsequenz prominent ins Bild gesetzt werden und die später immer wieder, als Cinemascope-Panoramaaufnahmen, den Film rhythmisieren. Bud nimmt eine Stelle in einer der Ölraffinerien an, seine freie Zeit verbringt er in der Bar Gilley's, »the biggest honky-tonk in the world«. Das Gilley's wird zum Dreh- und Angelpunkt des Films und bleibt doch ein Ort, an dem man sich, auch am Ende der gut zwei Stunden Laufzeit, nicht so recht orientieren kann. Das hängt mit seiner Größe zusammen, paradoxerweise aber auch mit seiner Abgeschlossenheit: mit der Abwesenheit eines Horizonts, seiner prinzipiellen Fensterlosigkeit.

Die Bar stellt eine Art Surrogat dar für den Wilden Westen, der den *urban cowboys* der Gegenwart nicht mehr zur Verfügung steht. Schon die rohe Energie des Faustkampfs kann kanalisiert werden durch eine Prügelmaschine, die den Schlägen die Wildheit austreibt und ihre Wucht unparteiisch misst. Weitaus wichtiger jedoch ist für den Film der mechanische Bulle, um den sich bald alles dreht: Sowohl Bud als auch Sissy (**Debra Winger**), die Frau, die er nach eineinhalb Blickwechseln und eineinhalb Tänzen gleich geheiratet hat, sind fasziniert von dem Gerät, das in der Folge zum Ausgangspunkt eines nicht unbedingt entlang zeitgemäßer Moralvorstellungen sich entwickelnden Melodrams wird.

Der mechanische Bulle war ursprünglich ein Trainingsgerät für Rodeoreiter, das sich irgendwann von diesem Zweck emanzipiert hat und zu einer Attraktion eigenen Rechts geworden ist, die ihren Ort vor allem in Kneipen hat – ein Sinnbild (aber ein körperlich erfahrbares) desselben Abstraktionsprozesses, den die Countrymusik durchlaufen hat. Aus einem Aspekt des Cowboyberufs wurde im ersten Schritt eine sportliche Attraktion; im zweiten aus dieser sportlichen eine massenkulturelle (der Bulle

wird derweil mechanisiert, verliert seine Gliedmaßen und auch seinen Kopf). In *Urban Cowboy* werden die Bewegungen des mechanischen Bullen von einem Menschen gesteuert. Was bleibt, ist also einerseits eine Maschine zur systematischen Destabilisierung des menschlichen Körpers; andererseits ein Gerät, mit dessen Hilfe Menschen sich in gegenseitigem Einverständnis Schmerzen zufügen. Oder auch: sich gegenseitig Lust bereiten.

Immer wieder parallelisiert Bridges' Montage die Ritte auf dem mechanischen Bullen und Buds Arbeitsalltag in der Schwerindustrie. Was allerdings verblüfft: Das Gilley's ist gerade kein Ort, an dem man Erfahrungen und Affekte, die einem die entfremdete Erwerbsarbeit verweigert, nachholen kann. Eine besonders dramatische Montagesequenz zeigt im Gegenteil, dass Subjektivität in der Ordnung der Kulturindustrie noch grundsätzlicher ausgeschlossen ist als in jener der Produktion: Wenn Bud nach einem Arbeitsunfall am Arbeitsgerüst taumelt, lässt der Film uns das in einer Point-of-View-Einstellung nachvollziehen; Sissys lasziver Ritt auf dem Bullen hingegen wird, wie alle anderen Bullenszenen, aus einer strikten Objektiven gefilmt.

In *Urban Cowboy* wird die Welt, die nicht entweder industriell oder kulturindustriell zugerichtet ist, die ungerichtete Weite des Westens, schon nach dem Epilog ausgesperrt; anders als bei Schatzberg gibt es bei Bridges auch keine ernsthaften Versuche mehr, an dieser Situation etwas zu ändern. Die sicherlich nicht nichtentfremdete, aber vielleicht doch etwas weniger entfremdete Vergangenheit ragt nur gelegent-

Urban Cowboy (1980, James Bridges)

Hope they never end this song
This could take us all night long
I looked at the moon and I felt blue
Then I looked again and I saw you
Eyes like fire in the night
Bridges burning with their light
Now I want to spend the whole night through
And Honey, yes, I'd like to spend it all on you

Love, look what you've done to me
Never thought I'd fall again so easily
Oh, love, you wouldn't lie to me
Leading me to feel this way…

lich in den Film hinein, als fast geisterhafte Präsenz – schon der unzeitgemäß vor-mechanische Rodeosport wird dabei als delinquent markiert. Eine weitere Differenz: Anders als in *Honeysuckle Rose* geht mit dem Weltausschluss ein Welteinschluss einher: Im Gilley's wird die ganze Welt in einem kleinen, paranoiden Maßstab nachgebaut, der vom *real deal* schon mindestens zwei Abstraktionsstufen entfernt ist; der elektrische Bulle parodiert nicht den *trail* der Cowboys, sondern das Rodeo-Spektakel, der Dolly-Parton-Lookalike-Contest sucht nach der perfekten Kopie eines Klischeebilds.

Es ist in *Urban Cowboy* nicht mehr ohne Weiteres möglich, die Songs des Soundtracks mit dem Gehalt des Films in Verbindung zu bringen; tendenziell ist auch ihnen jeder Bezug zu Erfahrungsformen abhandengekommen, die nicht immer schon kulturindustriell überformt und versiegelt sind. Ein Beispiel dafür ist *Look What You've Done to Me* von Boz Scaggs:

Die vor allem im Refrain aufgerufene Intimität ist in den Strophen nur noch eine grammatikalische Form, die sich an oberflächlichen Assoziationsketten entlanghangelt und wie automatisiert in kinderliedartige Reime eingepasst wird: song/long, blue/you, night/light, through/you.

In gewisser Weise sind *Urban Cowboy* und *Honeysuckle Rose* verschobene Wiedergänger von *Nashville* und *Heartworn Highways*, wobei es im einen Fall eher um das Schicksal der prekären Gemeinschaft, im anderen um das des selbstisolierten Künstlersubjekts geht. *Urban Cowboy* arbeitet das Gesellschaftspanoramatische des Altman-Films auf ähnliche Weise um, wie *Honeysuckle Rose* das Outsider-Pathos von *Heartworn Highways* neu konfiguriert. In diesem Sinne fungieren die vier Filme als wechselseitige Zerrbilder: Je nach Blickrichtung erscheinen die beiden Eighties-Filme als kulturindustrielle Verformungen der beiden authentischeren Seventies-Filme; oder die Seventies-Filme als idealistische Verformungen der realistischeren Eighties-Filme. Den Veränderungen, die das Kino in der Nachfolge New Hollywoods durchlebt hat, kommt man mit solchen Kippfiguren möglicherweise näher als mit linearen Verfalls- oder Erfolgserzählungen.

Was aus Country und auch aus Country-Cinema seither geworden ist, darüber gibt bereits ein weiterer Film der frühen Achtziger Aufschluss. In Richard Fleischers *Tough Enough* (1983) spielt Dennis Quaid Art Long, einen angehenden Countrysänger, dem der musikalische Durchbruch bisher verwehrt geblieben ist und der sich stattdessen an einer Karriere als Amateurboxer versucht. Seine musikalisch-kulturelle Identität verwandelt er in eine Marke: Fortan mischt er als »Country Western Warrior« das Prügelbusiness auf. Art Long hat erkannt, dass »Country« als Differenzmerkmal im Mainstream funktioniert.

Was in einem Film wie *Urban Cowboy* noch als Grundlage einer zwar durch und durch synthetischen, aber in sich kompletten Welt gesetzt werden konnte, hat sich seither in mindestens drei semantische Linien ausdifferenziert. Erstens in einen Country-Traditionalismus, der sich von der musikalischen wie kulturellen Gegenwart abschottet, nicht mehr nach neuen, sondern tatsächlich nach alten Wurzeln sucht und wohl noch in hundert Jahren die reine Lehre eines zutiefst unreinen musikalischen Genres predigen wird; die Verbindung zum Kino wird dabei weitgehend gekappt, sieht man von Ausnahmeerschienungen wie *Pure Country* (Christopher Cain, 1993) ab, einem filmischen Loblied aufs handgemachte Musizieren, das auch prompt am Box-Office

floppte. Zweitens in jene White-Trash- und Hillbilly-Klischees, die nicht mehr, wie in den Country-Exploitationfilmen der Seventies, in erster Linie verfremdete Selbstbilder sind, sondern sich in Fremdbilder verwandelt haben, welche die Mainstreamgesellschaft von sich fernhalten möchte. Drittens in jene Form von Country-Pop, die sich von anderen Spielarten familienfreundlicher Populärmusik kaum unterscheiden lässt und die unter anderem in einer neuen CBS-Serie zu bewundern ist, die denselben Titel wie der Altman-Film trägt. In der Primetime-Drama-Variante von *Nashville* (ab 2012) ist allerdings alles von Anfang an von einer derartigen Durchsichtigkeit, dass es nichts mehr zu dekonstruieren gibt.

MICHAEL ALTHEN

Cruise, Tom

geboren als Thomas Cruise Mapother IV, am 3. Juli 1962

Was hat der Mann, was wir nicht haben? Zuerst einmal hat er dieses unverschämte Grinsen, das jedem männlichen Zuschauer nach Verlassen des Kinos wie ein Echo auf den Lippen klebt. Man kann nur jedem raten, sich dieses Grinsen schleunigst aus dem Gesicht zu wischen: Denn erstens kann man sich so ein Grinsen nur leisten, wenn man dafür drei Millionen Dollar kassiert. Und zweitens braucht man dafür mindestens die ganze Breite einer Leinwand.

Irgendwelche Einwände? Gut, dann gehen

The Color of Money (1986, Martin Scorsese)

Vögel hörten auf zu singen, und hinterlistige Emporkömmlinge witterten Morgenluft. Bis der Prinz eines Tages ins Kino ging …

Das ist es, was Tom Cruise so einmalig macht: diese märchenhafte Begabung, deren Zauber nicht ewig währen wird. Dieses Geschenk, das nur den Glücklichen zuteilwird und das nicht verschwendet oder missbraucht werden darf. Es ist das Lächeln der siegesgewissen Ritter, die von ihrem nächsten Kreuzzug möglicherweise nicht mehr zurückkommen werden. Es war einmal … vielleicht schon zum letzten Mal.

Vor diesem Hintergrund gewinnt sein Lächeln mit jedem Mal – und verliert gleichzeitig ein Stückchen dieser Gnade auf Zeit. Es lebt von seiner Vergänglichkeit. Es zerschmilzt auf der Netzhaut, bevor es richtig angekommen ist. Es lässt sich nicht festhalten. Auf Fotos schaut Tom Cruise ganz gut aus. Mehr nicht. Und Cruise weiß das besser als jeder Zuschauer, Filmkritiker eingeschlossen.

Im Englischen gibt es einen Ausdruck für Cruises Gabe: »Natural«, was so viel wie »naturgegeben« heißt, aber eigentlich zwischen dem Primitiven und der Kunst, zwischen der Idiotie und dem Gelingen pendelt. Das Unbeleckte bei Cruise, diese Mischung aus Naivität und Erfolg, aus gelacktem Äußeren und unbekümmertem Auftreten und Wär-doch-gelacht war Filmkritikern naturgemäß zuwider. Filme wie *Risky Business* (Paul Brickman, 1983), *Legend* (Ridley Scott, 1985) und *Top Gun* (**Tony Scott**, 1986) gaben ihnen auch irgendwie recht. Dass er allerdings dann auch noch bei wirklich guten Regisseuren wie Martin Scorsese, Barry Levinson

Sie mal auf die Straße und versuchen, für drei Millionen Dollar zu grinsen. Man wird Ihnen vielleicht sagen, Sie sollten den Zahnarzt wechseln, oder aufhören, so viel Gras zu rauchen. Vergessen Sie's! Für so ein Grinsen braucht man Jugend und Unschuld – also alles, was Kinobesuchern von vornherein abgeht.

Jeden Morgen, wenn er aufwache, gehe er zum Spiegel und grinse, sagt Tom Cruise. Und abends gehe er noch mal hin, um sicherzugehen, dass sein Grinsen noch da ist. So fangen Märchen an: Es war einmal …

Doch eines Tages stand der Prinz vor dem Spiegel, und das Grinsen war weg. Es wollte auch nicht wiederkommen, nicht am Abend, nicht am nächsten Tag und auch nicht zwei Monde darauf. Der Prinz zerschlug vor Wut den Spiegel und bot demjenigen drei Millionen Taler, der ihm sein Grinsen wiederbrächte, aber auch das half nichts. Das Grinsen blieb verschwunden. Die Staatsgeschäfte begannen, schlecht zu gehen, die Ländereien vertrockneten, die Untertanen wurden unzufrieden, die und demnächst bei Oliver Stone auftritt, empfinden die Kritiker als besonders dreiste Unverschämtheit.

Diese Ernsthaftigkeit, die ihm zudem auch noch alle Regisseure mit Freuden bescheinigen, macht es zwar leichter, ihn zu ignorieren. Aber Scorsese, Levinson und Stone – das sind mehr gute Regisseure, als andere Schauspieler in ihrer ganzen Karriere vorweisen können. Natürlich spielt er in *The Color of Money* (Martin Scorsese, 1986), in *Cocktail* (Roger Donaldson, 1988) und *Rain Man* (Barry Levinson, 1988) ein kleines Arschloch. Aber wie! In dieser Rolle macht ihm zurzeit keiner was vor. Wenn es verlangt wird, ist er widerlich. Wenn es sein muss, ist er würstchenhaft. Tom Cruise hat jene gewisse Statur amerikanischer Helden, der man alles auf den Leib schreiben kann – immer nimmt er die richtige Gestalt an.

Selbst wenn er Emotionen mimen muss, trifft er den Punkt: Weil seine Typen in jedem Film so angelegt sind, dass ihnen die große Schnauze leichter fällt als die großen Gefühle. Zum Beispiel Charlie Babbitt, der Schnösel aus *Rain Man*, der sein Geld mit italienischen Luxusschlitten verdient, sich eine Italienerin als Freundin hält und rücksichtslos seinen autistischen Bruder ausnehmen will. Oder Maverick, der Top Gunner, der die traumhafte Kelly McGillis flachlegen will und damit erst einmal völlig schieffliegt – und dem in der F-14 immer wieder das Talent durchgeht, bis sein Freund und Copilot bei einem seiner waghalsigen Manöver draufgeht. Oder Brian Flanagan, der Cocktail-Mixer aus Queens, der es in Manhattan mit ein paar Anleitungen zum Erfolg

bringen will und dabei erst mal hinterm Tresen landet, wo er das Maul besonders weit aufreißen kann. Oder Vincent Lauria, der Billard-Crack aus *The Color of Money*, der mit seinem Queue wie mit einer Lanze um die Tische wirbelt und einfach nicht begreifen will, dass man beim Abzocken nicht mit der großen Show ans große Geld kommen kann.

Das sind die Rollen für Tom Cruise: Jungs, die ans große Geld wollen und dabei über große Gefühle stolpern. Jungs, deren großes Talent dem großen Erfolg immer im Wege steht. Jungs, die eine unbändige Kraft in sich spüren, aber nicht die Kraft haben, sie zu zügeln. Naturbegabungen, die wissen, dass sie gut sind, aber nie wissen, wie gut sie sind. Ritter ohne Furcht, aber mit Tadel. Kerle zwischen Berechnung und Traumtänzerei. Eins mit sich und der Welt, schlafwandeln sie durchs Glück. Sie träumen für Millionen, auch für ihre Kritiker.

Und plötzlich steht Tom Cruise da, als habe er alles mit Löffeln gefressen, und verrät sein Geheimnis: »What you see is what you get.« Es gibt keine Botschaft hinter der Fassade. Alles ist greifbar, alles ist machbar.

So vordergründig funktionieren seine Rollen. Und zum Beweis bricht er in sein Grinsen aus, das in den Grübchen anfängt, als könne er selbst nicht glauben, was er tut. Es huscht über sein Gesicht und hat die Zuschauer erreicht, bevor seine Zähne zum Vorschein kommen.

Dafür braucht man schon eine ganze Leinwand, um glauben zu können, was man sieht.

Zuerst erschienen in:
Tempo, 1.3.1989, zitiert nach: Michael Althen: *Liebling, ich bin im Kino!* Blessing, München 2014, S. 172–176.

47

MICHAEL KIENZL

Cruising
William Friedkin, 1980

In den Filmen des amerikanischen Regisseurs William Friedkin offenbart sich eine diebische Freude daran, das Publikum vor den Kopf zu stoßen. Ein gutes Beispiel dafür ist eine Szene aus *To Live and Die in L.A.* (1985). Ein von Willem Dafoe verkörperter Geldfälscher wartet im Backstage-Bereich eines Nachtclubs. Währenddessen folgt die Kamera einem Mitglied der Tanztruppe, das ihm entgegeneilt. Wir sehen die Person zwar nur von hinten, aber von der Statur her scheint es sich eindeutig um einen Mann zu handeln, der schließlich auf Dafoe zugeht und ihn leidenschaftlich küsst. Erst in diesem Augenblick klärt uns ein Gegenschuss darüber auf, dass es sich in Wahrheit um die Freundin des Geldfälschers handelt. War alles nur Einbildung? Sieht man sich die Szene noch einmal an, ist offensichtlich, dass die Figur von zwei unterschiedlichen Darstellern gespielt wird: Der kurze Moment der Irritation ist ein kalkuliertes Täuschungsmanöver des Regisseurs.

Fünf Jahre zuvor hatte Friedkin mit *Cruising* bereits einen Polizeifilm gedreht, der ruhiger, sperriger und seltsamer ist als seine größeren Erfolge auf diesem Terrain (wie zum Beispiel *The French Connection*, 1971). Mit seiner innerlich zerrissenen Hauptfigur, zahlreichen *hommes fatals* und der Darstellung New Yorks als mysteriöser und verwahrloster Schattenwelt könnte man in dem Film fast einen Neo-Noir

sehen. Die unorthodoxe Behandlung des Genre-Plots lässt ihn zudem wie einen der letzten, dafür umso radikaleren Ausläufer New Hollywoods erscheinen. Solche Kategorisierungen treffen zwar etwas an *Cruising*, werden dem Film letztlich aber nicht gerecht. Die Verunsicherung und sexuelle Ambivalenz, die in dem Kuss aus *To Live and Die in L.A.* steckt, zieht sich hier durch den gesamten Film. Es ist erstaunlich, was Friedkin hier einem Mainstream-Publikum alles zumutet: Er konfrontiert es nicht nur mit expliziten Darstellungen kopulierender Männer, sondern nimmt ihm auch die Gewissheiten, die einem die gleichnamige literarische Vorlage von Gerald Walker (1970) noch gegönnt hatte.

Auf den ersten Blick ist *Cruising* ein geradliniger Genre-Film: Er erzählt von dem jungen heterosexuellen Polizisten Steve Burns (Al Pacino), der in die schwule Lederszene New Yorks abtaucht, um einen Serienmörder zu fangen. Der Auftrag löst bei ihm zwar zunächst Befremden aus, bietet aber die einmalige Chance, auf der Karriereleiter nach oben zu klettern. Sein Doppelleben zieht den Protagonisten in eine ihm völlig unbekannte, zunächst einschüchternde, dann aber zunehmend faszinierende Welt der fleischlichen Begierden hinein. Während er tagsüber zu seinem Nachbarn – einem sensiblen Nachwuchs-Dramatiker, der eher dem schwulen Establishment als der sexuell experimentierfreudigen Subkultur angehört – eine emotionale Bindung aufbaut, stürzt er sich nachts in die verschwitzten und verrauchten Sex-Clubs des verlassenen Meatpacking District. In schummrigen Kellern öffnet sich ein Reich der hemmungslosen Lust, von dem James A. Contners Kamera gar nicht genug bekommen kann (die Legende besagt, dass für den Film auch vierzig Minuten Hardcore-Material gedreht wurde, das heute jedoch verschollen ist). Hier muss Steve nun auf den Killer warten; einen psychisch gestörten Mann, der sein homosexuelles Verlangen mit bestialischen Mitteln zu unterdrücken versucht. Sex und Gewalt gehen in dem sadomasochistischen Setting ohnehin eine besondere Allianz ein, die Friedkin durch die Inszenierung der Morde noch zuspitzt. So führt er, während ein Opfer mit Messerstichen traktiert wird, einige bei normaler Projektionsgeschwindigkeit kaum wahrnehmbare Bilder einer analen Penetration ein.

Im weiteren Verlauf macht Steve eine Veränderung durch. Was genau mit seiner Persönlichkeit passiert, legt *Cruising* zwar nahe, spricht es aber nie aus. Bis zum Schlussbild bleibt einem die Hauptfigur fremd. Bereits in einer frühen Szene meint der schweigsame Polizist zu seiner Freundin: »There's a lot about me you don't know.« Wenn er später, nachdem sich die beiden voneinander entfremdet haben, zu ihr zurückkehrt, sie fest an sich drückt und »Never let me loose you« ins Ohr flüstert, fragt man sich, ob ihn die Sehnsucht nach der Geliebten dazu treibt oder vielleicht doch ein neu entdecktes Begehren, das er nicht zulassen kann. Tatsächlich suggeriert das Ende, dass Steve die »Arbeit« des Killers weiterführt, vermeidet aber auch hier Eindeutigkeit. Gerade solche Verweigerungen sind es, die *Cruising* auf anregende Weise unbefriedigend machen. Selbst nachdem der Mörder geschnappt wurde, streitet dieser

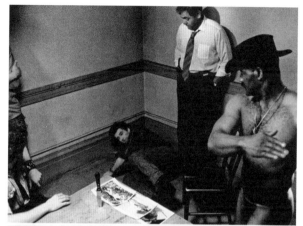

Cruising (1980)

seine Taten noch ab. Friedkin gönnt dem Zuschauer keine Erlösung.

Er geht sogar noch einen Schritt weiter und raubt ihm sämtliche Sicherheiten, die ihm im düsteren Großstadtdschungel Orientierung geben könnten: Er sorgt dafür, dass sich die Identitäten auflösen.

Schon bevor Steve ein anderer wird, fehlt es ihm an Individualität. Für den Fall ausgesucht wird er lediglich, weil er so aussieht wie alle bisherigen Opfer. Und auch den Mörder umgibt ein diffuser Nebel. Zwar greift der Film auf psychologische Erklärungsmuster zurück, die er dann aber ad absurdum führt, wenn er den Täter von unterschiedlichen Schauspielern verkörpern lässt. Das Milieu könnte für so einen Stoff geeigneter kaum sein. In Opposition zu einer schwulen Mode, die sich durch Extravaganz und Originalität auszeichnet, kamen in den 1970er-Jahren die sogenannten *clones* auf: Schwule, die Wert auf ein traditionell männliches Erscheinungsbild legten und deren Dresscode sich an proletarischen Archetypen wie dem Cowboy, dem Bauarbeiter oder dem Rocker orientierte. Die Schwierigkeit Steves, den Mörder zu finden, liegt nicht zuletzt darin, dass alle Verdächtigen gleich aussehen.

Aus heutiger Perspektive lässt es sich kaum noch nachvollziehen, dass *Cruising* innerhalb der Schwulenszene lange einen schweren Stand hatte. (Allerdings auch bei der Kritik: Gleich in mehreren Kategorien wurde der Film für die Goldene Himbeere, einen prominenten Preis für die schlechtesten Produktionen des Jahres, nominiert.) Bereits der Dreh wurde von wütenden LGBT-Aktivisten gestört. Später, in der mit Tunnelblick auf das queere Kino blickenden Dokumentation *The Celluloid Closet* (Rob Epstein & Jeffrey Friedman, 1995), wurde er gar als Ursache homophober Gewalt gebrandmarkt. Hinter der Kritik stand meist eine konservative Forderung: Wenn schon eine unterdrückte Minderheit in einem Hollywoodfilm

auftaucht, dann sollen sie bitte als »normale Leute« und nicht als »Perverse« dargestellt werden. Dabei wurde übersehen, dass *Cruising* sich nicht nur ohne moralische Verurteilungen, sondern auch mit einer ausgeprägten Liebe fürs Detail der Leder- und Fetisch-Szene widmet – ihrer Ästhetik ebenso wie ihren Ritualen. Friedkin macht nicht nur ein heterosexuelles Publikum mit dem Hanky-Code vertraut (einem System farbiger Taschentücher, das für verschiedene sexuelle Vorlieben steht), sondern besetzt die Statisten auch zu einem Großteil mit Stammgästen aus New Yorker Sex-Clubs.

Wenn überhaupt jemand in *Cruising* schlecht wegkommt, sind es nicht die Schwulen, sondern die Polizei. Was sich da um Paul Sorvino als resigniertem Captain versammelt, ist ein völlig degenerierter Haufen, der selbst genug Dreck am Stecken hat. Es wimmelt nur so vor brutalen Gesetzeshütern, die durch und durch korrupt sind und notorisch homophob; die Statistiken schönen und sich an Verdächtigen vergreifen. Mitten in diesem rauen, sozialrealistischen Szenario taucht dann plötzlich wieder ein typischer Friedkin-Moment auf: Als sich ein Verdächtiger auf dem Revier weigert zu gestehen, kommt plötzlich ein schwarzer, nur mit Cowboyhut und Jockstrap bekleideter Hüne herein, schlägt den Verhörten nieder und verschwindet wieder.

HANNES BRÜHWILER

Demme, Jonathan

22. Februar 1944 bis 26. April 2017

»Once upon a time, there was such a thing as a
B film, a low-budget feature designed to occupy
the bottom half of a double bill. Many of Hollywood's second-generation directors came up
through the B film route. [...] Today, no film
can afford to pitch itself to the second position
on a program. [...] By failing to fund training
programs, or providing even the slightest crack
in the door for new filmmakers, the American
film industry has put itself in danger of losing
its defining virtue: craftsmanship. It's one thing
to ask where the Fords and Hitchcocks of tomorrow will come from; it's something quite
different – and, strangely, more disquieting – to
wonder where we will find our Michael Cur-
tizes, Henry Hathaways, Walter Langs.«[29]

Jonathan Demme, erfolgreicher Absolvent
von Roger Cormans semioffizieller »film school
of film technique«, blickt Ende der 1970er auf
fünf Spielfilme zurück. Der Paranoia-Thriller
The Last Embrace (1979), ein handwerklich be-
eindruckender Genre-Film im Geiste Hitchcocks, beendet das Frühwerk, das seinen Anfang mit Regie- und Drehbucharbeiten im
Exploitation-Bereich nahm. Dave Kehr be-
schrieb das Corman'sche Genrekino treffend

Jonathan Demme (Mitte) am Set von *Something Wild* (1986)

als »[a] perfect place for a young filmmaker to
be bad. More importantly, it's a place for him
to be good, and to get better.«[30]

Als Ausgangspunkt ist Demmes Frühwerk
nicht nur deshalb interessant, weil es einen
Filmemacher beim Erlernen seines Handwerks
zeigt, und dies zu einer Zeit, als die Filmindustrie einem jungen Regisseur durchaus noch
die Möglichkeit einer Hollywood-Karriere versprach, sondern auch, weil sich Demme nach
The Last Embrace verschiedenen Fragen stellen
musste. In zunehmendem Maße integrieren
Demmes Filme ab den 1980ern die Rolle des
Zuschauers und loten aus, wer eigentlich ihr
Publikum ist. Immer wieder treffen wir entweder auf Menschen, die vorm Fernseher, im
Theater, auf einem Konzert zu sehen sind; oder
die Handlung ist um Protagonisten struktu-
riert, die in fremde Rollen schlüpfen und damit
andere Figuren zu Zuschauern werden lassen.

Nach einigen gescheiterten Projekten steht
Demme zudem schnell vor der konkreten Frage,
wer eigentlich seine Filme produziert. Zu die-

29 Dave Kehr über Jonathan Kaplan, George Armitage,
Paul Bartel und Jonathan Demme, vgl. ders.: »Four
Auteurs in Seach of an Audience B+«. In: *Film Comment*,
Vol. 13, No. 5, September-October 1977, S. 7–8.
30 Ebd., S. 7.

51

sem Zeitpunkt scheint er verstanden zu haben, dass das Studiosystem ihm keine kontinuierliche Arbeitsbasis mehr liefern kann, und so beginnt er medienübergreifend zu arbeiten. Neben Spielfilmen dreht er Dokumentationen, wie die Talking-Heads-Konzertaufzeichnung *Stop Making Sense* (1984) und *Swimming to Cambodia* (1987), Spalding Grays Monolog über seine Erfahrungen am Set von *The Killing Fields* (Roland Joffé, 1984), Musikvideos, sowie einen sehr schönen Fernsehfilm, *Who Am I This Time?* (1982), in dem eine Theatertruppe *A Streetcar Named Desire* probt und Christopher Walken sich in der Rolle des Stanley Kowalski (oder Marlon Brando?) herrlich austoben kann. Studiofilme dreht er in der ersten Hälfte des Jahrzehnts dagegen nur zwei, *Melvin and Howard* (1980) und *Swing Shift* (1984), zwei Schlüsselwerke seiner Filmografie – Ersterer ein volkstümliches Meisterstück, das ihn in die Nähe Jean Renoirs rückt, Letzterer die schmerzhafteste Erfahrung seiner Karriere. Aus einem gesellschaftskritischen Film über die Rolle der Frauen im Zweiten Weltkrieg wurde auf Druck der Hauptdarstellerin und Produzentin Goldie Hawn ein recht konventioneller Liebesfilm. Demme schwor, sich nie wieder einem Studio auszuliefern. Drei Produktionen für Orion, einem Mini-Major-Studio, das zwischen Hollywood und dem Independent-Film angesiedelt war, stehen am Ende des Jahrzehnts: *Something Wild* (1986), *Married to the Mob* (1988) und *The Silence of the Lambs* (1991).

Melvin and Howard, einer der schönsten Demme-Filme, beginnt mit einer nächtlichen Autofahrt. Melvin Dummar, ein Träumer, der vielleicht gerne Musiker geworden wäre, findet in der Wüste den verlotterten Howard Hughes. Gemeinsam fahren sie nach Las Vegas, Melvin lässt den reichsten Mann der USA ein Lied singen. Doch *Melvin and Howard* ist kein *buddy movie*. Kaum ist Hughes aus dem Auto gestiegen, konzentrieren sich Demme und sein Drehbuchautor Bo Goldman einzig auf Melvin. Dieser lebt mit seiner Frau und Tochter in einem Wohnmobil und kann sich finanziell kaum über Wasser halten. Konsequent wird das Geschehen aus einem ökonomischen Blickwinkel erzählt. Geld definiert Melvins Alltag, die fortwährende Nennung von Kosten unterläuft immer wieder den komödiantischen Ton des Films: Wie teuer ist die Hochzeit oder das neue Haus? Wie viel verdient Melvin als Milchmann? Einen kurzen Moment des Glücks gibt es gegen Ende. Howard Hughes' Testament nennt Melvin als einen seiner Erben. Doch das Dokument wird angefochten, das Gericht verneint dessen Echtheit und Melvin erweist sich am Ende als größter Realist des Films: »You think that Melvin Dummar is gonna get 156 million dollars?«

Die Volkstümlichkeit von *Melvin and Howard*, der Respekt des Films vor seinen Figuren sowie die Faszination für den American Way of Life, geschildert durch das Prisma einer Familie, werden in *Something Wild* und der Mafiakomödie *Married to the Mob*, beides Werke über Menschen auf der Flucht vor ihrem Leben, fortgeführt. Für Jim Hoberman sind diese Filme zugleich »trendy and populist« und »Demme is both a professional cool guy and a total fan«.[31]

31 J. Hoberman: »Something Wilder«. In: Robert E. Kapsis (Hg.): *Jonathan Demme: Interviews*. Oxford, Mississippi 2009, S. 33.

Professionelles Unterhaltungskino, perfekt inszeniert, das sich jedoch gerne ablenken lässt. Denn was könnte spannender sein, als The Feelies oder der Power-Samba-Band Pé de Boi zuzuschauen?

Something Wild findet wie *Melvin and Howard* trotz ausgezeichneter Kritiken nicht den erhofften Erfolg beim Publikum. Der Yuppie und *closet rebel* Charles trifft auf Lulu, eine junge Frau mit Louise-Brooks-Haarschnitt, gemeinsam begeben sie sich auf einen Roadtrip durch die USA. Der Film nimmt viele Merkmale des Independent-Kinos der 1990er vorweg, wie etwa den Topos des Ausbruchs aus dem Alltag, oder die Vermischung von Genreelementen: Die Screwball-Komödie endet in einem blutigen Thriller. Auch im Zitieren der Populärkultur in Form von Mode, allerlei Kitsch und Musik erweist sich *Something Wild* als stilbildend.

Die Gesellschaftskritik mag hier nicht so deutlich ausformuliert sein wie in *Melvin and Howard*, *Philadelphia* (1993) oder später *The Manchurian Candidate* (2004). *Something Wild* lässt sich allerdings durchaus als Antwort auf den wohl berühmtesten Kurzfilm der Mittachtzigerjahre verstehen, Ronald Reagans Wahlwerbung aus dem Jahr 1984, die mit den Worten »It's morning again in America« beginnt und ein Loblied auf Familie, harte Arbeit und Privateigentum singt. Demme setzt diesen sterilen Bildern nicht nur das Abbild einer multikulturellen USA entgegen, sondern lässt die zunächst latent zu spürende Gewalt schließlich eskalieren. In der finalen Konfrontation greift Demme auf ein Stilmittel zurück, das spätestens mit *The Silence of the Lambs* zu seinem Mar-

kenzeichen wird: Wenn der tödlich verletzte Ex-Freund von Lulu den ebenso verstörten Charles schockiert anstarrt, lässt Demme die Schauspieler direkt in die Kamera blicken. Dann dreht sich Ray um und läuft zum Sterben aus dem Bild. Es ist ein Moment voller Pathos, der uns daran erinnert, dass Demmes Arbeiten trotz ihrer Volkstümlichkeit und dokumentarischen Qualitäten immer zu einer Theatralität hinstreben, die in der Figur des Hannibal Lecter ihre Fortsetzung findet und mit *Beloved* (1998) ihren Höhepunkt erreicht.

ALEXANDER HORWATH

Falling in Love
Ulu Grosbard, 1984

Was einem gleich zu Beginn auffällt: die Kaschmirpullover, Seidenhalstücher, die verglasten weißen Flügeltüren, der Holztisch, eine große Obstschüssel. Manchmal brennt ein Kaminfeuer, und Frank und Molly trinken Weißwein zum aufgewärmten Abendessen. Das alles ist wichtig, weil sich in den Dingen das Leben der Menschen ausdrückt. Weinen werden sie erst später, wenn die Dinge und das Leben nicht mehr zusammenpassen.

Das Haus von Franks Familie und das Haus, das Molly mit ihrem Ehemann Brian bewohnt, liegen in New Jersey oder auf Long Island. Jedenfalls müssen sie mit dem Zug in die Stadt fahren; Frank, weil das Auto kaputt ist, und Molly, weil der Gatte als Arzt natürlich das Auto braucht. In Rizzoli's Bookstore, das ein Geschäft für den besseren Mittelstand ist, mit vielen Fotobänden und ermäßigten Gesamtausgaben, erledigen sie die letzten Weihnachtseinkäufe. Frank wird seiner Frau »Gärten für jede Jahreszeit« und Molly ihrem Mann »Das große Segelbuch« schenken. In der engen Tür des Geschäfts stoßen sie zusammen und verlieren ihre Pakete. Dabei vertauschen sie die Bücher, das hat aber nur insofern Bedeutung, als man dann am Weihnachtsmorgen die jeweiligen Ehepartner ihre Überraschung verbergen und beschwichtigende Sätze ausstoßen sieht: »Liebling, das macht gar nichts. Es gefällt mir sehr gut. Außerdem können wir's ja umtauschen.« (Für die Genres des klassischen amerikanischen Films ist entscheidend, dass sie für die Widersprüche der bürgerlichen Welt mythische Lösungen finden. Nur das Melodrama kann nicht umhin, diese Welt und ihre Widersprüche direkt zu thematisieren. Sein Stoff ist die amerikanische Familie.)

Die Funktion des amerikanischen »Landadels«, der Gutsbesitzer in den Filmen von Douglas Sirk (die die schönsten Melodramen sind) übernimmt in *Falling in Love* die *white middle class* der New Yorker Vorstädte, die ihre Büros vorzugsweise in Manhattan einzurichten pflegt. Immer wenn ein Zug an der Kamera vorbeifährt, schafft ein schneller Schwenk die Verbindung zwischen Manhattan und Suburbia, zwischen Gelderwerb und Freizeit, zwischen Beruf und Familie. Franks und Mollys heimliche Treffen finden in der Metropole statt, das hat wohl damit zu tun, dass einem im Beruf mehr Freizeit gewährt wird als in der Freizeit.

Man kennt ja die Probleme: Zur Erhaltung der Leistungsfähigkeit erlegt sich der entfremdete Mensch im Freizeit-/Familienleben ein gehöriges Maß Selbstkontrolle auf. »Niemand ist mehr verliebt«, sagt Franks Frau über Eheleute und nimmt damit alles hin. Das klingt sehr weise, ist aber nur viel zu große Bescheidenheit. Im Gegensatz zu Molly hat Franks Frau ihre Glücksansprüche mit der Eheschließung begraben. In der Familie wird Wert gelegt auf soziale Rollenteilung, Etikette, usw. Dass Molly von ihrem Mann zu wenig Leidenschaft bekommt, sieht man gleich, und auch, dass Frank und seine Frau manchmal wenig miteinander anzufangen wissen. Die Kinder sind da wichtiger. Deshalb ist es für Mollys Ehemann schlimm, dass es bei *ihnen* noch nicht geklappt hat. Insgeheim ist Molly ja ganz froh darüber, aber die ekelige Toleranz, mit der der Gatte/Arzt das häusliche Leben und die Fruchtbarkeitsdiskussion leitet, macht ihr sehr zu schaffen. Mollys Vater – den besucht sie im Spital (Herzweh!) – war ebenfalls Arzt, das macht die Sache umso interessanter. Gegen die Überväterlichkeit sich zu behaupten, sich die Sexualität wieder anzueignen, bedeutet, dass man nicht mehr nur den leiblichen Vater überwinden muss (wie etwa bei Sirk), sondern auch den Ehepartner, der das austrocknende, bewahrende Prinzip »dynastischer« Herrschaft verkörpert. Außerdem sind Ärzte Menschen, die immer alles besser wissen. Schon dagegen muss ein revoltierendes Verlangen sich zur Wehr setzen.

Im Mittelpunkt der ersten Begegnungen von Frank und Molly steht die Tatsache, dass beide verheiratet sind. Um das mögliche Missverständnis eines plumpen Aufrissversuchs zu vermeiden, sagt Frank ganz unvermittelt: »Übrigens, ich bin verheiratet.« Und Molly antwortet: »Ja, viele Menschen sind verheiratet.« Das ist komisch und sehr traurig zugleich. Genauso überraschend kommt Franks Kompliment: »Sie sind sehr schön.« Und es ist schlimm, mitanzusehen, wie sich Molly nicht richtig freuen kann darüber: »Nein … ich bin sehr verheiratet.« Im Melodrama kommt die Ehe nicht als frohe Schlussaussicht vor, viel eher als Anfang, den es zu verändern gilt.

Die Häuser dieser Leute sehen aus wie Gräber, besonders Mollys. Dort den Haushalt zu führen, heißt auch, den komplizierten Affekthaushalt zu führen. Weil unkontrollierte Emotionen gefährlich werden können, entwickeln sie eine »Kultur der schönen Seele« (Gert Ueding). All die feinen Möbel und Vasen tragen zur Totenstille bei, die in jenen Häusern herrscht. In *Falling in Love* geht der Blick auf diese Szenerie von fern durch Fenster und Türrahmen, und selten sind andere Töne zu hören als Geschirrklappern und Geräusche, die die Menschen hervorbringen, wenn sie mit den Dingen in Berührung kommen.

Gegen diese ganze Welt ist die Liebe zwischen den anderweitig Gebundenen ein Widerspruch. »Wir gehören zusammen. Alles andere ist falsch«, sagt Molly, nachdem sie ihren Vater zu Grabe getragen hat. Sie verlangt die Unbedingtheit der Liebe und die Beständigkeit irdischen Glücks. Vorderhand scheitert der Widerspruch an der verinnerlichten Familienmoral, aber auch an der mangelnden Gelegen-

Falling in Love (1984)

heit. Man mag die »Treue« der beiden verdammen und kritisieren, dass sie es nicht schaffen, »unehelich« miteinander zu schlafen, gerade dabei lässt man aber die gesellschaftlichen Bedingungen solchen Verhaltens außer Acht. Vielleicht wurde *Falling in Love*, in den Texten anlässlich des Kinostarts, deshalb zum »reaktionären Bürgervergnügen«, weil die bürgerlichen Kritiker den schmerzhaft langsamen Zerfall der beiden Familien nicht ausgehalten haben, weil sie im Bewusstsein ihrer eigenen Degeneration eine Explosion herbeisehnten.

Als Frank seiner Frau von Molly erzählt und beteuert, dass sie das eheliche Geschlechtsverkehrsmonopol nicht gebrochen haben, sagt die Frau »Nein, es ist schlimmer«, und gibt ihm eine Ohrfeige. Sie fährt mit den Kindern zu Verwandten nach Denver, Frank beschließt, ein Jobangebot in Houston anzunehmen. Es scheint, als wolle er durch neue berufliche

Herausforderung den Verzicht versüßen. Bevor er abreist, telefoniert er noch einmal mit Molly. Zuerst weist sie ihn ab, so verzweifelt ist sie, dann packt sie Schuhe und Handtasche und steigt ins Auto. Brian, der Ehemann und Arzt, schaut zu, und als Frank ein zweites Mal anruft, sagt er: »Molly ist schon zu Bett gegangen. Sie hat Ihnen nichts mehr zu sagen.« Ein Schwein also, aber das hat man schon vorher gemerkt. Molly rast auf Franks Haus zu, da geht ein Bahnschranken herunter. Ein rotes Licht blinkt, Molly verreißt das Auto und bleibt stehen. Zum letzten Mal fährt der Zug vorbei. Frank sagt inzwischen zum Taxifahrer »Flughafen bitte!« und rauscht davon.

Laura Mulvey: »Die Stärke der Melodramen-Form liegt in dem Staub, den die Geschichte unterwegs aufwirbelt, eine Wolke aus lauter Widersprüchen, die sich auch in den letzten fünf Minuten nicht in Wohlgefallen auflösen will.«

In den letzten fünf Minuten sieht man, wie Frank, der nach einem halben Jahr wieder in New York ist, in Rizzoli's Bookstore Molly trifft. Sie sagt »So ein Zufall«, und das ist es auch. »Wider die Wahrscheinlichkeit, wie jede interessante Liebesgeschichte« (Georg Seeßlen). Sie reden oberflächliches Zeug und verlassen das Geschäft in verschiedene Richtungen. Molly steigt am Bahnhof Central Station, wo sie sich damals zum zweiten Mal getroffen hatten und später immer wieder, in den Zug. Von einem hinteren Abteil drängt sich Frank durch die Leute und als er sie erreicht hat, küssen sie sich.

Auch einem Happy End wie diesem ist ein Abglanz der Utopie unbedingter Liebe gegeben.

Ein Hoffnungsrest, der sich unter Umständen für das kleine Glück entscheidet, aber nichts wird mehr sein wie zuvor. Und wer mit »Kolportage« das »Niedere, Unwürdige« beschreibt, gibt nur zu erkennen, dass er treu zur Herrschaft steht. Die Tendenz des Melodramas geht schließlich dahin, das »Niedere« ins Zentrum zu setzen, wie es das Leben jener tut, die nicht zur Erbauung privilegiert sind.

Rainer Werner Fassbinder, der Douglas Sirk liebte und das große Melodrama, hat über einen von Sirks Filmen etwas geschrieben, wo die Verzweiflung drinsteht, die jedes glückliche Ende begleiten sollte (denn es gibt Wahrheiten, die über das hinausreichen, was sorgfältige Dokumentaristen einzufangen imstande sind; Wahrheiten, die man in Filmen von Stroheim, Bresson und Cassavetes finden kann, aber auch in jenen von Sirk, Vincente Minnelli und Nicholas Ray, und in *Falling in Love* von Ulu Grosbard): »Jane sitzt am Heiligen Abend da, die Kinder werden sie verlassen und haben ihr zu Weihnachten einen Fernsehapparat geschenkt. Da bricht man zusammen im Kino. Da begreift man was von der Welt und was sie macht mit einem. Später dann geht Jane zurück zu Rock, weil sie Kopfschmerzen hat, die hat jeder von uns, wenn er zu selten fickt. Aber jetzt, wo sie da ist, da ist das kein Happy End, obwohl sie zusammen sind, die beiden. Wer sich so Schwierigkeiten macht mit der Liebe, glücklich wird der nicht sein können später.«

Zuerst erschienen als:
»Im Reich der Sinne«. In: *Falter*, Nr. 13/1986, S. 18. Die vorliegende Fassung wurde vom Autor geringfügig überarbeitet.

ANDREAS BUSCHE

Fanaka, Jamaa

geboren als Walter Gordon,
6. September 1942 bis 1. April 2012

Jamaa Fanaka ist heute nicht mehr als eine Fuß-
note in der Geschichte des amerikanischen
Genrekinos. Sein idiosynkratisches (und sehr
überschaubares) Gesamtwerk macht ihn jedoch zu einem exemplarischen Fall für die
strukturelle Entwicklung der US-Filmindustrie
am Übergang von den Siebziger- zu den Achtzigerjahren. Auf gerade einmal sechs Spielfilme
brachte Fanaka es zwischen 1975 und 1992; die
letzten zwanzig Jahre bis zu seinem Tod am
1. April 2012 konnte er gar keinen Film mehr
realisieren. In Erinnerung geblieben ist er als
B-Movie-Regisseur, der sich selbst rückblickend
schwer kategorisieren lässt. Obwohl er zum
UCLA-Studiengang der einflussreichen L.A.
Rebellion um die afroamerikanischen Filme-
macherinnen und Filmemacher Charles Burnett,
Julie Dash, Billy Woodberry, Larry Clark und
Haile Gerima gehörte, wurde ihm nie dieselbe
künstlerische Anerkennung zuteil.

Burnett schrieb sich mit *Killer of Sheep* (1978)
in den Kanon des US-Kinos ein, Dash drehte
mit *Daughters of the Dust* (1991) den Schlüsselfilm
über die weibliche *black experience* zu Beginn
des 20. Jahrhunderts, Woodberrys *Bless Their
Little Hearts* (1983) und Gerimas *Bush Mama*
(1979) erfuhren im Kontext des afroamerikanischen Kinos ihre verdiente Würdigung. Fanaka,
der sowohl von der Kritik als auch von Film-
historikern nie als vollwertiges Mitglied der

L.A. Rebellion angesehen wurde, verdankt
seine Reputation in erster Linie der Exploita-
tion-Trilogie *Penitentiary* (1979–1987) um den
unschuldig verurteilten Boxer Too Sweet, gespielt von Leon Isaac Kennedy.

An Fanakas fragmentarischer Karriere lässt
sich dafür – gewissermaßen ex negativo – eine
Zäsur im amerikanischen Kino Anfang der
Achtzigerjahre nachvollziehen: die ökonomische Konsolidierung der Filmindustrie nach
den exzessiven New-Hollywood-Jahren sowie
die Marginalisierung unabhängiger Filmstudios
durch die Markteinführung von **VHS (Video
Home System)**. Beide Prozesse vollzogen sich
nahezu parallel, sind aber unmittelbar miteinander verknüpft.

1981 brach mit dem Konkurs und Verkauf
der traditionsreichen Filmgesellschaft United
Artists als Folge des kommerziellen Desasters
von Michael Ciminos **Heaven's Gate** (1980) eine
neue Zeitrechnung an. Das Ende von United
Artists, das im Portfolio von Metro-Goldwyn-
Mayer aufging (die Filmbibliothek landete in
den Händen von Ted Turner, dessen Sender
Turner Classic Movies sich in den Achtzigerjahren als wichtigste Abspielstätte für die amerikanische Filmgeschichte etablierte), beschleu-
nigte den Niedergang der alten Hollywood-
Strukturen. Innerhalb weniger Jahre wurde
Columbia Pictures vom Coca-Cola-Konzern
aufgekauft, und ein fünfzigprozentiger Anteil
der 20th Century Fox ging an den australischen
Medienmogul Robert Murdoch. Als Ende der
Dekade Warner Bros. mit dem Medienkonzern
Time Inc. fusionierte, war die Umwandlung
der amerikanischen Traditionsstudios in börsen-

notierte Aktiengesellschaften praktisch voll-zogen.

Jamaa Fanaka spielte bei diesen Umwälzungen zwar keine Rolle, doch er sollte ihre Folgen unmittelbar zu spüren bekommen. Die Verschiebung der ökonomischen Kräfteverhältnisse innerhalb der Filmindustrie wirkte sich nachhaltig auf die unabhängigen Strukturen in Hollywood aus. Samuel Arkoff, der in den Siebzigerjahren beträchtlich am Blaxploitation-Boom (*Black Caesar*, Larry Cohen, 1973; *Foxy Brown*, Jack Hill, 1974) verdient hatte, verkaufte 1979 seine Produktionsfirma American International Pictures (AIP). Roger Corman, der die Karrieren eines guten Dutzends New-Hollywood-Regisseure verantwortete, trennte sich 1983 von New World Pictures. **Jonathan Demme**, Joe Dante und James Cameron wechselten kurz darauf aus der Corman-Schule in die erste Hollywood-Liga. 1979 übernahmen Menahem Golan und Yoram Globus die Produktionsfirma **Cannon Films** und reüssierten mit schnell produzierten Actionfilmen. Cannon war auch das erste Studio, das mit internationalen Lizenzdeals im großen Stil in den boomenden Videomarkt investierte. In genau diesen Zeitraum fielen die drei *Penitentiary*-Filme, anhand derer sich zumindest ansatzweise die Umstände rekapitulieren lassen, unter denen Fanaka nahezu vergessen werden konnte.

In einer besseren Welt wäre Fanaka irgendwo zwischen Arkoff und Corman ein Platz im amerikanischen B-Film-Pantheon zugestanden. Sein Debüt *Welcome Home, Brother Charles* (aka *Soul Vengeance*, 1975), das er als Undergraduate der UCLA drehte, und sein zweiter Film, *Emma Mae* (aka *Black Sister's Revenge*, 1976) – mit einem Stipendium des American Film Institute ebenfalls an der UCLA realisiert –, weckten Mitte der Siebzigerjahre Begehrlichkeiten bei MGM, die im Zuge des abflauenden Blaxploitation-Booms einen Nachfolgehit für ihre *Shaft*-Filme (1971–1973, diverse Regisseure) suchten. Schon in seinen Studentenarbeiten bewies Fanaka bizarren Humor (*Brother Charles* ist eine in ihrer kruden Symbolik brillante Umkehrung des rassistischen Mythos vom sexuell omnipotenten Schwarzen) und gleichzeitig einen außergewöhnlich sachlichen Blick für die afroamerikanische Realität zwischen Rassismus und sozioökonomischer Ausgrenzung. Beides unterschied ihn wesentlich von seinen Regiekollegen im damals bereits konfektionierten Blaxploitation-Genre. Fanaka spielte einerseits mit der Folklore des »Gettos«, grundierte seine Filme aber trotz ihrer absurden Komik und einer signifikanten Verankerung in den psychotronischen Schauwerten des Grindhousekinos in authentischen Milieubeschreibungen und einer afroamerikanischen Vernakularsprache, was ihn klar als Vertreter der L.A. Rebellion auswies.

Mit *Emma Mae* gelang Fanaka ein kommerzieller Achtungserfolg, sodass er für das Gefängnisdrama *Penitentiary*, seinen letzten Film als Student der UCLA, sogar einen kleinen Kredit erhielt. *Penitentiary*, vertrieben von demselben Verleiher, der zehn Jahre zuvor schon Melvin van Peebles' *Sweet Sweetback's Baadasssss Song* (1971) in die Kinos gebracht hatte, wurde 1980 mit einem Einspielergebnis von 32 Millionen Dollar der weltweit erfolgreichste

Independent-Film des Jahres und hätte zu einem Zeitpunkt, als das Genrekino sich gerade anschickte, Hollywood zu erobern, Fanakas Visitenkarte sein müssen.

Penitentiary legt aber auch nahe, warum Fanaka selbst zur Hochphase der Blaxploitation-Welle ein marginaler Regisseur geblieben ist. Sein Gefängnisfilm funktioniert weniger nach Genregesetzen als nach Fanakas eigenwilligen auteuristischen Vorstellungen. Die Boxkämpfe sind hart und verblüffen auch filmisch durch eine naturalistische Direktheit. Fanaka war ein talentierter Action-Regisseur, der mit dem UCLA-Equipment (der Grund, warum er so lange als Student eingeschrieben blieb) wild herumexperimentierte. Harte Lichtkonturen, *dolly shots*, extreme Nahaufnahmen, Plansequenzen, schnelle Schnitte: Seine imaginativ-inkohärente Filmsprache widersetzt sich konsequent den Konventionen des Mainstreamkinos. Hinzu kam, dass Fanaka auch an der Binnendramaturgie seiner Filme wenig interessiert war.

So bestimmt ein mäandernder Erzählfluss die Geschichte von *Penitentiary*, der am Rande seines vagen Plots um den unschuldig verurteilten Vietnam-Veteranen Too Sweet, der vom Gefängnisdirektor ins Boxteam gesteckt wird, immer wieder freie Impressionen und szenische Details einsammelt. Gleichzeitig entwickelt Fanaka die Poetik einer *black experience* in einem institutionellen Raum, der wie kein zweiter für den strukturellen Rassismus in den USA steht. *Penitentiary* ist auch, in einem gewissen Sinn, Fanakas Utopie eines schwarzen Amerika im Kleinen. Seinem düsteren Gesell-

Penitentiary (1979)

schaftsbild aus Gewalt, systematischer Unterdrückung und Paranoia stellt er temporäre autonome Zonen der individuellen Entfaltung entgegen: irre Musik- und Tanzszenen, ein ambivalentes Nebeneinander eigentlich unvereinbarer schwarzer Rollenmodelle (vom Gangster über Disco-Drag-Queens bis zum Harlem-Renaissance-Jazzfan), eine revolutionäre sexuelle Freizügigkeit (Homosexualität bedroht ausnahmsweise nicht die afroamerikanische Maskulinität) und, man staune, einen weißen Gefängnisdirektor mit dem Berufsethos eines Sozialarbeiters.

Der überraschende Erfolg von *Penitentiary* erwies sich als Fluch. Fanaka wollte die Anerkennung Hollywoods, eine Eigenheit, die ihn schon zu Studienzeiten von seinen Weggefährten der L.A. Rebellion distanzierte. Er genoss den schnellen sozialen Aufstieg, feierte mit Robert De Niro und Stevie Wonder – und dennoch gelang es ihm nicht, sich einen Folge-deal zu sichern. Für kommerzielle Maßstäbe war *Penitentiary* schlichtweg zu seltsam, zudem gab es im Hollywood der Reagan-Ära für die Art von afroamerikanischem Kino, die Fanaka vorschwebte, noch keinen Platz. Es war nach dem Ende der Blaxploitation-Welle einfach von den Leinwänden verschwunden. Und ein ande-res Sujet als das des »urbanen Genre-Films« gab es für schwarze Regisseure bis zur Ankunft von Spike Lee und Robert Townsend nicht.

Um seinen Schwung nicht zu verlieren, ließ Fanaka sich überreden, den Gesetzen des Mark-tes zu folgen und an einem Sequel von *Peniten-tiary* zu arbeiten. Man merkt *Penitentiary 2* (1982) sein Desinteresse an: In vielerlei Hinsicht verrät die Fortsetzung die Stärken des ersten Films; in den besseren Momenten werden des-sen ambitionierte Ideen und Figuren halbherzig recycelt. Wie wenig Lust Fanaka auf eine *Peni-tentiary*-Fortsetzung hatte, zeigt sich schon an der Titelsequenz, die die Vorgeschichte als *text crawl* erzählt – ein ziemlich unlustiges *Star-Wars*-Zitat. Zwar konnte Fanaka für *Peniten-tiary 2* mit Mr. T, Ernie Hudson und Glynn Tur-man populäre afroamerikanische Darsteller ge-winnen, doch scheiterte er erneut daran, seinen Film ausreichend zu finanzieren. Und wie als bittere Pointe verlegte er die Handlung diesmal in ein afroamerikanisches Mittelklasse-Milieu (Too Sweets Schwager ist Anwalt), womit der Film indirekt die gesellschaftliche Mobilität der ersten Spike-Lee-Filme vorwegnahm. Trotz dieses Spagats konnte Fanaka weder Genre-Fans noch Hollywood-Agenten überzeugen: *Penitentiary 2* floppte an den Kinokassen.

Wie sehr Fanaka in den Achtzigerjahren in der Filmindustrie ein Exot blieb, zeigt sich am deutlichsten im dritten Teil der Serie, der für den Regisseur wie für seinen Star Leon Isaac Kennedy die letzte Chance war, sich für Grö-ßeres zu empfehlen. Produziert wurde *Peniten-tiary 3* von **Cannon Films**, die sich Mitte der Achtzigerjahre mit Stars wie **Sylvester Stallone**, Charles Bronson und Chuck Norris als neue Kraft in Hollywood etablieren wollten, in erster Linie aber vom expandierenden Videomarkt profitierten. 1987 war es für einen afroamerika-nischen Regisseur schwerer denn je, einen Film finanziert zu bekommen. *Penitentiary 3* aller-dings hatte sich mit seiner überwiegend weißen Besetzung – mit Ausnahme seines Stars und von dessen Sidekick, einem kleinwüchsigen Boxtrainer, gespielt vom ehemaligen Wrestler Raymond Kessler – auch denkbar weit entfernt von Fanakas Vorstellungen eines an genuin afroamerikanischer Lebensrealität interessier-ten Genrekinos. Rückblickend wird er jedoch, mehr noch als *Welcome Home, Brother Charles* mit seinem surrealen Finale, als der Film er-kennbar, der Fanakas Extravaganzen, seinen Sinn für Gesellschaftssatire und Camp am un-gehemmtesten einfängt – ohne in Parodie ab-zugleiten. *Penitentiary 3* verweigert sich allen Zuschreibungen; er gehört zum Bizarrsten und Eigenständigsten, was Cannon im Zuge des Videothekenbooms der späten Achtzigerjahre produzierte.

Nach einem geschobenen Boxkampf landet Too Sweet erneut unschuldig hinter Gittern, wo er sich diesmal nicht mit kriminellen Ban-den und sexuellen Super-Prädatoren herumschlagen muss, sondern mit einem blondierten Gangsterboss namens Serenghetti, der in seiner mit rotem Samt ausgekleideten Gefängniszelle seinen eigenen Staat-im-Staat befehligt. Zu seiner Gang gehören unter anderem eine transsexuelle Handlangerin und ein grunzender Kleinwüchsiger namens Midnight Thud, der angekettet im Gefängniskeller haust und mit rohem Fleisch gefüttert wird. Gelegentlich sperren ihn die Aufseher nachts auch in eine Zelle mit unliebsamen Insassen, was den kleinen Beißer im Knast zu einer Art urbanen Legende macht. Die bloße Handlung von *Penitentiary 3* spottet jeder Beschreibung. Man spürt einen gewissen Defätismus in Fanakas frei drehender Inszenierung. Wahrscheinlich machte er sich keine Illusionen mehr über eine seriöse Regiekarriere, wollte aber immerhin maximal Spaß haben. Midnight Thud erweist sich dann, erst einmal domestiziert, als eloquenter Boxcoach, der Too Sweet für den finalen Kampf gegen Serenghettis gedopten Fighter trainiert.

Penitentiary 3 verfügt über deutlich höhere Produktionswerte als die beiden Vorgänger und auch über einen regelrecht *glossy* Look. Cannon erlaubte Fanaka, seine Autorschaft erstmals im Rahmen eines angemessenen Budgets auszuagieren. Kompromisse musste er keine eingehen, auch künstlerische Zurückhaltung wurde ihm offensichtlich nicht nahegelegt, was zur Folge hat, dass *Penitentiary 3* in hohem Maß delirant ist. Dennoch war der Film für Fanaka eine Enttäuschung. Die einzig gute Nachricht: Die Zusammenarbeit mit einem etablierten Studio erlaubte es ihm, der Directors Guild of America (DGA) beizutreten, die sich in

Hollywood für die Rechte von Regisseuren einsetzt.

In der Berufsvereinigung half Fanaka bei der Gründung eines Unterkomitees, das sich für bessere Arbeitsbedingungen für afroamerikanische Regisseure starkmachte. Die wachsende Frustration über seine stagnierende Karriere brachte Fanaka schließlich dazu, eine Reihe von Sammelklagen gegen die DGA anzustrengen, die nach seiner Ansicht zu wenig für eine berufliche Gleichbehandlung getan hat. Hierbei berief er sich auf eine Anti-Diskriminierungs-Klage der Berufsvereinigung gegen die großen Studios aus dem Jahr 1984. In den zehn Jahren seit der Klage habe auch die DGA, so Fanaka, zu wenig dafür getan, die Situation afroamerikanischer Filmemacher zu verbessern. Die Klagen, die von den Gerichten in allen Instanzen abgelehnt wurden, isolierten Fanaka weiter in Hollywood, sodass er Ende der Neunzigerjahre aus der DGA austrat.

Fanakas Karriere verlief in doppelter Hinsicht tragisch: Er begann zu einem Zeitpunkt in der Filmindustrie, als diese einen tief greifenden Transformationsprozess durchlief – und es für junge afroamerikanische Regisseure noch nahezu unmöglich war, in Hollywood Fuß zu fassen. Ob es am strukturellen Rassismus lag, dass Fanaka von Hollywood ignoriert wurde, oder an seinem unorthodoxen Stil, lässt sich nicht endgültig klären. Tatsache ist, dass sich zu dem Zeitpunkt, als Fanaka seinen Prozess gegen die DGA anstrengte, die Arbeitsbedingungen für schwarze Regisseure langsam verbesserten, wie etwa die Karrieren der Hughes-Brüder, Bill Duke, F. Gary Gray und Antoine Fuqua zeigen.

So verhinderten die ökonomischen Verhältnisse innerhalb der Filmindustrie die Karriere eines der stilistisch eigenwilligsten, originellsten und radikalsten amerikanischen Genre-Regisseure. Mit seinen sechs Filmen hinterließ Jamaa Fanaka ein einzigartiges Gesamtwerk, das auch im Kontext des unabhängigen amerikanischen Kinos Aufmerksamkeit verdient. Seine *Penitentiary*-Trilogie markiert außerdem exemplarisch den Niedergang des US-Genrekinos in den Achtzigerjahren: Während Regisseure wie Steven Spielberg, Joe Dante oder James Cameron Genre-Filme in Blockbuster verwandelten, wurde das unbequeme, billige Genrekino sukzessive auf den Homevideomarkt abgeschoben.

SILVIA SZYMANSKI

Fast Times at Ridgemont High
Amy Heckerling, 1982

»We got the beat«, behaupten die Go-Go's, getragen vom Hämmern und Rollen ihrer Instrumente im herausfordernden Iggy-Pop-Stil. »She was an American girl, raised on promises«, besingt Tom Petty ein leise verzweifeltes Mädchen (»raised on the radio«, ergänzen die Ravyns). »She couldn't help thinkin' that there was a little more to life somewhere else«: Der Soundtrack kennt sich gut aus. Er fühlt mit den Schülern der Ridgemont Highschool und ihrer Vision vom Coolsein nach dem … ach, wenigstens noch *bis* zum Schulabschluss. Was tun mit dem ungeduldigen Gefühl im Bauch? Den allseitigen Erwartungen, diese »besten Jahre« auszunutzen? Alle haben die Klischees schon intus, über sich, einander und die Welt. Aber sie sind noch frisch und knackig wie ein Prachtsalat in einem cleanen, properen Imbiss.

Stacy (Jennifer Jason Leigh) ist eine Schulmädchenkellnerin im Pizzaladen der Ridgemont Shopping Mall. Sie und ihre Freundin Linda (Phoebe Cates, die amerikanische Sophie Marceau) gucken während der Arbeit nach Jungs. Wie so viele Ladenmädchen in alten Filmen (und auch wie die Shangri Las im Song vom *Leader of the Pack*) offkommentieren sie diese so anziehenden Problemebringer vorsichtig. Sie sind berührt, sie wollen sie verstehen, und auch ihre eigenen Gefühle für sie. Dieses Rätseln übereinander, die stolpernden Versuche, Verpeiltheiten und Dosierungspannen, das Taschengeldbusiness und die Streiche sind ebenso reale wie filmische Standardsituationen, in denen Teenager seit Generationen ihren Freiraum verteidigen. Die Erwachsenen, die's von sich kennen, verkneifen sich verfrühte Eingriffe und gönnen den Frischlingen ihren Probelauf auf all den bunten, rotierenden Präsentiertellern (der Abspann dankt einer Menge Firmen und Locations, Boutiquen und Restaurants). Der romantische Aspekt dieser Phase ist legendär. Der dumme allerdings auch; man sehnt sich irgendwann mit den Kids von da weg und möchte gern endlich erwachsen sein – sofern das denn mehr Tiefe, Verantwortlichkeit und Know-how bedeutet.

Dass es noch kaum ein Draußen gibt, ist die Bedingung für das gemeinschaftliche Flair und macht die Geschichte ziemlich luftdicht. Alles ist wohldefiniert, bunt gemischt und ausgeformt, verschweißt in Klarsichtpackungen. Nur von den Sport- und Parkplätzen, Straßen und Gärten weht eine ungewiss summende, beunruhigende Atmosphäre herein.

Mike Damone (Robert Romanus) ist Platzanweiser im Kino der Mall. Großsprech, dicke Hose – ein frühreifer Typ wie ein Gaunerfilmkid von früher. Er vertickt Kindern Schwarzmarkttickets für Liveauftritte von Mainstream-Rockbands. An seiner Seite, loyal, doch skeptisch: der schmächtige Freund Rat (Brian Backer), Typ Benni aus *Eis am Stiel* (aka *Eskimo Limon*, Boaz Davidson, 1978), verliebt in Stacy.

Die Geschwister Stacy und Brad (Judge Reinhold) sind meine Lieblinge in diesem Film. Anfangs kam mir Stacy ein bisschen vor wie Nicole, die Schlagersängerin, in ihrer *Ein-bisschen-Frieden*-Phase, und ich tat ihr (und wahrscheinlich auch Nicole) unrecht. Brav, dachte ich, ein bisschen langweilig. Doch dann … gewann sie, immer mehr. So konziliant, so rührend kompromissbereit, so wenig zornig. Weichherzig und liebreich wie eine Pfingstrose, wenn sie ihre Freundin tröstet. Schlicht, intensiv und unendlich offen, wenn sie in eine Knutscherei gerät – ein Mädchen, das dann alles gibt. Die Geschwister haben es nicht leicht. Stacy will sexuell sein mit den Jungs, aber auch fair behandelt werden. Brad will Geld verdienen, aber frei sein und nicht von Kunden oder Chefs gegängelt werden. Ein groß gewachsener junger Mann, künftiger Fels in der Brandung, in rebellischen Anfangsschwierigkeiten. In schöner Einfalt steht er da in wech-

Fast Times at Ridgemont High (1982)

selnd lächerlichen Uniformen als Angestellter diverser Billigrestaurants. Ungläubiges Lächeln, bassig tiefgelegte Stimme, freudig, lässig, in halbwüchsig fleischigem Schmelz. Als er etwas von Stacys (dankenswert undramatisch gescripteter) Abtreibung mitkriegt, wartet er nachher auf sie vor der Klinik, gelehnt an seinen heiß geliebten, metallic-himmelblauen Buick-Oldtimer. Lieber, großer Bruder.

Mein anderer Liebling: der Sommernachmittag an Brads und Stacys elterlichem Pool. Die Mädchen sind sexy und natürlich in ihrer Badekleidung, der Film atmet durch, die Kamera lächelt. Linda bemerkt, dass Brad ihr heimlich zusieht, und reagiert mit einer ikonischen Mini-Show für ihn, die er in seiner Fantasie weiterspinnt. Eins-a-Lächeln, spritzendes Wasser, eine kleine Göttin im knappen, roten Bikini, und sogar echte Nacktheit (wie noch an anderen Stellen im Film; auch Stacy ist da schön und mutig). Schade, dass der Film Brad sein Wichsidyll dann doch nicht ungestört gönnt. Dass die Hingabe an sexuelle Gefühle in Peinlichkeit und vor einem lachenden Publikum endet, gehört zu einem Genre-Verständnis, für das sich eine Szene möglichst zu etwas Lustigem, Schadenfrohem oder Weiterführendem zuspitzen muss.

Noch ein Highlight: der ziegenbockartige, genial bissige, boshaft trockene, theatralisch entgeisterte Geschichts- und Geografielehrer Mr. Hand (Ray Walston). Einer jener sarkastischen, frustrierten Lehrer, deren Interessantheit einem auch im eigenen Leben erst in der Rückschau so richtig aufgeht. In ständigen taktischen Scharmützeln mit seinem dauerbekifft und dümmlich griemelnden Schüler Jeff Spicoli (Sean Penn). Spicoli ist ein rotnasig frecher Max-und-Moritz-Simpel, sieht aber zugleich mit seinem nackten Oberkörper und dem süffisant zweideutigen Lächeln wie ein blonder Renaissancejüngling aus. Lange darf er auf dem Lausejungenkredit surfen, den die Erwachsenen = Schicksalsgötter ihm immer zähneknirschender gewähren. Dann ist Schluss. Der Ernst des Lebens in Gestalt von Mr. Hand dringt in Spicolis gräserne, mit Pin-ups behängte Bude. Während die anderen auf der Schuljahresabschlussparty sind, zwingt Mr. Hand den fassungslosen Taugenichts, mit ihm alle versäumten Geschichtsstunden durchzupauken: die Dressur des Riesenflamingos.

BRIGITTE DESALM

Ford, Harrison
*13. Juli 1942

Der Mann, der an der Mauer lehnt und den Regen vor sich hinabrinnen sieht, unablässig, trostlos wie seine Lebensaussichten.

Oder jener andere Mann, der einen fernen Hügel hinaufsteigt, gleich hinter dem Paramount gelegen. Man sieht ihn nur von hinten, silhouettenhaft, mit der Bullenpeitsche und dem braunen Filzhut ist er gegen die Unbilden des Lebens so unvollständig geschützt, als nähme er keine einzige ernst.

Diese beiden Figuren wird er nie mehr abschütteln können. Sie haben ihn erst seine Gangart gelehrt und dann sind sie ein Teil von ihm geworden, *for your eyes only*. Und ihre Anwesenheit scheint ihn vollkommen sicher zu machen. So gelassen spielt Harrison Ford seine Parts, dass man ihn für einen unbeteiligten Zuschauer seiner selbst halten könnte. Ausdrucksprobleme löst er wie Indiana Jones das Duell mit dem arabischen Schwertkämpfer: unter Umgehung aller waffentechnischen Finessen

Blade Runner (1982, Ridley Scott)

mit der Kugel als effektivstem Weg zum Ziel. Ein Schauspieler ohne Posen.

Ein galaktischer Reiter. Ein Abenteurer aus dem Bilderbuch. Der Held der eskapistischen Traummaschinen der späten Siebziger- und der Achtzigerjahre aus der Lucas-Spielberg-Fabrik (denen man bald nostalgische Widmungen verfassen wird, denn auch sie sind nicht mehr reproduzierbar, ihre Zeit ist vorbei).

Aus dem Widerschein der Überlebensgröße aber wird Harrison Ford so schnell nicht heraustreten können. Der perspektivische Trick ist in reine Körperdynamik umgeschlagen: Durch seine letzten beiden Filme ging er wie durch zu

klein geratene Zimmer, seine Kraft zusammenhaltend, damit er die Wände nicht einreißt.

Kein Schauspieler, selbst nicht **Sylvester Stallone** oder Eddie Murphy, hat in so vielen Box-Office-Hits mitgewirkt, sechs seiner Filme spielten je über 150 Millionen Dollar ein. Und keiner war für den Starkult so unergiebig wie er. Harrison Ford stilisiert sich nicht, er gibt sich als Handwerker, und da kommt das Schauspielern gleich nach dem Schreinern, das er aus Büchern erlernte, mit dem er sich über Wasser hielt in der ersten Zeit als *contract player* bei Columbia und Universal. Und über den Schreiner, der in Coppolas Büro an einer Täfelung arbeitete, stolperte dann George Lucas, als er gerade die Besetzung für *Star Wars* (1977) zusammensuchte. Aber das ist auch schon die einzige farbige Story über den Weg zum Ruhm.

Wenig Worte machen auch die Kritiker. Bei der Analyse der Schauspielarbeit (zwischen einem Adjektiv und zwei Sätzen im Durchschnitt) erreicht Harrison Ford oft nicht einmal das Maximum, die zwei Sätze. Wahrscheinlich die ausführlichste zusammenhängende Beobachtung (sieben Sätze) und auch die mit dem scharfsinnigsten Ansatz stammt von Hans-Christoph Blumenberg, aus dem Jahr 1982, als *Blade Runner* (Ridley Scott) in die deutschen Kinos kam: »Schauspieler mit einer ausgeprägten Individualität stören im Computer-Kino, das die Handlungen von vorgestern mit der Technologie von übermorgen aufbereitet. Als brauchbar erweist sich ein Typ wie Harrison Ford. Er spielt Han Solo in *Krieg der Sterne* und *Das Imperium schlägt zurück*, Indiana Jones in *Jäger des verlorenen Schatzes*. Das einzige Markenzeichen dieses Schauspielers ist sein Mangel an Ausdruck. Fords Miene spiegelt kaum je mehr wider als starre Entschlossenheit. Er wirkt unberührbar, unverletzlich: also langweilig. Im Irrgarten der Effekte stört seine Gegenwart nie. Man kann ihn leicht übersehen und sich ohne Verlust auf die Special Effects konzentrieren.«

Ich sehe mir eine Einstellung aus Anthony Manns *The Man From Laramie* (1955) an, ein Foto aus der Zeitschrift *Filme*, James Stewart nah von vorn, wie er am Boden liegt, am Ochsenstrick hängend. Die grafischen Linien in der Kadrierung der liegenden Gestalt, des schräg durchs Bild gezogenen Stricks und der schräg dahinter gegenläufig aufgebauten Linie aus Männer- und Pferdebeinen. Ein ungeheuer expressives Spiel aus Diagonalen, aus Licht und Schatten, und in dessen Zentrum das vom Hut halb verschattete, ausdrucksvolle Gesicht Stewarts, sein verzerrter, halboffener Mund. Seine Augen blicken frontal in die Kamera und durchbrechen den konstruierten Raum. Der Ausdruck von Zorn und Kampfbereitschaft hebt die entwürdigende Stellung des Körpers auf.

In einer vergleichbaren Einstellung aus *Raiders of the Lost Ark* (1981) ist Ford ein zeichenhaft gekrümmter Körper, halb vom Sand verdeckt. Als Teil einer Actionsequenz, bei der es auf die gefährliche Parallelität der Bewegungen (des geschleiften Körpers und des Wagens) ankommt, die Ford in der distanzierten Aufsicht von hinten, seltener von vorn, zeigt. Kein Blick in die Kamera, jener Moment der direkten Zwiesprache mit dem Zuschauer, die das alte Kino immer bereithielt, ist unterbunden. Die Augen verdeckt der Hut, das zeichenhafte Requisit für Indy.

Das gilt generell: Zwischen Harrison Ford und uns liegt selbst in der Nahaufnahme der Raum der Inszenierung. Er ist so sehr ihr Gefangener, wie er ihr Mittelpunkt ist. Und er sieht immer leicht an uns vorbei. Im Weiß seiner blendenden Augäpfel, das nur übertroffen wird vom weißen Raubtiergebiss, fängt sich ein Widerschein der Geschehnisse. Bei Ridley Scott und auch bei Spielberg gibt es immer wieder Einstellungen, in denen Fords Augen schräg angeschnitten fotografiert sind, so scheint man durch sie hindurch auf die Ereignisse zu sehen, die der verdoppelte Blick umhüllt wie eine lebende Membran.

Natürlich kommt es nicht darauf an, dass einer eine besonders bewegliche Mimik, viele Verwandlungsmöglichkeiten besitzt. Ein Schauspieler ohne Ego, er wird auf der Leinwand immer der Langweiligste sein. Die klassische Lektion über Schauspielerqualität ist sechzig Jahre alt: wie G. W. Pabst Louise Brooks inszenierte und wie ihr Partner, der um sein Ansehen bemühte Theaterstar Fritz Kortner, gegen sie opponierte, sie sei ja gar keine Schauspielerin, sie halte nur ihr Gesicht in die Kamera. Ein Kinoschauspieler wird gut sein in dem Maß, wie er der Inszenierung dient, es sei denn, die Inszenierung taugt nichts.

»Unberührbar, unverletzlich«: die klassische Definition des Helden. Wer schafft das schon! Die Grundlage von Kinomagie ist dieser Eindruck von Unberührbarkeit, den die Inszenierung aufbaut, damit der Schauspieler sie vermittelt. Aber es ist nicht alles reine Inszenierung, es muss noch etwas da sein. Nicht schauspielerische Substanz – die Substanz des Schauspielers. Sein handwerkliches Repertoire zeigte Ford als schwul serviler Sekretär von Robert Duvall in Coppolas *The Conversation* (1974), als Vietnam-Veteran in Jeremy Kagans *Heroes* (1977) und als raubeiniger Bankräuber in Robert Aldrichs *The Frisco Kid* (1979). Nachträglich kann einen das fast genieren, als sähe man seinem Großvater beim Liebesakt zu. Was wir sehen wollen, ist ja tatsächlich dieser holzschnitthafte Typ, der nur, wenn es sein muss, die Miene verzieht, der sich immer gleichbleibt.

Es ist der Harrison Ford, der 1977 geboren wurde, als er immerhin schon 35 war, als Han Solo, das Gesicht offen wie ein unbeschriebenes Buch, in das jeder weitere Film seine Abschriften machte, und wenn wir es heute ansehen, können wir die Spuren lesen von Indy und dem wahnsinnigen Allie Fox, von Deckard, dem Blade Runner, und vom biederen Dr. Richard Walker, der ausrastet und zum Jäger wird.

Märchen und Sagen wollen keine komplizierten Individualitäten, sie verlangen nach Überpersönlichem, nach Repräsentanten. Was ebenso für das Fantasy-Kino gilt, gleich ob nun mehr oder weniger synthetisch. In George Lucas' Konzept, das aufbaute auf der Kombination von Ford und den süßlichen Lichtgestalten von Carrie Fishers Prinzessin Leia und Luke Skywalker-Mark Hamill (in welcher Versenkung ist er verschwunden?), war Han Solo das Raubein mit gutem Kern, schießsicher und mufflig wie ein Westernheld, eine galaktische Jugendausgabe von John Wayne. Der Vertrag lautete auf Grandiosität – unbesiegbar, unverwundbar zu sein. Spielberg übernimmt ihn, diesen Vertrag, für seine Indiana-Figur, die eine Idee von George Lucas war.

Indiana Jones, wie hat er uns eingefangen, warum lieben wir ihn so? Vielleicht weil er von gestern kommt, sich kraftvoll durchgeschlagen hat durch die Zeit, was wir an der staubigen und zerknautschten Kleidung erkennen; wenn er dagegen mit Anzug und Fliege auftritt, scheint er sich selbst ironisch zuzuzwinkern. Er wagt mehr als das Äußerste: Er kämpft für das Utopische, das Aussichtslose schreckt ihn nie. Sein ewiger Gegenspieler Belloq, der wie beim Wettlauf von Hase und Igel stets vor Indiana die Nase am Zielband hat, ohne dass es ihn Mühe kostet, für diesen eleganten Artisten kann man nur Abscheu empfinden. Indiana Jones, das ist der Held, den die Leidenschaft zerfrisst – die für die Geschichte, die sich in Dingen materialisiert. Ein Diamantengräber der Historie, kein Grabräuber, denn auf die materiellen Werte, die die Dinge repräsentieren, kommt es ihm nicht an. Abstrakt und konkret zugleich ist diese Obsession, so wie Harrison Ford immer wieder wie der somnambule Abenteurer erscheint: Er greift nach dem gleißenden Ding in der Tiefe, obwohl der Abgrund ihn zu verschlingen droht. Stets aufs Neue wagt er es, bis es zuletzt eines Vaters bedarf, um ihn zur Vernunft zu rufen. Nicht ein einzelner heldischer Auftrag definiert den Helden Indiana, sondern das innere Gesetz. Und darum ist Harrison Ford der einzig vorstellbare Indiana, weil er so kompakt und konzentriert wirkt, so strikt auf sich bezogen. Monologisch. Monolithisch. Unempfänglich für äußere Einflüsse, bleibt er sich immer gleich. Wie der Kopf sich im Körper verankert hat, wie er ihn definiert und dirigiert, das entscheidet über das Erscheinungsbild eines Schauspielers. Bei Harrison Ford ist alles kurz angekoppelt, sein Körper eine gefestigte Masse, nichts daran strebt nach Vereinzelung. Sein Repertoire scheint begrenzt, aber wenn man genauer hinsieht, ist es das Ergebnis einer strengen Selektion, die von Film zu Film wenige, gravierende Abweichungen hat.

Dass die Dinge nur enthüllt zu werden brauchen, das sei seine Idee von der wahren Natur der Erfindung gewesen, sagt River Phoenix über seinen Vater, Allie Fox, den Erfinder, den mit seinem Land zerfallenen Amerikaner. Nichts hinzutun, mit dem auskommen, was da ist, die *idée fixe* von Fox ist genau das, was Ford als Schauspieler macht. Allies Philosophie, die gegen den christlich-abendländischen Veränderungs- und Missionierungsimpuls wütet, ist nichts weniger als ein Wille zur Tat. Allie Fox, »der letzte Mann«, der dabei ist, seine Familie zu ermorden – wie ein Maniac rennt er durch den Urwald, die Kamera kann ihm kaum folgen. Bei der Abfahrt aus Amerika zog er das bunte Freizeithemd an, Erkennungszeichen eines Amerikaners in der Fremde, das nun immer mehr verbleicht. Funkelnde Brillengläser verdecken die Augen, Fords Mund ist immer leicht wie im Erstaunen geöffnet, nicht kontrolliert geschlossen wie gewöhnlich. Sein Lächeln hat etwas Hinterhältiges, seine Ironie ist krank. Und die Untersicht ist charakteristisch.

In die Fremde verstoßen, orientierungslos sind Allie Fox, John Book und Richard Walker. Während er den Philadelphia-Cop John Book in *Witness* (Peter Weir, 1985) aus der Distanz agieren lässt (was auch hilft, den Schock seines Amish-Auftritts in Hochwasserhosen zu verkraften), rückt Weir seinem Star in *Mosquito Coast* (1986) fast unerträglich nah. Paul Theroux' Geschichte handelt von einem Gefangenen seines eigenen Wahnsystems, aus dem Paul Schrader in seinem Drehbuch einen tragischen, gefährlichen Kämpfer macht. Die Inszenierung von Peter Weir aber schafft dazu keinen Abstand, sondern dreht die Schraube weiter – Weir steigert Harrison Fords starke Präsenz in einer körperbetonten und körpernah fotografierten Inszenierung bis zur schieren Unerträglichkeit. *Mosquito Coast* ist ein Film, gegen den man sich sträuben muss, er tötet die Gedanken, die gedacht werden wollen, und erzeugt stattdessen affektive Abwehr. Roman Polanski, in *Frantic* (1988), arbeitet dagegen mit Totalen, um die Desorientierung und Unsicherheit eines Amerikaners in Paris zu akzentuieren: Richard Walker, in dem als Opfer mysteriöser Gewalt der Kämpferinstinkt erwacht. Und Polanski profitiert so auch von den denkenden Körperbewegungen Fords. In den räumlichen Bildern lernt man seine Bewegungen zu dechiffrieren, die Haltung von Schultern und Kopf, erst dann verdichten Halbnah- und Naheinstellungen auf das Gesicht den Effekt.

Ein Held, kein Frauenheld: Neben dem Eindruck massiver Körperlichkeit hat Ford auch das mit Wayne und Mitchum gemein. Wenn dieser Mann seine Frauengeschichten hat, geht das immer sehr dezent zu: verhuschte Küsse mit Prinzessin Leia, ein waidwunder Blick auf die entblößte Amish-Schönheit Kelly McGillis und der Bärentanz mit Emanuelle Seigner, der verlockenden Französin. Leicht schockierend wirkten auf den Kenner die losen Reden, die Indy im Boudoir der Sängerin Willie Scott schwang. Und die Bettszene mit *working girl* Melanie Griffith, die Ford in ernster Gefasstheit überstand, müsste fürs Erste in diesem Genre reichen. Überzeugen kann uns das alles sowieso nicht. Der Kämpfer hat ein Einzelner, Einsamer zu bleiben. Was zu ihm passt: die ideale Liebe zur wunderschönen physischen Maschine: »Sag: ›Küss mich!‹«

Der Einsatz des Schauspielers ändert sich, wenn das Kino abstrakter wird. Die Dinge und die Menschen, das war einmal ein enger Dialog, immer verwiesen die Dinge auf die Menschen, stets war da ein unmittelbarer visueller Bezug und eine Hierarchie. Nun haben wir diese schwerelosen Ballette, wo die Schönheit eines durch die Luft wirbelnden fantastischen Gefährts oder eine Kamerafahrt entlang einer Dekorfassade, endlos wie eine Landschaft, denselben Stellenwert besitzen wie eine Geste zwischen zwei Menschen. Ridley Scotts Kino ist darum aber kein Computerkino. In Räumen ohne feste Umrisse, wo Licht und Schatten die Materie bilden, komponiert Scott seine Filme wie Zeichensysteme, in denen erst die Funktion im Gesamtbild die konkrete Bedeutung eines Zeichens enthüllt. Die Funktion von Harrison Ford als Rick Deckard ist, in einer Welt von Lemuren und Automaten eine Erinnerung an den Menschen wachzurufen.

Materie und Gedächtnis: Wie das Zitat eines *hard-boiled detective* läuft er mit hochgestelltem Kragen durch Scotts fantastische Megapolis. Science-Fiction ist die Kombination aus Gewesenem und Möglichem: der orientalische Basar und das futuristische Design eines Wolkenkratzer-Apartments, das wiederum an eine altägyptische Grabkammer erinnert. Hutlos, mit kurzgeschorenem Haar wirkt Deckard schutzlos unter dem ewig nieselnden Fallout. Seine nächsten Verwandten sind nicht die Menschen des Jahres 2019, Tyrell, der Erfinder, oder Captain Bryant, die wie fühllose Monster hoch oben in den Türmen hausen, es sind die denkenden und fühlenden Maschinenwesen. Und dann muss der Blade Runner die Puppe Olimpia töten, um seine schwarze Liebe zu retten,

Rachel, die Replikantin einer neuen Generation. Das Licht-und-Schatten-Spiel in der Wohnung des Puppenmachers J. F. Sebastian versucht auch den Blade Runner zum wesenlosen Schemen zu machen, versucht ihn zu durchdringen, aufzulösen. Wie ein Schattenriss mit der gezückten Pistole gleitet Ford an den Automaten, Kunstwesen, in Tüll verpackten Puppen vorbei. Und widersteht dem Licht, der Auflösung. Selbst in einem E.T.A.-Hoffmann-Traum bleibt Harrison Ford ganz irdisch und fassbar.

Was bleibt für den Helden der Achtziger in den Neunzigern? Etwa weitere Cameo-Auftritte wie in **Working Girl** (Mike Nichols, 1988), wo er sich lässig in den Strahlen der Bewunderung zweier starker Frauen wie Melanie Griffith und Sigourney Weaver bewegt? Deplatziert steht er da auf Partys herum, und mit rüder Verachtung gegenüber einem Schlips-und-Kragen-Typ wie Jack Trainer zieht er während des Telefonierens eine Wasch- und Umkleidenummer ab, zu der ihm die Horde der Sekretärinnen durch die Klarsichtscheibe begeistert applaudiert.

Harrison Ford, der Blade Runner auf einem Dach irgendwo im Himmel über Los Angeles: Wie ein Wurm liegt er gekrümmt vor der blonden Kampfmaschine Rutger Hauer, Roy Batty, König der Replikanten-Rebellen. Sieht dessen Tränen im Regen verschwimmen, nimmt die Bilder aus seinen verlöschenden Augen entgegen, »… ich sah riesige Schiffe, die brannten an der Schulter des Orion«. Und dann sieht er stundenlang dem Sterben des Königs zu. »Alles, was ich tun konnte, war dazusitzen und zuzusehen, wie er starb.« Nur eines wünscht man sich, dass

es nicht das ist, was passiert: dass man dasitzen wird, im Kino, und zusehen muss, wie er langsam stirbt, Harrison Ford, unser Held, womöglich als James Bond, der Fünfte.

Zuerst erschienen als:
»Der galaktische Reiter«. In: steadycam, Nr. 15/
Frühjahr 1990, S. 46–53.

CHRISTOPH HUBER

Glickenhaus, James
*24. Juli 1950

Zum Einstieg flammendes Inferno, eine Explosion schleudert Körper durch die Luft, gelbes Lodern, lautes Donnern. Der Vietnam-Vorspann von James Glickenhaus' *The Exterminator* (1980) zieht kurz alle Register – unvergesslich: die beiläufige Enthauptung eines G.I., die Kehle butterweich durchtrennt, der Kopf sanft nach hinten gleitend in einem maskenbildnerischen Meisterstück –, um die geweckten Action-Erwartungen anschließend konsequent zu enttäuschen und den Zuseher in der dreckigen Dürre und nächtlichen Einsamkeit der gewaltbereiten Metropole New York mit seinem Titelhelden beim hässlichen Mordgeschäft alleinzulassen. Die leerstehenden Lagerhäuser, eines der Zentralmotive der Eighties-Action, haben selten so gottverlassen und schäbig-düster ausgesehen wie hier. Ein geheimer, wiewohl zentraler Strang des billigen Actionkinos der Achtzigerjahre ist die Mischung von Selbstjustiz-Sadismus aus den späten Nachwehen von

Seventies-Superhits wie *Dirty Harry* (Don Siegel, 1971) und *Death Wish* (Michael Winner, 1974) mit einer entfremdeten sozialen Kälte, die der Brutalität einen Zug zum Horrorfilm gibt – in perversen Meisterwerken von William Lustig (*Maniac*, 1980) oder Mark L. Lester *(The Class of 1984*, 1982) und, allen voran, eben *The Exterminator* von James Glickenhaus, einer der markanten Randfiguren der Dekade.

The Exterminator (1980)

Im teigigen Gesicht von John McGinty (als schließlich vollends hinter dem schwarz spiegelnden Helmvisier versteckter Titel-Antiheld) ist schwer auszumachen, ob Anflüge von Trauer, Müdigkeit oder Ekel über seine Züge wandern, während er als Vietnam-Veteran zum Vigilantismus-Vorzeigekiller wird, nachdem eine Gang brutal seinen einstigen Lebensretter aus Kriegszeiten attackiert und – Fleischerhaken in die Wirbelsäule – lähmt. (»It was just a nigger!« – »That nigger was my best friend!«) Glickenhaus inszeniert dabei antipsychologisch, antiklimaktisch und vor allem visuell abgespeckt in einer Manier, die an einen anderen offensichtlichen Autodidakten, David Cronenberg, denken lässt, nur ohne die intellektuellen Ansprüche (in einer Nebenrolle: Samantha Eggar, die Hass gebärende Mutter aus Cronenbergs *The Brood* von 1979): Mit äußerster Kühle wird eine Welt des Wahnsinns durchmessen – der satanische Zwilling von *The Exterminator* ist Joseph Ellisons Flammenwerfer-Massaker *Don't Go in the House* (1980), das traumatisierte Ziehkind Buddy Giovinazzos schmieriger Staten-Island-Seelenstrip *Combat Shock* (1986), in dem ein weiterer Vietnam-Veteran explodiert: noch ein stinkender Kriegsheimkehrer-Noir, der die

eleganten Stilisierungen eines *Taxi Driver* (Martin Scorsese, 1976) verweigert.

Als Katalog der wie zufällig aneinandergereihten, durchweg im Affekt gesetzten Grausamkeiten (Versenkung im Riesenfleischwolf mit stumpfem Großaufnahme-Finale: *man as meat;* Pädophilen-Brandopfer) und Korruption (der Kinderschänder: ein Senator; der als Exterminator gefeierte Selbstjustizler: ein von der CIA zu eliminierender Dorn im Auge der gescheiterten Politik – »It could be the work of the opposite party or even a foreign nation …«) verströmt der Film von Glickenhaus einen umfassenden Nihilismus, der die No-Future-Parolen der Ära wie Kinderkram aussehen lässt: Gerade weil er stringente Analyse und gesellschaftliche Thesen verweigert, bleibt *The Exterminator* ein uneinnehmbares Monument des Asozialen, eine Ansage für die Reaganomics-Dekade. Am Ende erklingt, ganz unironisch, Chip Taylors Veteranen-Ballade »Theme for an American Hero«. (Dazu: Bild-Reprise der Freiheitsstatue, ein wiederkehrendes Bild aller Glickenhaus-Filme der Achtzigerjahre.)

Obwohl ihn niemand mit dem formvollendeten Zeremonienmeister Jean-Pierre Melville verwechseln würde, kann man den Zugang von Glickenhaus manchmal als *version brut* des rituellen Ansatzes von Melville sehen. Die Zeichen bleiben in ihrer Zeichenhaftigkeit ausgestellt, die spärlichen Hinweise (der Exterminator liest Sartres *Die Gefangenen von Altona* und *The Anarchist's Cookbook*) führen nicht ins Konkrete, sondern ins Abstrakte, wenn nicht sogar ins Absurde: zur Vollendung gebracht im Nachfolgefilm *The Soldier* (1982), einer Supersöldnerfantasie um Actionstar Ken Wahl, bei der Glickenhaus das surreale Spektakel mit bewährter Trockenheit an der Grenze zum Avantgardekino verlaufen lässt. Der Kalte Krieg samt geopolitischer Eskalation mit atomarer Apokalypse und Nahost-Brandherden als Paranoia-Überbau (die Entwicklung des entscheidenden Gadgets wird verortet mit »when we found out that Nixon was going crazy …«) hat mit seiner umfassenden Überwachungs-Übermacht den Alltag so gründlich infiltriert, dass es keine Normalität mehr gibt – zum Auftakt überfährt eine Diplomatenlimousine eine Frau mit Kinderwagen, was nahtlos in ein Feuergefecht übergeht; eine Glühbirne wird zur Bombe, mit der Glickenhaus den CIA-Direktor in die Luft fliegen lässt; die Berliner Mauer ist bloß eine Sprungschanze; und in einem sarkastischen In-Gag spielt David Lipman, der pädophile Senator aus *The Exterminator*, diesmal den israelischen Verteidigungsminister.

Wo Glickenhaus die Zusammenarbeit mit Ken Wahl unbefriedigt zurückließ, geriet er beim nächsten Projekt mit seinem Star erst recht aneinander: Mit dem harten Cop-Thriller *The Protector* (1985) versuchte Hongkong-Genie Jackie Chan zum zweiten Mal (vergebens) den amerikanischen und internationalen Markt zu knacken, der (gewohnt) düstere Ansatz von Glickenhaus vertrug sich aber schlecht mit Chans optimistischer Slapstick-Virtuosität (erst 1993 war Chan so weit, in Kirk Wongs *Crime Story* die Glickenhaus-Dunkelheit doch noch aufzugreifen). Nach Auseinandersetzungen am Set drehte Chan sogar neue Szenen für eine asiatische Version, die seinen Vorstellungen näher kam (er eliminierte u. a. die garantiert grundlose Nacktheit der weiblichen Arbeiterinnen im unverzichtbaren 80er-Drogenlabor), und ließ sich von der Erfahrung zum Eigenregie-Meisterwerk *Police Story* (1985) inspirieren: Diese Initialzündung für Chans Fusionen von halsbrecherischen Stunts und komödiantischer Brillanz enthält einige Verfolungsjagden, die in *The Protector* vorweggenommen werden – wobei sich Glickenhaus als kongenial dynamischer Inszenator der athletischen Leistungen seines Hauptdarstellers erweist.

Der dynamischste und – unerwartet – bunteste Film von Glickenhaus wurde *Shakedown* (1988, vielerorts als *Blue Jean Cop* vertrieben), der seine Buddy-Cop-Action quietschvergnügt mit allen möglichen Genres kreuzt: *screwball* und Gerichtsdrama, *love story* und Verschwörungskrimi. Peter Weller und Sam Elliott (beide in typischer Glickenhaus-Manier leicht gegen den Strich besetzt) dürfen am Ende sogar ein *over-the-top*-Flugzeugexplosions-Finale inklusive unglaublicher Rückprojektion absolvieren, wie in einer Vorahnung des baldigen Blockbuster-Größenwahns, aber das Herz des Films schlägt woanders – in seinen atemberaubenden Analog-Actionszenen entlang der damals noch verrufenen 42nd Street in Manhattan, gesäumt von *grindhouses,* die verlockendste Titel ankündigen, darunter *The Exterminator, The Soldier,* Porno-Prachtstücke wie *Talk Dirty to Me: Part 2* (Tim McDonald, 1982) und die B-Picture-Klasse von 1987: Abel Ferraras *China Girl,* Larry Cohens und William Tannens *Deadly Illusion,* John Carpenters *Prince of Darkness,* Jack Sholders *The Hidden* oder J. Lee Thompsons *Death Wish 4: The Crackdown* …

Diese Liste liest sich retrospektiv wie ein Abschieds-Defilé einer bestimmten Form von populärem Kino, bevor sie endgültig in die Videotheken verbannt wurde – so wie *Shakedown* selbst ein herzerwärmender Abgesang an ein Herzstück von New York vor der Gentrifizierung ist, Dokument einer ausgemerzten *lowlife*-Urbanität. Und auch der ultimative Höhepunkt von Glickenhaus' Vorliebe für *location shooting:* Als *executive producer* sollte er zwar noch Ende der Achtziger-, Anfang der Neunzigerjahre Wesentliches für die letzten Grind-Apotheosen des Big Apple leisten (Lustigs *Maniac Cop,* 1988; drei Filme von Horror-Ikone Frank Henenloter) und in der nächsten Dekade drei Filme drehen (darunter mit dem Christopher-Walken-Meisterwerk *McBain* 1991 den Film, der ihm vermutlich schon bei *The Soldier* vorgeschwebt war) – aber ohne den Thrill des Drehens vor

Ort, ohne Kontakt zur Wirklichkeit verlor er zunehmend das Interesse. Seit Mitte der 1990er ist er (bis auf einen Gastauftritt in Henenloters 2008er-Comeback *Bad Biology*) nur mehr als Investment-Manager in der Firma seines Vaters und Sportwagensammler in Erscheinung getreten. Zuletzt habe ich ihn vor ein paar Jahren im Web gesehen, als er von einem Wirtschafts-Kanal zur Wirtschaftskrise und den geplatzten Spekulationsblasen interviewt wurde und kurzerhand erklärte, dass die Ökonomie genauso funktioniere wie ein Film-Set: alles nur Potemkinsche Dörfer.

LUKAS FOERSTER

Hardbodies
Mark Griffiths, 1984

Man muss das alles schon selbst gesehen haben, um es zu glauben. *Hardbodies* ist der *Citizen Kane* der Eighties-Sex-Comedy und mithin eines Genres, in dem man für gewöhnlich nicht einmal einen *Mr. Arkadin* zu finden hofft. Schon der Titel hat es in sich. Schließlich sind in popkulturellen Zusammenhängen normalerweise die Männer diejenigen mit den stählernen Muskeln und den Eisenschwänzen. Dass die »hardbodies« in den 1980ern (und dann, stilbildend, im 1991 verspätet nachgelieferten 1980er-Schlüsselroman *American Psycho* von Bret Easton Ellis) das Geschlecht wechseln, verweist bereits auf gewisse körperpolitische Abgründe beziehungsweise Übergriffigkeiten.

Hardbodies (1984)

»It sounds kinda sleazy«, meint Scotty, als drei *dirty old men* ihm vorschlagen, ihn bei sich wohnen zu lassen, wenn er ihnen im Gegenzug beibringt, wie man Frauen abschleppt. Beziehungsweise, wie man »hardbodies« per »dialogue« von den Vorzügen des »BBD« (»bigger and better deal« soll das bedeuten, aber eigentlich natürlich … hihi … verfeinerten Dialogwitz sucht man lieber andernorts) überzeugt. Ein Film mit einer eigenen Sprache, situiert in einer eigenen Welt, in der es ganz eigentlich nie um *sleaze or no sleaze* geht, sondern höchstens um *the right or the wrong kind of sleaze*.

The right kind of sleaze: Das ist Scotty, ein blond gelockter Jüngling, nichts als Sex im Kopf, dabei aber irgendwie außerweltlich und jedenfalls frei von jeder Berechnung, vielleicht eine Art entfernter Verwandter der Ninetto-Davoli-Figuren bei Pasolini (möglicherweise ist sogar der gesamte Film – ein ins Kraut schießender Vergleich kommt selten allein – als eine Art Eighties-Sex-Comedy-Entsprechung der »Trilogie des Lebens« zu betrachten). Neben ihm, auch auf der richtigen Seite des *sleaze*, ein rot gelockter Nerd, der gern wäre wie Scotty, dem aber seine Physis im Weg steht. Doch die *hardbodies* machen sich nicht über ihn lustig, wie sie es in fast jedem anderen **Teen Movie** der Achtzigerjahre zweifellos tun würden, sie weisen ihn spielerisch und fast liebevoll zurück, und irgendwann gar nicht mehr, sie wissen, dass er einer von den Guten ist, weil er nicht vorausplant und weil er jederzeit alles von sich preisgibt, nichts zurückhält. *Hardbodies* ist ein moralischer Film.

The wrong kind of sleaze: Das sind die drei *dirty old men*, wobei zwei von ihnen irgendwann auf die richtige Seite überwechseln, indem sie nämlich einfach alles mit sich machen lassen. Einer aber, Hunter heißt er, bleibt bis ans Ende berechnend, er schnappt sich die *hardbodies* per Verstellung, per Masterplan. Am Ende organisiert er mit einem Produzenten ein Projekt namens »Hunting with Hunter«: Die Kamera soll ihn dabei begleiten, wie er *hardbodies* anspricht und abschleppt. Vorgeblich soll daraus ein Pilot für eine Kabel-Fernsehserie werden, aber eigentlich kann »Hunting with Hunter« natürlich nichts anderes sein als *gonzo porn*. Tatsächlich beginnt ja gerade in diesen Jahren in der Pornoindustrie das Videozeitalter, Porno und Kino treten wieder und vermutlich endgültig auseinander. Aus dieser Perspektive ist Hunter ein Repräsentant der bösen Videopornografie und Scotty, der am Ende natürlich gewinnt, Repräsentant eines besseren, freieren, egalitären Umgangs mit dem erotischen Bild, in Erinnerung an die goldene Zeit der 1970er-Pornos, die es natürlich auch nie so recht gegeben hat. *Hardbodies* ist aber eh kein nostalgischer, sondern ein utopischer Film.

Im Zentrum steht nicht so sehr die Opposition zwischen dem raubtierhaften Hunter und dem generösen Genussmenschen Scotty als der reine, die Differenzen übergreifende libidinöse Exzess. Da wachsen dem Rothaarigen auch schon einmal Brüste. Im Flur des Hauses, in dem Scotty *and the scoundrels* hausen, ist aus unerfindlichen Gründen ein Gong angebracht. Nach vollzogenem Akt stolpern die Jungs Mal für Mal dagegen und künden dröhnend vom erfolgreichen Selbstverlust. Noch großartiger ist das Bett von Scottys Gespielin: Es hat einen Auspuff, es schlägt Wellen, über ihm explodiert eine Discokugel, das unbelebte Objekt selbst gerät, kurzum, außer Rand und Band ob dem, was auf ihm vor sich geht. Auch weil man den Akt selbst natürlich nie sieht, scheint sich da alles mit allem zu verschalten: Männer mit Betten, mit Frauen, mit Gongs. Und *hair metal* mit *body building*. Denn der großartigste Typ im ganzen Film (und einer, bei dem man endgültig nicht mehr weiß, ob *sleaze* im richtigen oder im falschen Sinne) ist ein Fitnesstrainer, der nicht nur jedes Mal, wenn sich ihm die Kamera auch nur nähert, derart exaltiert geifert, dass man es fast mit der Angst zu tun bekommt, sondern der auch die glorreiche Idee hat, eine grässliche *all-female*-Rockband mit seinen durchtrainierten *hardbodies* zu einer Eighties-Körperkult-Monstrositätenshow zu kombinieren. »This is the body of the eighties«, sagt er und zeigt auf einen Frauenhintern samt durchtrainiertem, eingeöltem Oberschenkel. Und auch wenn Regisseur Mark Griffiths ansonsten eher ein *boob guy* zu sein scheint, darf man diesen Ausspruch guten Gewissens auf den gesamten Film beziehen.

LUKAS FOERSTER

Harlem Nights
Eddie Murphy, 1989

Das Geld, das Sugar Ray (Richard Pryor) und Quick (Eddie Murphy) erbeuten, das sie den rivalisierenden, finanziell besser ausgestatteten italoamerikanischen Gangstern mithilfe einer mittelmäßig raffinierten, eher gemächlich sich entfaltenden Heist-Mechanik entwenden (schließlich ist es eine zusätzliche Demütigung, wenn man seine Gegner abhängt, ohne selbst auch nur außer Atem zu geraten), rückt *Harlem Nights* kein einziges Mal ins Bild. Zu sehen gibt es nur einen weißen Stoffsack, der austauschbar wirkt und denn auch tatsächlich ausgetauscht wird, gegen einen identischen, in dem wiederum Heroin vermutet, aber nur Zucker aufgefunden wird. Der Geldsack wird einem solchen *reality check* erst gar nicht unterzogen, die Beute bleibt Behauptung – vielleicht auch, damit man leichter auf sie verzichten kann. Denn nicht Sugar Ray und seine Gang, sondern zwei weiße Helfer dürfen am Ende mit dem richtigen Sack abziehen.

Die auch sonst außergewöhnlich zurückgenommene, noch im Triumph cool resignierende Schlussszene bleibt den finalen *money shot* schuldig. Und das, obwohl *Harlem Nights*, Murphys erste und bis heute letzte Regiearbeit, durchweg von kaum etwas anderem handelt als von Ökonomien: Es geht um einen von Sugar Ray betriebenen, zunächst florierenden Nachtclub, der zwar eine multiethnische Kundschaft hat, aber doch auf den ersten Blick als ein Projekt des

schwarzen Amerika erkennbar ist; es geht um die weißen Gangster, die genau das als persönliche Beleidigung aufzufassen scheinen; und es geht darum, wie nach und nach alle sozialen Beziehungen, Familie, Freundschaft und insbesondere auch Sex, von diesem Konflikt erfasst und dabei ebenfalls ökonomisiert werden. Nur hat man, nicht nur am Ende, sondern durchweg den Eindruck, dass die gesamte Ökonomie des Films entweder auf ungedeckten Wechseln basiert; oder – das wäre ein fast noch größerer Skandal – auf theoretisch durchaus soliden Wechseln, die Murphy aus freien Stücken nicht einlöst. Die Aussicht auf unermesslichen Reichtum, die sonst fast jeden Gangsterfilm Hollywoods antreibt, spielt kaum eine Rolle, zumindest nicht auf der Seite der schwarzen Hauptfiguren, die den gesamten Film über Rückzugsgefechte führen, in denen in erster Linie nicht der vergleichsweise bescheidene wirtschaftliche Erfolg, sondern die ungleich wertvollere persönliche Autonomie auf dem Spiel steht. Es gibt kein Entkommen von der Ökonomie, aber vielleicht doch kleine, innere Freiräume.

Das ist auch eine Frage der Bildästhetik, die sich konsequent vom Glamour fernhält. Das Studio-Harlem ist zwar vergleichsweise aufwendig und durchaus liebevoll gestaltet, aber es bleibt stets Kulisse, schwingt sich nie zur organisch abgerundeten oder gar immersiven Lebenswelt auf. In gewisser Weise sieht man dem Film auch die dreißig Millionen Dollar, die er gekostet hat, nicht an; er sieht aber deswegen nicht billiger aus – eher scheint es, als würde sich da ein Hollywoodfilm einmal nicht so recht für den Kostenfaktor interessieren, als würde er sich (allerdings auch wieder nicht ostentativ, sondern auf nonchalant-lässige Art) über das eherne Gesetz hinwegsetzen, dass sein millionenteures Budget doch bitte angemessen in Schauwert zu übersetzen sei. Das ist die zentrale, verborgene Radikalität von *Harlem Nights*: ein passiver Widerstand gegen die Logik des Spektakelkinos, der sich stellenweise fast schon als ein Bartleby'sches »I prefer not to« lesen lässt.

Harlem Nights konzentriert sich auf die Figuren – aber auch wieder nicht auf die Art von Figurenentwicklung, die der Mainstream-Filmkritik stets das zentrale Kriterium ist. Die mehrfach angedeutete Konkurrenz zwischen dem in ironischer Resignation ermatteten Sugar Ray und dem energischen, wütenden Quick entfaltet sich nie so recht und wird am Ende schlicht und einfach vergessen; insbesondere traut der Film sich nicht, und das ist vielleicht seine einzige echte Schwäche, die dunklen, selbstzerstörerischen Aspekte dieser unheilvollen Dynamik zu erkunden, die bereits im Prolog angedeutet werden, wenn der erst siebenjährige Quick zum Mörder wird, um seinem späteren Partner das Leben zu retten. Die ebenfalls überall mitschwingende Sexualneurose wiederum wird auf einen bemitleidenswerten Mitläufer im weißen Gangstersyndikat abgeschoben, der in einer allerdings brüllend komischen Szene von Lela Rochon nach allen Regeln der Kunst um den Finger gewickelt wird.

Ein Figurenfilm ist *Harlem Nights* nicht in einem psychologisch-dramaturgischen, sondern in einem performativen Sinn, was nicht nur auf den eigentümlich verschleppten Erzählrhythmus, sondern auch auf die großzügige Bildge-

Harlem Nights (1989)

staltung durchschlägt: Murphy stellt die einzelnen Einstellungen sich selbst und den anderen Schauspielern zur Verfügung – als raumzeitliche Kontinuen, in denen sie sich entfalten können. Wunderbar zu beobachten ist das immer dann, wenn Della Reese als aufgedonnerte Puffmutter Vera auftaucht. Zum Beispiel in einer Szene, in der Sugar Ray seine Freunde gerade aus dem Gefängnis freigekauft hat; die meisten laufen rasch an ihm vorüber und bedanken sich kurz – Vera dagegen hält vor ihm inne, bringt damit den Bilderfluss zum Stillstand und deklamiert, jedes Wort einzeln akzentuierend: »Kiss – my – entire – ass.«

Harlem Nights war, den schlechten Kritiken beim Start und dem zumindest außerhalb des schwarzen Amerika fast komplett abwesenden Nachruhms zum Trotz, kein Flop. Er hat sein Budget dreifach wieder eingespielt – kein phänomenaler, aber doch ein achtbarer Erfolg. Dass der Film Eddie Murphys einzige Regiearbeit geblieben ist, verwundert dennoch nicht: *Harlem Nights* ist von einer eigentümlichen Melancholie durchweht, die um die eigene popkulturelle

Isolation zu wissen scheint. Es handelt sich um eine eigenartige Isolation, um eine Isolation im Zentrum: Murphy war Ende der 1980er einer der heißesten Schauspieler in der Industrie, womöglich der populärste Comedian landesweit. Auch Pryor konnte 1989 auf eine erfolgreiche, wenngleich von der Kritik (bis heute) wenig beachtete Serie von Mainstreamkino-Erfolgen zurückblicken (unter anderem *Some Kind of Hero*, Michael Pressman, 1982; *Brewster's Millions*, Walter Hill, 1985; *Critical Condition*, Michael Apted, 1987).

So etwas wie *Harlem Nights* konnten sich beide dennoch nur einmal leisten: eine Studio-Großproduktion ganz nach eigenen Maßstäben und Interessenlagen, ein Film, der seinen Genre-Plot vor allem dafür instrumentalisiert, Erinnerungsarbeit in Sachen schwarzer Populärkultur zu leisten. Das betrifft nicht nur die historische schwarze Nachtclubkultur des frühen 20. Jahrhunderts, sondern auch die Besetzung: Mit Reese (geboren 1931) und Redd Foxx (geboren 1922) sind zwei Vetreter einer älteren Generation afroamerikanischer Entertainer in liebevoll ausgestalteten Nebenrollen zu sehen. Das unfassbar exaltierte *overacting* einiger weißer Nebendarsteller, insbesondere eines entfesselt, geradezu leinwandsprengend chargierenden Danny Aiello als korruptem Sergeant Phil Cantone, ist derweil mit Sicherheit kein Zu- oder gar Unfall – sondern eine subtile, in der konkreten Inszenierung nicht bösartige, sondern liebenswürdige Rache Murphys für die unendlich vielen, teils von ihm selbst verkörperten schwarzen *comic-relief*-Figuren der Hollywood-Geschichte.

LUKAS FOERSTER

Heartbreak Ridge
Clint Eastwood, 1986

»Eastwoods Alterswerk hat immer schon begonnen, denn Eastwood war nie jung.«[32]

Aber das Ende des ewigen Beginns des Alterswerks, das kann man doch verhältnismäßig genau bestimmen: Mit *Heartbreak Ridge* richten sich sowohl der Regisseur als auch der Schauspieler Eastwood endgültig im eigenen Dinosaurierdasein ein. Seither ist er vor wie hinter der Kamera ein Übriggebliebener, einer, der eine überkommene Idee von persönlicher Autonomie und Männlichkeit, und auch eine überkommene Idee von Kino als Medium gesamtgesellschaftlicher Aushandlungsprozesse in die Gegenwart hineinträgt. Stolz, aber nicht trotzig, entschieden, aber nicht unironisch. Das fällt in eins mit der filmischen Aufmerksamkeit, die die Filme ab diesem Zeitpunkt körperlichen Alterungsprozessen, insbesondere Eastwoods eigenen, angedeihen lassen.

Waren die herben, furchigen Gesichtszüge schon lange vorher sein Markenzeichen, so fokussiert die Kamera in *Heartbreak Ridge* außerdem, gleichzeitig liebevoll und grausam, die dünnen Falten, die sich in den Eastwood-Nacken eingegraben haben. Diese feinen Linien kann man als Hinweis darauf lesen, dass

32 Matthias Wittmann: »Kritik der Gewalt. Umordnen und Neuordnen von Werkspuren: Die Welt des Clint Eastwood, gesehen durch *Gran Torrino*«, In: Cargo, 9.4.2009, www.cargo-film.de/film/kritik-der-gewalt.

Heartbreak Ridge (1986)

die coole Selbstbeherrschung seiner früheren Figuren, und auch ihre arrogante Sexyness, sich eben doch nicht »wie von selbst« ergeben hatten, sondern mit Aufwand verbunden waren.

Heartbreak Ridge besteht aus einer Serie von Wiederaufnahmen: Gunnery Sergeant Thomas »Gunny« Highway (Eastwood) kehrt kurz vor der Pensionierung zu seiner alten Einheit zurück, wo ihm die Aufgabe anvertraut wird, eine Horde von (zu großen Teilen nicht-weißen,

und sicherlich auch deshalb, was im Film nie explizit wird, von Gunnys Vorgesetzten vorab auf das Abschiebegleis einer *reconnaissance unit* gestellten) Rekruten auf Vordermann zu bringen, oder wenigstens einigermaßen im Zaum zu halten. Nebenbei nimmt er Kontakt zu seiner Ex-Frau Aggie (Marsha Mason) auf – ein Handlungsstrang, der exemplarisch zeigt, wie Eastwood aus komplett generischem Material Außergewöhnliches formt; allein eine Szene

79

am Billardtisch, in der Aggie alte Beziehungs-frustrationen aufruft, ihre repetitiven Hand-bewegungen gegen seine stoische, massive Pas-sivität, zwei einander ergänzende Formen von Hilflosigkeit. Und schließlich wird es darum gehen, dass der Veteran des Koreakriegs (schon der Titel verweist auf die historische Schlacht von Heartbreak Ridge, Archivaufnahmen aus den 1950ern eröffnen den Film) auch seine Schlachtfelderfahrung noch einmal updaten kann.

Die 1980er sind für Eastwood ein Jahrzehnt der Konsolidierung, und auch das Jahrzehnt, in dem sich der Auteur Eastwood endgültig vom *tough-guy*-Superstar Eastwood emanzipiert. Ob-wohl er sich bei der Kritik erst mit den Nach-folgeprojekten *Bird* (1988) und *White Hunter Black Heart* (1990) durchsetzt, nimmt *Heartbreak Ridge*, sein kommerziell mit Abstand erfolg-reichster Film der Dekade, in diesem Prozess eine Schlüsselrolle ein. Und das, obwohl er erst einmal ganz dem Schema gehorcht, das den Schauspieler zum Star gemacht hat, und dem auch viele seiner frühen Regiearbeiten treu ge-blieben waren: Eastwood tritt als Außenseiter in eine bereits bestehende Gemeinschaft ein und setzt damit etwas in Gang. Neu ist aller-dings, dass diese schon seit *Per un pugni di dollari* (Sergio Leone, 1964) etablierte und in *Pale Rider* (Clint Eastwood, 1986) zur mythomanischen Vollendung getriebene Grundsituation primär nicht in eine handlungsbasierte Intrige, sondern in wechselseitige Beobachtungs- und Kommen-tierungsverhältnisse überführt wird.

Der Modus, in dem Ausbilder und Auszu-bildende sich näherkommen, ist weniger die Disziplinierung als die reziproke Beschimp-fung. In dieser Dynamik nimmt *Heartbreak Ridge* Eastwoods spätes Meisterwerk *Gran Torino* (2008) und auch den unterschätzten *In-victus* (2009) vorweg. Dass eine pluralistisch organisierte Gesellschaft nur gelingen kann, wenn allseitige Ressentiments nicht unter-drückt, sondern in ruppige Sprachspiele über-setzt werden, mag man für keine allzu origi-nelle, angesichts der Social-Media-Krakeele-reien der Gegenwart sogar für eine eher schwachbrüstige Idee halten; gleichwohl ver-leiht Eastwood ihr eine unbestreitbare filmi-sche Evidenz. Gunny empfiehlt seinen Schütz-lingen: »Rub your pathetic little peckers against your honies or stick it in a knothole in the fence but whatever it is, get rid of it. Because at 0600 tomorrow your ass is mine.« Entscheidend ist freilich, dass das in beide Richtungen funktio-niert: die Äquivalenz des Vulgären als Keim-zelle der Demokratie. Wenn der Sergeant die fehlende Uniformierungsdisziplin des Hobby-musikers »Stitch« Jones (Melvin van Peebles; eine ziemlich hemmungslose Performance) mit den Worten tadelt: »You wake up this morning with a piss pot on your head?«, dann erhält er zur Antwort: »Oh no, Gunny, I wore this in your honor!«

Es geht um Generationenkonflikte, mindes-tens implizit auch um kulturelle und ethnische Differenz – aber wunderbarerweise reduziert ein schöner Running Gag das alles wieder auf eine rein zeichenhafte, fast schon formalistische Ebene: Wieder und wieder versuchen die Re-kruten vor dem Morgenappell zu erraten, wel-ches Shirt Gunny diesmal anziehen wird – denn wenn sie nicht dasselbe tragen wie er, zwingt der Sergeant sie dazu, mit nacktem Oberkörper durchs Buschwerk zu hetzen. Die Lektion, die die Jungs dabei lernen, ist ebenso simpel wie weitreichend: Es mag noch so viele Regelbücher und Vorschriften geben, in letzter Instanz ist und bleibt das militärische Regime reine Willkür.

Als politische Fantasie ist *Heartbreak Ridge*, wie alle Kriegsfilme Eastwoods bis hin zu *American Sniper* (2014), hochgradig ambivalent, insbesondere aufgrund der letzten halben Stunde, in der Gunny und seine Recken nach mehreren Manövern und einem falschen Alarm doch noch in einen echten Krieg geschickt werden. Oder zumindest in etwas, das man mit einem echten Krieg verwechseln kann, wenn man sich Mühe gibt. *Heartbreak Ridge* ist der bis heute einzige Hollywoodfilm, der die amerikanische Invasion in Grenada 1983 einigermaßen ausführlich behandelt – wobei es an vergleichbaren Erzählungen grundsätzlich nicht mangelt in den Hollywood Eighties, man denke an **Sylvester Stallones** Ein-Mann-Invasionen in Vietnam (*Rambo: First Blood Part II*, George Pan Cosmatos, 1985) und Afghanistan (*Rambo III*, Peter MacDonald, 1988); oder auch, umgekehrt, an die Abwehr ausländischer Eindringlinge in *Red Dawn* (John Milius, 1984) oder *Invasion U.S.A.* (Joseph Zito, 1985). Eastwoods Film jedenfalls kann sich offenkundig selbst nicht so recht entscheiden, ob es sich bei der Grenada-Episode um einen besseren Polizeieinsatz handelt, bei dem es darum geht, eine Handvoll amerikanischer Staatsbürger (beziehungsweise barbusige Staatsbürgerinnen) in Sicherheit zu bringen,

oder ob sich auf der idyllischen Karibikinsel nicht doch der Dritte Weltkrieg anbahnt; einerseits haben die Sets dieser letzten halben Filmstunde die Anmutung eines besseren Abenteuerspielplatzes, andererseits geht es eben doch darum, »Cuban soldiers with Russian guns« plattzumachen. In gewisser Weise ist das die Umkehrung von Walter Hills *Southern Comfort* (1981): Kippt dort das Kriegsspiel in blutigen Ernst, wird man bei Eastwood auch im Kugelhagel den Eindruck nicht los, dass es eher um Selbstsuggestion geht als um *the real thing*.

Und außerdem um den Versuch, das in *Heartbreak Ridge* höchstens im Vorübergehen erwähnte Vietnam-Trauma (»Maybe we lost the war, but we won the battles«) aus dem nationalen Gedächtnis zu löschen, zugunsten der deutlich hoffnungsvolleren Traditionslinie Korea-Grenada. Dass das nicht ganz gelingen kann, weiß Eastwood genau (und er gelangt zu dieser Erkenntnis auf eleganterem Weg als Stanley Kubrick, der es im ein Jahr später entstandenen, strukturverwandten *Full Metal Jacket* für nötig befindet, noch einmal die Hölle auf Erden zu entfesseln): Ob er sich denn über all das Fahnengeschwenke wirklich freuen kann, wird Gunny in der Schlussszene gefragt, die den Empfang der siegreichen Kriegshelden in der Heimat zeigt; er müsse so etwas doch schon oft erlebt haben. Nein, antwortet er, wenn er recht überlegt, ist es für ihn das erste Mal.

HARTMUT BITOMSKY

Heaven's Gate
Michael Cimino, 1980

Ein neuer Film. Um sich ins Recht zu setzen, nimmt er dem Kino etwas weg. Man soll einen Film nicht zweimal machen können – der bedingte Reflex der Novität, von dem *Heaven's Gate* noch in seiner kleinsten Regung durchpulst ist. Es steigert den Film in eine verzückte Eigenkonkurrenz hinein. Ein Augenblick sucht den anderen zu übertrumpfen und geht im Aufbrausen der Absonderlichkeiten spurlos wieder unter.

Cimino hat sich des Films mit der Radikalität des Putschisten bemächtigt. Wie bei jedem Putsch geht es schließlich um die bloße Selbstbehauptung.

Heaven's Gate enttäuscht also. Aber heißt enttäuschen nicht, dass Dinge richtiggestellt werden? Zumindest wird ein Zwiespalt offenbar, und auf der Linie des Zwiespalts vermag man Grenzen zu ziehen.

Es ist ein ausladender Film, mit einer verzweigten Geschichte und einer Vielzahl von Personen. Im engeren Sinn widmet er sich drei Hauptpersonen – mehr deren Vorbehalten als deren Aufeinanderstoßen. Da ist die Frau, die sich weigert, von dem einen Mann zu dem anderen Mann zu gehen. Beide He-Men, in Selbstüberschätzung, und sie eine Prostituierte. Ob die Liebe oder die Verzweiflung echt sind, weiß am Ende keiner zu sagen.

Die Frau wird von Isabelle Huppert gespielt, der eine der Männer von Kris Kristofferson.

Zwei Stars, mit ihnen kommt eine andere Zeit in den Film, 1980, eine Note von exklusiver Mittelmäßigkeit.

Die Stars reagieren auf Personen und Episoden der Story mit ihrem Gehabe, ihren Gesten und Blicken, und deren Eigenart und Eindeutigkeit ist ganz unabhängig von dem jeweiligen Film gegeben. Dies allerdings hebt die Originalität und Authentizität auf, die doch jede Geschichte in sich einkreisen will, um zu ihrem Wesen, ihrem Geheimnis vorzudringen.

Das alles nur auszugsweise. Seit hundert Jahren und mehr ist die Kunst modern. Natürlich hat der Zweifel des Erzählens die Filme inzwischen auf breiter Front betroffen, oder sollte ich sagen, überrumpelt. Es fällt auch schwer, die Story eines Films nachzuerzählen. Man muss denken, was kein Gedanke ist, sondern Geschehen. Eine Filmkritik schreiben: das ist eine Taufe. Es laufen viele mit einem falschen Namen herum, und noch mehr führen ein Leben, das ihnen gar nicht gehört.

Jede Geschichte ist fürs Erste entschlossen, Menschen aus dem Weg zu räumen. Da das Kino sich für die Menschen entschieden hat, haben Filme allerdings Probleme damit. Schriftsteller träumen davon, eine Geschichte nur mit Dingen zu erzählen. Aber Geschichtenerzählen ist in jedem Fall so etwas wie Euthanasie. Gegen Ende wird es in der Regel vom Kleinmut ergriffen und verzagt. Darum gibt es Happy Ends; darum sind auch Stars, sozusagen im übergeordneten humanitären Auftrag, den Geschichten spinnefeind. Die Stars wollen wie die Toten wiederkehren und für immer dableiben.

Heaven's Gate
(1980)

Wenn ich jedoch recht sehe, wünscht Cimino den Roman des Lebens. Im Roman des Lebens kommen nur Phantombilder, Fingerabdrücke und verwischte Spuren vor und keine Figuren, Rollen und Darsteller.

Wie dem auch sei, es ist schwierig, mit Stars eine Geschichte zu erzählen. Noch schwieriger ist es wohl, mit Stars keine Geschichte zu erzählen. Cimino hat beides versucht. Je nach Lage der Dinge will er eine Geschichte, nur nicht sie erzählen, und dann wieder will er erzählen, bloß keine Geschichte. Und vielleicht gehören die Geschichten und das Erzählen überhaupt nicht zusammen: Erzählt wird, was keine Geschichte ergibt; und eine Geschichte geschieht, und keiner muss sie erzählen.

Heaven's Gate ist zweigeteilt – eine Notlösung aus Überfluss. Der eine Film ist für die Stars und die Kasse gemacht. Der andere Film für die *bit players* und den Regisseur. Es ist die alte Westerngeschichte zwischen Ranchern und Siedlern und den Revolverhelden, die sie angeheuert haben. Amerikanische Geschichte, wie sie keiner begriffen hat. Der Western ist das archimedische Gefäß, dass die Amerikaner in ihre Geschichte gesetzt haben. Die Wesenszüge einer Zeit arbeiten sich erst dann heraus, wenn sie vergangen ist. Die Gegenwart ist die Totenmaske der Geschichte.

Geschichte und Geschichten sind etwas Verschiedenes. Vielleicht bedingen sie einander, weil in einem historischen Augenblick, in dem sich etwas ereignet, unvorstellbar wird, was sich gerade tut. Man muss ein Bild davon machen. Ein Bild ist diese Ohnmacht. Der historische Augenblick erzeugt nämlich immer ein Blackout im Bewusstsein, gleichgültig, ob einer Akteur oder Zuschauer ist.

Cimino will nicht herauskriegen, was dieses Gefäß enthält. Er will herauskriegen, was es verdrängt.

Der Film ist lang. Die Momente dehnen sich mächtig aus. Die Story zeichnet sich in ihnen nur schwach ab. Meistens steht sie auf der Stelle, und wenn sie sich bewegt, in kleinen Schüben, dann sehr oft jenseits der Bilder und der Darstellung. Die Hemmnisse herrschen über das Handeln.

Das amerikanische Kino ist immer mechanistisch und elliptisch gewesen. Das New Hollywood Cinema, so habe ich es verstanden, sucht die Ellipsen auf einen heutigen Stand zu bringen. Dreißig Jahre Fernsehen sind eine Voraussetzung: die Allgegenwärtigkeit von Bildern, Filmen und Geschichten – ein unablässig dahinfließender Strom. Das Einerlei und das Vergessen sitzen sehnsüchtig am Ufer und schauen stumm. Die Kunstpausen werden immer kürzer. Aber es steht gar nicht so viel Substanz zur Verfügung, um Lücken, die entstanden sind, wirklich aufzufüllen. Man muss die Stoffe strecken. Ich würde sagen, die Systeme der Ausdrücke haben einem Spiel von Andeutungen Platz gemacht.

Das hängt möglicherweise damit zusammen, dass die Filme heute nicht mehr von den Drehbuchautoren bestimmt werden. Drehbuchautoren haben den Gedanken der Kausalität von Charakteren und Handlungen auf die Filme fixiert. Das war ihre literarische Leistung. Kausalität war die Stirn der Geschichten, die die Filme dem Publikum geboten haben, unmissverständlich und nachdrücklich. Umso abgehobener sind die Fehlleistungen erschienen, in winzige Momente portioniert, in Schrecksekunden. Sie sind es, die die Filme heute ausdehnen. Dabei verlieren sich die Konturen. Das Kino ist nicht mehr selbstverständlich, oder man muss sagen, die Filme werden nun von Intellektuellen gemacht. Sie gehen nicht auf andere Filme, auf die Filmproduktion zurück, sondern auf die Rezeption von Filmen. Die Italowestern haben das genauso angekündigt wie die Godard-Filme. Beide kommen sie vom Filmesehen. Einen Film zitieren heißt auch ihn zerstören, dem Kino etwas wegnehmen.

Um den Kannibalismus zu erforschen, hatte ein Ethnologe sich einen Finger abgehackt und verspeist. Es stellte sich aber heraus, dass er damit über den Kannibalismus nichts herauskriegt: Er hat eine neue Variante erfunden, den Autokannibalismus. Damit ist es ihm gelungen, den Wissenschaftler, der forscht, dem Wilden, der erforscht wird, gleichzustellen. Er ist sein eigener Wilder geworden. Nebenher hat er, zumindest für sich persönlich, die feine, aber vielleicht doch etwas kleinliche und auch selbstbetrügerische Unterscheidung zwischen dem Ethnologen und dem Ethnographen aufgehoben. Solche Zuspitzungen gefallen mir, und ich würde sehr gern mehr davon hören.

Heaven's Gate wirft lange Schatten in die Nacht. Jeder Film heute knüpft an etwas an, das außerhalb des Kinos gelegen ist. Mir scheint das eine unabweisbare Tatsache zu sein. Denn das Kino selber ist verlassen.

Oft war der Eindruck, als wollten die Bilder sämtlich auf einmal kommen, als wären sie nur notdürftig nacheinander auf die Reihe gebracht. Hin und wieder schienen Bilder parallel montiert. Aber es blieb dann doch auseinandergenommen und unsystematisiert und ohne Rhythmus. Kann sein, dass die syntagmatischen Einteilungen, die wir an den alten Filmen studiert haben, ihre Trennschärfe verlieren. Noch im Schnitt versuchen die Einstellungen ineinanderzuhuschen. Sie können ihre Stelle im Film nicht finden.

In der klassischen Découpage sollten alle Einstellungen ebenso vielen Einheiten der Geschichte entsprechen. Die Auflösung des Films in Einstellungen war ein Verfahren der Analyse seines Stoffes. Das ist undeutlicher geworden und willkürlich. Jeder Film muss seine Sprache im Sprechen überhaupt erst erfinden: Aber wer kann schon eine Sprache erfinden? Man kann allenfalls entdecken, dass die Aphasie wie die Artikulation zur Sprache gehören.

Heaven's Gate ist wohl nirgendwo so sehr auf der Höhe seines Sujets wie in der Sequenz in der Stadt Casper. Eine Stadt? Es ist eher ein chimärischer Raum, ein utopisches Milieu. Handlung und Personen entschwinden in ihm. Kein Bild, kein Schnitt gebieten Einhalt. Die Welt ist aus dem Zusammenhang gerissen, ein Sammelsurium von Zitaten, die Seiten eines zerfledderten Buches, die über die Müllhalde durch die Luft herabwirbeln, und die Möwen schreien ärgerlich. Der Film fällt wie ein Tarnvorhang über das Geschehen nieder. Man spürt gerade eben noch, dass da etwas vorgeht: Aber es findet nicht statt. Es gibt keinen Ort der Handlung, und deshalb kann es auch die Handlung nicht geben.

Geschichten werden ja von den Schauplätzen nicht nur lokalisiert. Geschichten entspringen ihnen, wie die kriegerischen Menschen dem Erdboden entsprungen sind. Es waren Drachenzähne ausgesät worden, erzählt der Mythos.

Eine Tat beschreibt den Ort, auf dem sie geschieht, wie ein Tanz. Darum hat man Geschichten auch in einem gewissen kartografischen Koordinatensystem begriffen. Der Märchenforscher Propp spricht von den zwei Reichen und der beinahe unüberwindlichen Grenze zwischen ihnen. Man kann eine Geschichte als eine Form von Infrastruktur verstehen.

Es heißt, dass die antiken Theater aus Tennen entstanden seien. Man findet sie in den mediterranen Ländern noch heute an den Abhängen der Hügel und Berge. Esel und Mulis wandern stundenlang im Kreis herum, und ihre Hufe dreschen das Weizenkorn aus den Ähren.

Die antiken Theater sind übrigens immer an Orten gelegen, in denen die Natur sich eine besondere Form gegeben hat. Ihre Erhabenheit lädt gewissermaßen zur Betrachtung ein, und sie fordert heraus: Angesichts der Erde muss der Mensch sich erst einmal beweisen. Er ist ihr nicht ebenbürtig. Von der Autochthonie kann man nicht ausgehen, man muss zu ihr zurückgehen. Es ist ein Begriff, dem ein Verlust vorgegeben ist.

In dem Recherche-Film zu den Schauplätzen eines *Matthäus*-Projektes schaut Pasolini zweifelnd auf den Jordan – ein stiller Wasserzug. Er soll ein mythisches Gewässer sein, eine Scheidelinie. Pasolini kann beides nicht vereinbaren.

Der Zweifel verführt ihn, ein Stück seiner Ästhetik preiszugeben: Die wahren Dinge sind immer klein und unbedeutend. An jenem Ort bestätigt sich diese Idee. Sonnenlicht bricht durch das Blätterwerk eines Baumes und setzt das Schilf in scharfe Flammen.

Pasolini hat sich dennoch nicht entschließen können, den *Matthäus*-Film in Palästina zu drehen. Er sagt, dass ihn die biblischen Landschaften enttäuschten. Industrie liegt wie Staub auf den steinigen Feldern. Sie hat sich in die Gesichter der Juden eingelebt, sie hat die schäbigen Dörfer befallen. Als wäre die biblische Geschichte gleichsam am falschen Ort geschehen, wiederholt Pasolini die Fälschung mit dem *Matthäus*-Film, der in Süditalien gedreht wurde.

Heaven's Gate ist ein Western ohne Schauplätze, er ist nur ausgestattet. Ihm fehlt diese Infrastruktur. Wo immer eine Einstellung oder eine Sequenz aufhört, an einem Schnitt, an dem Rand eines Bildes, da scheint auch die ganze Welt des Films aufzuhören. Die winterstarren Plains, die Hochtäler in den Bergen, der Horizont hinter den Felsmassen der Rockies – alles Dingfeste zerschellt in der endlosen Zeit, die der Film hat, ohne sie durcharbeiten zu können. Wenn jemand einen Weg zurücklegt, kommt er nirgendwo an. Entfernungen existieren nicht mehr, nur noch eine ungeheure Distanzlosigkeit. Es ist alles unerreichbar nah. Niemandsland ist vielleicht das richtige Wort dafür.

Der Film ist auf unmögliche Weise in sich verdreht gleich einer Riemannschen Fläche: wenn ein Täter zum Ort des Verbrechens zurückkommt, noch bevor es begangen wurde. Die Großgrundbesitzer und Siedler kämpfen ihren mörderischen Kampf. Aber es geht nicht darum. Es ist ein Scheinkampf, in dem es um reale Interessen geht.

Sagte ich, *Heaven's Gate* sei ein Irrweg? Ich bin mir jetzt nicht mehr so sicher. Ich weiß, ich habe viele Dinge außen vor gelassen, die mir nicht gelungen schienen. Die restringierte und kunstlose Weise der Gegenschuss-Szenen; die abscheuliche Fotografie von Vilmos Zsigmond; mangelnde Ökonomie, die sich in den Einstellungen niederschlägt; das unentschiedene Ausmustern des gedrehten Materials; die Tricks im Timing; und dass sich an allem mehr der Ehrgeiz der Inflation als der Raubbau des Akkumulierens ablesen lässt. Dafür gibt es den Spezialisten.

Zuerst erschienen als:
»Heaven's Gate«. In: Filmkritik, Nr. 318/1983, S. 251–255.

Seit *Heaven's Gate* als DVD erschienen ist, habe ich den Film oftmals wieder angeschaut. Dabei habe ich manches überdacht, das hier geschrieben steht.

Einiges sehe ich inzwischen ganz anders. Das gilt besonders für den letzten Absatz im Text. Vor allem würde ich an dieser Stelle deutlich sagen, daß *Heaven's Gate* eine großartige Arbeit ist.

Hartmut Bitomsky, 2018

HANS CHRISTIAN LEITICH

Housekeeping
Bill Forsyth, 1987

Gerne unterschätzt wird, welche Bedeutung für die USA die als »Regionalismus« bekannte Strömung der Malerei hatte (und noch hat). An vorderer Stelle zu erwähnen sind die preisgünstigen Kunstdrucke der Associated American Artists, die Mitte des 20. Jahrhunderts in großer Auflage Verbreitung fanden. Die kommerziell ausgerichtete New Yorker Galerie mit ihrer optimistischen Grundlinie hatte zahlreiche regionalistische Maler unter Vertrag und bestimmte bei der Mittelschicht wesentlich den Motivkanon von US-Kleinstädten und Landleben. Wie seinen europäischen Pendants ist dem amerikanischen Regionalismus Stimmungsvermittlung ein wesentliches Anliegen. Schon deshalb liegt es nahe, dass Filmemacher diese Stilrichtung zitieren.[33] Der gegenständliche Stil der Gemälde mag bisweilen naiv wirken, die Motivik ist es nicht: Die sinnstiftende Symbolik ist häufig nur mit Vorkenntnissen über lokale Besonderheiten entschlüsselbar.

33 Doch nur in Ausnahmefällen wird im Rahmen der plot-orientierten US-Filmliteratur über Bild-Genese gesprochen: Die Zitate von Edward-Hopper-Gemälden sind natürlich zu markant, um unerwähnt zu bleiben; und die Anleihen, die etwa M. Night Shyamalan für *The Village* (2004) beim Werk des Malers Andrew Wyeth genommen hat, erhielten einigen Raum. Dass man viel weiter und tiefer ausholen könnte, belegt beispielsweise James Benning, der im Rahmen eines Vortrags im Österreichischen Filmmuseum (»Dividing by Zero«, 22.11.2004) die langfristige Bedeutung der Hudson River School der Landschaftsmalerei erläutert hat.

Housekeeping (1987)

Die großen US-Filmstudios, mit ihrem Ideal universeller Verständlichkeit, hatten solchen Regionalismen gegenüber daher Vorbehalte, wenngleich sie andererseits natürlich die Popularität etwa von **Country** und Folk-Rock registrierten: In der Regel war ein Roadmovie- oder Kriminalfall-Rahmen Bedingung, um in entlegenere Milieus einzutauchen; der Reisende oder Ermittler soll dem Publikum als Fremdenführer zur Seite stehen. Es war dann ein großes Verdienst von Robert Redfords Sundance-Bewegung, der Zuseherschaft mehr zuzutrauen und »unbegleitete« Erzählungen nachhaltig zu fördern.[34] Vielsagend ist, dass *Housekeeping*, eine bemerkenswert eigensinnige Studio-Produktion aus dem Jahr 1987, eine zutiefst provinzamerikanische Erzählung, von Briten umgesetzt wurde: Der aus London stammende Produzent David Puttnam, Mitte der 1980er-Jahre Generaldirektor von Columbia Pictures, engagierte dafür den schottischen Regisseur Bill Forsyth – und dieser brachte für sein US-Debüt

seine gesamte Stamm-Crew mit, allen voran Kameramann Michael Coulter.

Housekeeping basiert auf dem gleichnamigen, 1982 für den Pulitzer-Preis nominierten Roman von Marilynne Robinson, angesiedelt in der Periode und der Region ihrer Kindheit, in den 1950er-Jahren am Nordzipfel von Idaho, im regnerischen Nordwesten der USA. Zwei kleine Mädchen wachsen nach dem Selbstmord ihrer Mutter bei Großmutter und Großtante auf; Männer sind vergleichsweise rar in der kleinstädtischen Abgeschiedenheit. Zu Teenagern herangewachsen, erleben sie die Überraschung, dass ihre Tante nach Jahren eines Nomadendaseins zurückkehrt und ihr Vormund wird. Doch die Tante hält an einem eigenbrötlerischen Lebensstil fest, bleibt Außenseiter, zweifelt am Sinn von Sesshaftigkeit. Die örtliche Gemeinschaft interveniert zunehmend, hält die Hobo-Persönlichkeit als Vormund für ungeeignet. Bei aller Zuneigung füreinander gehen die Mädchen schließlich gegensätzliche Wege, die eine wird mit wachsender Bestimmtheit Mitglied der Community, die andere folgt dem Pfad der Tante.

Die Nordwest-Provinzen wurden um 1990

34 Regionalistische Erzählungen ergeben natürlich nicht automatisch gute Filme – siehe zahlreiche »Sundance-Lieblinge«, die nur dann erträglich sind, wenn man sie durch eine rosarote Stadtflucht-Wunsch-Brille betrachtet. Westeuropäische Überheblichkeit ist hier übrigens fehl am Platz: Industrie-Zivilisations-Müdigkeit und Wünsche nach der Neudefinition eines Heimatbegriffs entwickelten sich parallel, vielerorts vorhandene föderale Förderstrukturen ermöglichten es europäischen Filmemachern bloß früher, entsprechende Stoffe umzusetzen – ob diese nun, auf lange Sicht betrachtet, geschmackssicherer ausfielen, sei dahingestellt.

schlagartig berühmt und begehrt – durch den Firmensitz von Microsoft, durch progressive Universitäten, durch Grunge Rock –, davor sah das anders aus, da waren sie Rückzugszone für Teile der weißen Mittelschicht, die sich von außen-, innen- und wirtschaftspolitischen Fragen bestmöglich abkoppeln wollten. Es waren einige Sonderlinge darunter; bekanntlich stand Anfang der 1980er-Jahre die Bhagwan-Sekte knapp davor, in Oregon einige Kommunalverwaltungen zu übernehmen. David Lynchs *Twin-Peaks*-Serie bereitete ab 1990 dieses Milieu effektsicher und malerisch auf – und durchaus idealisierend. Die grenznahe kanadische Kleinstadt Nelson, in der *Housekeeping* schließlich aus praktischen Gründen verfilmt wurde, war spezifisch bekannt als Exil-Ort für Vietnamkriegsverweigerer und Hochburg des Cannabis-Pflanzens.[35]

Die Handlung von *Housekeeping* hat religiöse Untertöne und das nicht zu knapp: Im »gelobten Land«, in das die Puritaner laut US-Gründungslegende eingezogen waren, haben bloß die Mormonen ihr »neues Jerusalem« gefunden, für die Übrigen steht eine wandernde Suchbewegung legitim neben einem Zuwarten

in einer überschaubaren Community. Das Grundthema »Familienwerte« hätte leicht zu naiver Bebilderung führen können: Es wäre eine außenperspektivische Verfilmung geworden, welche die angelegte Licht-und-Dunkel-Metaphorik – die Tante verzichtet im Haus gerne auf Beleuchtung, nächtens rudert sie auf dem See herum – verdeutlicht und Persönlichkeiten auf Thesenträgertum reduziert hätte. Die Qualität von Bill Forsyths innenperspektivischer Inszenierung liegt in der Abstufung von Grauwerten; in ihrem Unwillen – entgegen dem vorherrschenden US-Zeitgeist –, in den 1950er-Jahren irgendetwas Verklärenswertes zu sehen; in ihrer Konzentration auf Persönlichkeiten und graduelle Entwicklungen. Die Tante mag ein Messie sein und wenig kompatibel mit den lokalen Konventionen des Kommunizierens, aber sie ist, auf ihre Art, zu genuiner Zuneigung fähig – manche würden sie asozial nennen, andere würden dies nie tun, das hat etwas Zeitloses. Für die Darstellerinnen – Christine Lahti als Tante, die Debütantinnen Sara Walker und Andrea Burchill als adoleszente Schwestern – ergeben sich große Entfaltungsspielräume.

Das oberflächenselige britische Olympia-Geschichtsdrama *Chariots of Fire* (Hugh Hudson), 1982 mehrfach Oscar-prämiert, bedeutete David Puttnams Eintrittskarte in die Riege der Hollywood-Produzenten. Aber es würde zu kurz greifen, ihn unter jene Briten zu reihen, die, aus der Werbefilm-Branche kommend, mit einer Kombination aus viel Arbeitseffizienz und wenig ideologischen Skrupeln beim Einsatz von Effekten das Hollywood jener Jahre stürmten – wie Adrian Lyne, **Tony Scott** oder Ridley Scott

35 Abgesehen von der Grundüberlegung, dass sich in Kanada kostengünstiger drehen ließ: Nelson hatte sich als Stadt Anfang der 1980er-Jahre nach einer schweren Krise quasi neu erfunden, indem der Baubestand des 19. Jahrhunderts renoviert und rekonstruiert wurde – zu sehen etwa auch in der TV-Serie *Roseanne* (1988–1997). Der ortsübliche Regenwetter-Look war bei *Housekeeping* übrigens noch Story-immanent und für damalige Verhältnisse ungewöhnlich; modisch sollte er erst ein paar Jahre danach werden, namentlich durch die rund um Vancouver gedrehten ersten fünf Staffeln von *The X-Files* (ab 1993).

(dessen Debütfilm *The Duellists* [1977] Puttnam übrigens ebenfalls produziert hatte). Das Geschmacksspektrum von Puttnam, der ursprünglich der Swinging-Sixties-Fotografen-Szene entstammt und danach, 1974/75, Ken Russells exzentrische Musiker-Hommagen *Mahler* und *Lisztomania* produzierte, ist viel weiter, das Regie-Casting bei *Housekeeping* war letztlich naheliegend.

Forsyth war mit den Komödien *That Sinking Feeling* (1979) und *Gregory's Girl* (1980) in Europa rasch zur Vorzeigefigur eines regionalistischen Kinoschaffens aufgestiegen, dank kleiner Budgets und lokaler Kleindarsteller, die ihren schottischen Akzent dick auftragen durften. Es gab kein Beschönigen, dass die Schauplätze – verarmte schottische Fabrikstädte mit hoher Arbeitslosigkeit – etwas unglaublich Deprimierendes an sich hatten. Aber es gab auch einen von Humor getragenen vitalen Überlebenswillen – und die weise Erkenntnis, dass in einem deindustrialisierten Umfeld Persönlichkeiten sich recht sonderlich entwickeln können, ohne dass dies relevant auffiele. *Local Hero*, 1983 bereits von Puttnam mit großem Erfolg produziert, wird nachdenklicher und quasi eine transatlantische Handreichung: Ein US-Erdöl-Ingenieur soll in einem vergessenen schottischen Fischerdorf die Errichtung eines Verlade-Terminals vorplanen, wird jedoch zunehmend befangen – schließlich fliegt die Ikone Burt Lancaster als Firmenboss ein und gibt dem unangetasteten Lokalkolorit seinen Segen. *Housekeeping* bedeutet, nüchtern betrachtet, bloß eine Übersiedlung von Team wie Arbeitsmethode: Die Dorfgemeinschaft mag so beklemmend

sein wie die umgebende Landschaft latent bedrohlich, aber beides hat archaischen Charme. Der für die Handlung zentrale, dunkle, stimmig eingefangene Fingerbone Lake wirkt wie ein Cousin von Loch Ness, und vollends malereinahe wird eine darüber führende Eisenbahntrasse – einst Schauplatz eines Unglücks – in Szene gesetzt als Symbol für die Grundfrage nach Statik oder Bewegung, bis hin zur ziemlich magischen Schlussszene.

Für Kameramann Coulter sollte dies den Ausgangspunkt einer illustren Karriere bedeuten, allerdings wieder daheim im United Kingdom und in urbritischen Produktionen wie *Four Weddings and a Funeral* (Mike Newell, 1994) oder *Mansfield Park* (Patricia Rozema, 1999). Forsyth hingegen hatte weniger Fortüne: Obwohl von namhaften und literaturaffinen Kritikern hervorgehoben, erreichte *Housekeeping* eher den Status eines ewigen Geheimtipps als den eines populären Klassikers; in Eighties-Nostalgie-Schienen wird man ihn kaum finden. Und nachdem das Nachfolgeprojekt *Breaking In* (1988), eine in Portland, Oregon, angesiedelte charmante Safeknacker- und *lowlife*-Charakterkomödie mit Burt Reynolds, an den Kinokassen versagte, war es im Grunde vorbei mit seiner Hollywood-Laufbahn. In Arthouse-Marketing-Kriterien gedacht, war *Housekeeping* anachronistisch: entweder ein Relikt des Zeitgeists der eskapistischen 1970er-Jahre, vage verwandt mit Terrence Malicks *Badlands* (1973) – oder aber seiner Zeit voraus: Eine Dekade später, im Schatten des Millenniums, gab es eine weit höhere Akzeptanz für solche skeptischen Stimmungsstücke.

EKKEHARD KNÖRER

Jinxed!
Don Siegel, 1982

Im Titel des Films steht ein Ausrufezeichen: *Jinxed!*; und diese Titelrolle wird von Bette Midler gespielt. Sie entzieht dem Film den Boden, den er nicht hat; sie lässt den Irrsinn, von dem er sich umtreiben lässt, wie das Natürlichste von der Welt erscheinen; sie gibt der Hysterie ein Gesicht, einen Körper, eine Stimme, aber sie mischt auch Hysterie mit Naivität, Schlauheit mit Furcht, entschiedene Vorwärtsverteidigung mit der steten Bereitschaft zu Rückzugsgefechten. Bette Midler ist der Kern, das Zentrum, das Ausrufezeichen dieses Films, das hinter jedem Satz, jedem Bild, jeder Aktion, jedem schmutzigen Witz stehen kann und meistens auch steht.

Jinxed!, der letzte Film, den Don Siegel gedreht hat, ist ein Bette-Midler-Vehikel. Nichts daran war für die Beteiligten, wie man nachlesen kann, ein Vergnügen. Es liegt ein Roman von Frank D. Gilroy zugrunde, der für das Drehbuch – unter anderem von Midler und Siegel – so umgeschrieben wurde, dass Gilroy nur unter dem Pseudonym Bert Blessing noch seinen Segen dazu gab. Midler und ihr Co-Star Ken Wahl konnten einander nicht riechen. Siegel erlitt während des Drehs einen Herzinfarkt. (Man sieht ihn, nebenbei, kurz im Film: als Pornoladenverkäufer.) Die Kritiken waren verheerend. Der Film war ein Flop.

Der Plot erzählt eine Ersetzungsgeschichte. Um diese drei geht es: Bonita Friml (Midler),

Jinxed! (1982)

Willie Brodax (Wahl), Harold Benson (Rip Torn). Bonita ist mit dem deutlich älteren Harold zusammen, der als Blackjack-Spieler für den deutlich attraktiveren Blackjack-Dealer Willie ein Fluch ist: Er gewinnt nämlich immer, Willie ist *jinxed*. Willie ist die Taube. Willie nähert sich Harold über Bonita in ihrem großen silbernen Trailer. Bonita und Willie werden ein Paar und planen in einer Seilbahngondel den Mord an Harold. Nichts läuft ganz, wie es soll. Harold geht über die Klippe, aber da ist er schon tot. Am Ende sitzt Bonita beim Blackjack, wo Harold einst saß. Sie raucht, wie es Harold einst tat, eine Zigarre. Sie gewinnt, wie einst Harold. Und ich habe Angus vergessen, Bonitas schwarzen Kater. Er spielt nicht eigentlich eine Rolle, ist aber, auch in Großaufnahmen, mehr als präsent.

Noch präsenter ist Geld. Geld, das da ist, dann weg. Fort, da, doch nicht da, wieder weg, da. Zwei Zehntausend-Dollar-Scheine. Die Chips. Eine Art Schnitzeljagd. Das Geld als Medium,

McGuffin, fliegende Scheine: ein Happy End. Bette Midler als wirbelndes Ausrufezeichen immer mittendrin, zwischen Harold und Willie, zwischen Angus und Geldjagd, auf Harold folgt Otto, den einen tötet sie nicht, den anderen schon. Spätestens hier kommt auch dem Plot selbst zu Bewusstsein, dass er ein potenziell endlos fortsetzbares Bäumchen-wechsel-dich-Spiel ist – also stellt er Bonita an eine Tafel, an der sie ein Anagramm lösen muss. Sie löst es – die Antwort ist JONAH – und so kommt der Plot, statt ewig weiterzugehen, zu einem würdigen Schluss: Harold fort, Geld da, Bonita und Willie zusammen. Aber was ist mit Angus? Das weiß der Teufel.

Jinxed! hat von allem zu viel. Zu viel Hysterie, zu viel Plot, zu viel Bette Midler, zu viele Töne, zu viele Ausrufezeichen. Der Film weiß nicht, was er ist. Vielmehr: Er will es nicht wissen, er weiß es partout und mit Fleiß nicht. Er ist ein Spielerfilm (sowieso), ein Liebesdrama (schon auch), er ist ziemlich vulgär (mit Fürzen und Zoten), er ist total geerdet, aber grandios unrealistisch, er ist sprunghaft, er macht geschmacklose Witze, er geht über Leichen, die von Harold vor allem, die geradezu eine Art *running gag* wird mit Zigarre im Mund. Immer Ärger mit Harry, wie überhaupt auch immer wieder ein paar Hitchcock-Töne im Durcheinander des Films sind. (Auch mit drin ist Sam Peckinpah, der auf Betreiben seines Freunds Siegel einige Tage Second Unit gedreht hat.)

Das Durcheinander betrifft Ton und Plot. Und, das auch, die Musik. Es gab einen fertigen Soundtrack von Lalo Schifrin, den Siegel gegen den Produzenten Herb Jaffe nicht durchsetzen konnte. Was jetzt das Geschehen sehr beliebig und mit einem viel zu straighten Genre-Face akzentuiert, stammt vom Routinier Miles Goodman, könnte gut und gerne ohne Ansicht des Films entstanden sein, bewegt sich in der spätromantisch-modernen Respighi-Tradition, ist hier aber ein Diener ohne wirklichen Herren. Was durchaus seinen Reiz hat, denn das Generische, seine Unterbietung und seine Übertreibung und deren Divergenz sowie gelegentliche Gleichzeitigkeit sind ja recht eigentlich das, was *Jinxed!* so metainteressant macht.

Dem Unruheherd, auf dem der Film ständig dieses und jenes Plotsüppchen kocht, korrespondiert beziehungsweise konstrastiert die Arbeit von Kamera (Vilmos Zsigmond) und Regie, die man nur *rock solid* nennen kann. Jede Kamerabewegung weiß, was sie tut. Jeder Schnitt zeigt nicht, was er kann, sondern lässt spüren, dass hier einer gar nichts mehr zeigen muss und mit eingefleischtem Rhythmusgefühl noch das größte Tohuwabohu, Herzinfarkt hin oder her, kontrolliert. Siegel, der Auteur als Handwerker, der Handwerker als Auteur, war zum Kino über die Second Unit und die Schnittabteilung gekommen. Er hat das Filmemachen also wie Radfahren gelernt, das verlernt man nicht mehr. Siegel bringt niemand und nichts aus der Ruhe. Er ist der Regisseur als Schlagzeuger, den nichts irritiert, egal, was der Rest der Band vor ihm an Chaos produziert. Seine besten Filme sind vermutlich schon die, in denen alles aus einem Guss ist. Aber aufregend, als disharmonisches, schrilles, schräges Alterswerk, ist *Jinxed!* allemal.

NIKOLAUS PERNECZKY

Johnny Handsome
Walter Hill, 1989

Johnny Handsome (1989)

Johnny Handsome wird oft als Neo-Noir geführt, von der erzählerischen Anlage her ist jedoch wenig »Neues« an ihm. Fast klassizistisch mutet er über weite Strecken an, im Sinn einer Purifikation und Vereinfachung von Figuren des klassischen Film noir. Im Direktvergleich mit jenen neobarocken Manierismen, die das Hollywoodkino der Achtzigerjahre, zumal in der vereinseitigenden Rückschau, prägten, ist *Johnny Handsome* ein ziemlich straightes Stück Genrekino. Hill setzt nicht auf Schnörkel, aber auch nicht auf einen schmucklosen Abbildrealismus, sondern: auf Verdichtung, Intensität, Rhythmus und eine Bildgewalt, die den Zug ins Mythische des klassischen Hollywoodkinos erneuert.

Keine psychologisch ausgestalteten Charaktere bevölkern die Welt von *Johnny Handsome*, sondern flache Figuren – fast Bilder nur von Figuren. Und obwohl man sich immer wieder auf dieses Bildhafte der Figuren verwiesen sieht, erscheinen sie nie als smartes Zitat. Sie sind Archetypen: die von Grund auf gute und die durch und durch böse Frau; der zwischen zwei Identitäten, zwei Gesichtern, zwei Vätern zerrissene Held usw. Gleichzeitig findet Hill Mittel und Wege, seine Archetypen an die gesellschaftlichen Wirklichkeiten der Vereinigten Staaten anno 1989 anschlussfähig zu machen. Genau das, die glückliche Vermählung von filmischer Überhöhung und einer

dreckigen Welthaltigkeit, war es, was den klassischen Film noir vor allen anderen Genres auszeichnete.

Neben dem mythischen und dem realistischen Register des Films – oder vielleicht als Synthese der beiden – gibt es noch das der existenzialistischen Parabel. Zwei Figuren streiten um Johnnys Seele, beide sind, damit man ihre wechselseitige Bezüglichkeit und Symmetrie sofort versteht, mit schwarzen Darstellern, nämlich mit Morgan Freeman und Forrest Whitaker, besetzt. Freeman ist ein Cop, Whitaker ein Arzt, und über diese beiden Berufe beziehungsweise Berufungen bestimmt sich ihr Verhältnis zu dem Ganoven Johnny Handsome, der selbst ein wandelndes Gleichnis ist über das Verhältnis zwischen Schicksal und Selbstbestimmung – auch über das Verhältnis zwischen Bild und Wahrheit. Wenn diese Beschreibung ein bisschen dick aufgetragen klingt, dann hat sie ihren

Zweck genau erfüllt. Tatsächlich schlägt der dicke, dichte Auftrag auf flache Bilder nicht nur in diesem Eighties-Film von Walter Hill irgendwann um in eine neue Qualität, die ihm den Ruf eines zentralen Auteurs der Dekade eingebracht hat – völlig zu Recht.

Was Hill außerdem so gut kann wie kaum ein anderer: frenetische, treibende Actionszenen, auch hier wieder unterlegt mit einem tollen Ry-Cooder-Score, der mal nach proletarischem Springsteen-Rock, mal nach Noir-Saxofon und mal nach dröhnendem Industrial klingt. *Johnny Handsome* hat Bildeigenschaften, die seine Achtzigerjahre-Herkunft sofort verraten, dennoch bleibt der Eindruck einer grundlegenden Differenz zu den ikonischen Neo-Noirs der Ära. Hier wie dort werden die Bilder *als Bilder* greifbar, im Unterschied zu Paul Schraders meisterlichem *American Gigolo* (1980), Lawrence Kasdans *Body Heat* (1981) oder auch zu einem Film wie **Body Double** (1984) vom Obermanieristen Brian De Palma hat Hill jedoch überhaupt keinen Begriff von Scheinhaftigkeit; von den Abgründen, die sich unter der Bildoberfläche auftun. Alles liegt offen, strebt nach Direktheit, Unmittelbarkeit: Johnnys von Geburt an deformiertes Antlitz, das sich nach einem operativen Eingriff in das Gesicht von **Mickey Rourke** verwandelt, ist das beste Beispiel dafür. Zwar handelt dieser Maskeneffekt auch irgendwie von Oberflächen und dem dahinter oder darunter Verborgenen, aber thematisiert wird das nicht in doppeldeutigen und -bödigen Bildern, sondern direkt in der Materie, im Fleisch des erst hässlichen und dann wunderschönen Johnny.

MICHELLE KOCH

King, Stephen
* 21. September 1947

Nachdem Stephen King 1974 mit *Carrie* Weltruhm erlangt hatte – auch seine Folgeromane erreichten ansehnliche Auflagenzahlen, vor allem aber Leser in allen Schichten und Altersgruppen –, entdeckte Hollywood schnell die Lukrativität der zu Popkultur avancierten Marke »King« und versprach sich von Verfilmungen seiner Stoffe Box-Office-Erfolge. Die Liste der Produzenten (allen voran Dino de Laurentiis), B-Movie-Regisseure und Autorenfilmer, die sich an Kings Romanen und Kurzgeschichten bedienten, ist lang und voller prominenter Namen: Zu Brian De Palma, dem mit *Carrie* (1976) der große Durchbruch gelang, und Tobe Hooper, der Kings Vampirgeschichte *Salem's Lot* 1979 als Miniserie für das Fernsehen adaptierte, gesellten sich in den Achtzigerjahren George A. Romero mit *Creepshow* (1982), David Cronenberg mit *The Dead Zone* (1983), John Carpenter mit *Christine* (1983), Rob Reiner mit *Standy by Me* (1986) und Großmeister Stanley Kubrick, der das neue Jahrzehnt 1980 mit seiner Version des 1977 erschienenen Bestsellers *The Shining* eröffnete. Eine ganze Riege von 8oer-Schauspiel-Ikonen bevölkert die King-Verfilmungen: Jack Nicholson, Kiefer Sutherland, River Phoenix, Corey Feldman, Drew Barrymore, Christopher Walken.

Dass King mit seinem ausgesprochen visuellen Schreibstil ausgerechnet in den Achtzigerjahren Teil der Popkultur wurde, mag nicht zuletzt dem Effektkino dieses Jahrzehnts geschul-

Christine (1983, John Carpenter)

det sein. Erst dieses brachte die Voraussetzungen dafür mit, seinen reizvollen Schreckens- und Fantasy-Imaginationen Gestalt zu verleihen, das Unwahrscheinliche wahrscheinlich, das Unsichtbare sichtbar und somit das Unglaubwürdige glaubwürdig zu machen. Etwa die Metamorphose von Mensch zu Werwolf in *Silver Bullet* (Daniel Attias, 1985), die sich verselbstständigenden Maschinen in *Christine* und *Maximum Overdrive* (Stephen King, 1986) oder der fiese Kobold in *Cat's Eye* (Lewis Teague, 1985), der aus der Wand hervorbricht, um schlafenden Kindern den Atem zu stehlen – Letzterer eine Art düsterer Gegenentwurf zu Steven Spielbergs liebenswertem Fremden E.T., der zum Schutz vor der Erwachsenenwelt von den Kindern im Schrank versteckt wird. In Kings Universum dagegen wird den Kindern kaum Gehör und schon gar nicht Glauben geschenkt, wenn sie voller Furcht von den unheimlichen Wesen erzählen, die sich in ihren Kinderzimmern verborgen halten, um nachts über sie herzufallen. Bemerkenswerterweise stammen sowohl Spielbergs E.T. als auch Teagues Kobold aus der Werkstatt desselben Puppenmachers, Carlo Rambaldi, und Teague besetzte die Rolle der kleinen Amanda mit der in *E.T.* (1982) zum Kinderstar aufgestiegenen Drew Barrymore. Anders als bei dem in den Achtzigerjahren über alle Maßen populär gewordenen Spielberg, mit dem King einige biografische Linien wie auch thematische Motive (zum Beispiel das obsessive Abarbeiten am Konzept der Familie) teilt, sucht man im Œuvre des Masters of Horror vergeblich nach *happy endings*, selbst dann, wenn die Friedensstörer abgewehrt oder gar

vernichtet werden können: Die alte Ordnung ist für immer zerstört, die Unschuld für immer verloren, die Welt eine andere.

Ein Großteil der vierzehn überwiegend kommerziell erfolgreichen Lang- und Episodenfilm-Produktionen, die in den 1980er-Jahren auf Basis von Kings literarischen Vorlagen entstanden, sind Horrorfilme, die von fantastischen Phänomenen und dem Kampf gegen monströse Aggressoren erzählen und mitunter auf Motive und Figuren der Genreklassiker aus den 1950er- und 1960er-Jahren referieren – untote Wiedergänger, *haunted houses* beziehungsweise *places* (*The Shining, Creepshow; Pet Sematary*, 1989) oder Werwölfe (*Silver Bullet*). Auch wenn diesem Genre oft der Ruf des Trivialen vorauseilt, weil die Erzählungen zumindest vordergründig keinen Realitätsbezug aufweisen, zeigt sich in Kings Erzählkosmos ein starkes Interesse für das unter den Oberflächen Verborgene, nicht zuletzt in der Affinität zu anschaulicher Körperlichkeit, die sich filmisch bisweilen in expliziter Splatter-Ästhetik manifestiert. Mit ihm hatte sich Hollywood nur scheinbar jemanden eingeladen, der am gleichen Strang zieht.

Ob in *Stand by Me*, Rob Reiners Abenteuer-Drama um vier Jungen an der Schwelle zum Teenageralter, die sich im Jahr 1959 auf die Suche nach der Leiche eines Gleichaltrigen aufmachen, oder in der Science-Fiction-Dystopie *Running Man* (1987), die Paul Michael Glaser mit Arnold Schwarzenegger in der Hauptrolle realisierte, in Lewis Teagues *Cujo* (1983) oder Stanley Kubricks *The Shining*: Es sind nicht immer übernatürliche Bedrohungen oder die Konfrontation mit fremden Welten, die einen vor Angst erstarren lassen – der Horror bricht in den meisten Fällen in den gewohnten Alltag, in die vertraute Umgebung ein, und nicht selten sind es die geliebten Haustiere oder nahestehende Menschen, die eigenen Eltern oder Kinder, die sich in Ungeheuer verwandeln und den Helden nach dem Leben trachten. Die Grenzen zwischen Gut und Böse, Mensch und Monstrum, dem Vertrauten und absolut Fremden sind bei King ebenso fließend wie jene zwischen Opfern und Tätern: Der kuschelige Bernhardiner Cujo wird von einer blutsaugenden Fledermaus gebissen und zieht sich gequält zurück, bis er von seiner alten Existenz Abschied nimmt, um als tollwütige, schleimtriefende Bestie wiederzukehren; in Mary Lamberts *Pet Sematary* wird der kleine Gage von einem Lkw überfahren und schließlich von seinem trauernden Vater entgegen allen Warnungen auf dem alten Indianerfriedhof begraben, wo er als böser Schatten seiner selbst wiederaufersteht, um seine Familie zu ermorden. Kings Erzählungen rühren nicht nur an existenziellen Ängsten, im Überlebenskampf der Figuren werden moralische Sicherheiten erschüttert, Gesellschaftsbilder infrage gestellt, die Eighties-Hollywood in anderen Genres vergleichsweise ungebrochen propagierte.

Kings Fokus liegt dabei gerade nicht auf den Metropolen der USA, seine Geschichten spielen vornehmlich in Kleinstädten wie dem fiktiven Castle Rock oder Derry im Bundesstaat Maine; im augenscheinlichen Idyll, das aber immer schon vom Unheimlichen durchsetzt ist. Neben korrupten, gegen das Wohl der Bevölkerung handelnden Politikern und bösartigen Geheimdiensten, die sich in diesen vermeintlich harmlosen Gegenden einfinden (*The Dead Zone*; *Firestarter*, Mark L. Lester, 1984), leben dort Menschen, die an den Glücksversprechen des American Dreams gescheitert sind: auf der Strecke Gebliebene, Bedürftige, Alkoholiker und irrsinnige Kriegsveteranen (*Stand by Me*), religiöse Fanatiker (*Silver Bullet*; *Children of the Corn*, Fritz Kiersch, 1984), verlachte Dorfidioten (*Creepshow*) und psychopathische Serienmörder (*The Dead Zone*; *It*, Tommy Lee Wallace, 1990) – von der Gesellschaft Vergessene und Ausgestoßene. Der Zerfall der Kernfamilie, Ehebruch oder häusliche Gewalt stehen für viele der Protagonisten auf der Tagesordnung (*The Shining*, *Cujo*, *The Dead Zone*, *Stand by Me* oder *It*).

King siedelt seine Geschichten oftmals in den späten 1950er- und frühen 1960er-Jahren an – nicht nur die Zeit seiner eigenen Kindheit und Adoleszenz, sondern auch die Geburtsstunde der Jugend- und Popkultur. Die damalige Entdeckung der Teenager als neuer Konsumentenschicht offenbart sich in den King'schen Welten nicht zuletzt darin, dass diese von zeitgenössischer Popmusik, Kleidung, Comics und Filmen durchzogen sind – von Massenkonsumsymbolen, die King zitiert und denen er, zur Marke geworden, nun selbst angehört. Als Dokumente ihrer Zeit reflektieren Kings Erzählungen und deren filmische Adaptionen sowohl die Geschichte als auch die Gegenwart Amerikas. »Fifteen minutes of fame«, das Versprechen der Massenmedien, dem die Heranwachsenden in *Stand by Me* hinterherjagen, findet seine perfideste Ausprägung in den tödlichen Gladiatorenkämpfen der *Running-man*-Fernseharena. In Carpenters *Christine* erscheinen die Selbstrepa-

raturen des 58er Plymouth Fury als letztes Aufbäumen gegen die Wegwerfgesellschaft der
1980er; in den Trucks, die als prägnantes Wieder-
erkennungsmerkmal durch die King'schen Kino-
landschaften fahren, zeigt sich der Wahnwitz
des Massenkonsums: Sie tragen die Waren in
alle Himmelsrichtungen und hinterlassen dabei
eine blutige Spur der Zerstörung – in *The Dead
Zone* wird der Protagonist durch den Crash
mit einem Truck ins Koma katapultiert, in *Pet
Sematary* gerät das Kind unter die Räder, in
Maximum Overdrive, dem ersten und letzten
Film, bei dem King selbst Regie führte, leisten
die mächtigen Maschinen gegen den Menschen
Widerstand und scheitern am Ende daran, dass
sie betankt werden müssen. In *Creepshow 2*
(Michael Gornik, 1987) taucht hinter dem
Steuer eines Trucks kein Geringerer als King
selbst auf, der in vielen 1980er-Verfilmungen
seiner Werke Cameos absolviert und dabei
zumeist amerikanische Archetypen verkörpert
(den Priester in *Pet Sematary*, einen ahnungs-
losen Spießbürger in *Maximum Overdrive* oder
den Hinterwäldler Jordy Verrill in einer Episode von *Creepshow*).

Jenseits des amerikanischen Traums, der für
King Ende der 1970er in Erfüllung zu gehen
schien (nachdem er jahrelang mit seiner Familie am Existenzminimum unter anderem im
Wohnwagen gelebt und sich mit diversen Jobs
über Wasser gehalten hatte): der amerikanische
Albtraum. Kubricks *The Shining*, mit dem King
gar nicht glücklich war, kann auf vielen Ebenen
als Metareflexion des King-Kosmos gelesen
werden, etwa in der Bad-Sequenz im mysteri-
ösen Zimmer 237 in Form einer Frau-Welt-

Allegorie: Von vorne betrachtet weckt die ver-
führerische nackte Blondine Begierden, erst
der Blick hinter die schöne Fassade, auf das
Spiegelbild ihres verwesten Rückens, entlarvt
das Trugbild und lässt die wahre, abscheuerre-
gende Wesensseite sichtbar werden. Dieser
dunklen Seite der Welt, dem Grauen unter der
heilen Oberfläche setzt King keine starken,
überpotenten Individuen entgegen, sondern
Schwächlinge, aus der Gesellschaft gefallene
Außenseiter, ambivalente Loser. Sie treten dem
Bösen seltener als Einzelkämpfer gegenüber als
im Kollektiv, mit ihren Ersatzfamilien. Sie sind
Sehende, manchmal mit besonderen Gaben
»beschenkt« (wie Danny in *The Shining* oder
Johnny in *The Dead Zone*), die ihre Augen vor
den verborgenen Schrecken nicht verschließen;
die den Albtraum durchleben und gerade deshalb aus ihm ausbrechen können.

NIKOLAUS PERNECZKY

Klassenverhältnisse

Wir schreiben das Jahr 1980. United Artists
bringt Michael Ciminos **Heaven's Gate** in die
Kinos, ein politisches Western-Epos über die
Befriedung des amerikanischen Westens als
Geschichte der Unterdrückung – und ein
kolossaler Box-Office-Flop. Die Ambition von
Heaven's Gate war so total wie sein Misserfolg
an den Kinokassen; die großen Studios zogen
daraus die Lehre, dass die Zeit, in der es sich
lohnte, in gewisse Freiräume zu investieren

und nicht lieber in Blockbuster wie *Raiders of the Lost Ark* (1981), unwiederbringlich vorüber sei. *Heaven's Gate* ist in die Filmgeschichte eingegangen als der letzte Sargnagel des New Hollywood: Mit den künstlerischen Wagnissen, die sie bis in die 1970er-Jahre (nicht zuletzt aus Ratlosigkeit über den Zuschauerverlust) noch unterstützt und gefördert hatten, wollten die Studios fortan nichts mehr zu tun haben. Ein neues Zeitalter brach an, das in vieler Hinsicht das unsere ist. Nicht nur filmgeschichtlich.

1980 ist auch das Jahr, in dem der amerikanische Historiker und Aktivist Howard Zinn seine *People's History of the United States* veröffentlichte.[36] Das letzte Kapitel des seither in mehreren Neuauflagen aktualisierten Buchs betrifft die damals unmittelbare Vergangenheit der 1970er-Jahre. Um den Zeitgeist zu charakterisieren, bedient sich Zinn einer rhetorischen Finte. Anstatt selbst das Wort zu ergreifen, lässt er die tief sitzende Furcht des neokonservativen Establishments vor den Rebellionen der langen Sechzigerjahre sprechen, mit der Stimme des rechten Politologen Samuel P. Huntington (heute vor allem als Autor des islamophoben Traktats *The Clash of Civilizations* in unguter Erinnerung): »Vietnam, Watergate, student unrest, shifting moral codes, the worst recession in a generation, and a number of other jarring cultural shocks have all combined to create a new climate of questions and doubts … It all adds up to a general malaise, a society-wide crisis of institutional confidence.«[37] Die Antwort auf Huntingtons Lamento hieß, ein Jahr später, Ronald Reagan.

Heaven's Gate schrieb, wie zur gleichen Zeit Howard Zinn, Geschichte »von unten«, eine *people's history* mit linkspopulistischen Untertönen am Eingang ausgerechnet jenes Jahrzehnts, dem wir Margaret Thatchers berüchtigte Sentenz verdanken, die *self-fulfilling prophecy* schlechthin des neoliberalen Projekts: »There is no such thing as society.« Wenn es keine »society« gibt, wer sind dann aber »the people«, von denen allein eine »people's history« handeln kann, und an die sie sich richtet?

Ein erster Kollateralschaden des finanziellen Debakels von *Heaven's Gate* war Ivan Passers entschleunigter Verschwörungsthriller *Cutter's Way* (1981). Der gebürtige Tscheche Passer, der an der Begründung der tschechoslowakischen Neuen Welle beteiligt gewesen war (unter anderem als Drehbuchautor von Miloš Formans ersten Langspielfilmen), wollte John Heard, einen damals unbekannten Darsteller, für die Rolle des versehrten Vietnam-Veteranen Cutter engagieren und erkaufte sich diese Casting-Entscheidung mit dem Zugeständnis an die Produktionsgesellschaft United Artists, den *rising star* Jeff Bridges als Cutters Kompagnon Bone zu besetzen. Bridges hatte eine Rolle in *Heaven's Gate*, das Studio daher Interesse an seiner gesteigerten Sichtbarkeit.

1981 erhielt *Cutter's Way* einen landesweiten Kinostart, damals noch unter dem Titel *Cutter and Bone* (nach der gleichnamigen Romanvorlage von Newton Thorburg). Die ersten

36 Howard Zinn: *A People's History of the United States. 1492–Present.* New York 1980.

37 Samuel P. Huntington zitiert nach Howard Zinn, a.a.O., S. 546.

Cutter's Way (1981, Ivan Passer)

spenster, die sich an den Rändern einer Gegenwart bewegen, die nicht länger ihnen gehört. Wie soll man 1980 anders leben als arrhythmisch, asynchron? Diese tragische Vergangenheitsfixierung kann man zeit- und filmhistorisch zugleich lesen. Einerseits geht es noch einmal um die physischen und psychischen Wunden, die der Vietnamkrieg geschlagen hat, und um die Wundstarre danach. Andererseits lässt sich *Cutter's Way* als Nachtrag zur Ära des New Hollywood begreifen, insbesondere zu Noir-Dekonstruktionen wie Arthur Penns *Night Moves* (1975) oder Robert Altmans *The Long Goodbye* (1973) – ein tragischer Nachtrag, an seiner Nachträglichkeit verzweifelnd.

Kritikerreaktionen waren vernichtend. Vincent Canby schrieb in der *New York Times:* »It's the sort of picture that never wants to concede what it's about.«[38] Noch unter dem Eindruck des desaströsen Kinostarts von *Heaven's Gate* sah United Artists in den Startschwierigkeiten von *Cutter and Bone* ein böses Omen und nahm den Film sofort wieder aus dem Verleih. Ein paar Monate später – der Film hatte inzwischen auf Festivals reüssiert und auch eine kleine Kritikergemeinde für sich gewonnen – kam er dann doch noch in die Kinos (unter dem Titel *Cutter's Way*), allerdings nicht mehr als *wide release*, das heißt als ein Film, der alle angeht, sondern als Nischenprodukt in limitierter Auflage.

Cutter und Bone, Passers unglückliche Helden, unterhalten eine sture, ja renitente Verbindung zur Vergangenheit. Im Bann eines verlorenen Jahrzehnts bleiben sie dem Zeitenwandel fremd, inkommensurabel. Sie sind Ge-

Reagan hat nichts dazu beigetragen, das Vertrauen in die Institutionen der amerikanischen Demokratie wiederherzustellen, im Gegenteil. In seiner Antrittsrede von 1981 bekräftigte er: »In this present crisis, government is not the solution to our problems; government *is* the problem.« Dennoch sollte es Reagans zweifelhaftes Verdienst werden, das von Huntington beklagte »climate of questions and doubts« nachhaltig zu unterdrücken. Mit seinem großväterlich-volkstümlichen Auftreten gelang dem ehemaligen Hollywood- und TV-Nebendarsteller die Quadratur des Kreises: Er wurde zur integrativen Figur der gesellschaftlichen Desintegration. Vor allem in den ersten vier Jahren an der Macht schuf Reagans *administration* zwar keine besseren, aber doch klare Verhältnisse:

38 Vincent Canby: »*Cutter and Bone,* an Ivan Passer Mystery«. In: *The New York Times,* 20.3.1981, www.nytimes.com/movie/review?res=9407E0D61138F933A15750C0A967948260.

Die schon in den 1970er-Jahren empfindlich geschwächten Gewerkschaften mussten weitere Machteinbußen hinnehmen; weitreichende *tax breaks* begünstigten die obersten Steuerklassen, während Sozialleistungen gekürzt wurden und die Verteidigungsausgaben – unter dem Motto »peace through strength« – einen Rekordanstieg für Friedenszeiten verbuchten.

Waren die Paranoiafilme der Siebzigerjahre noch von einer tiefen Erkenntnisskepsis geprägt, von Zweifel am Wahrheitsgehalt technisch reproduzierbarer Bilder und Töne, kanonisch in Alan J. Pakulas *The Parallax View* und Francis Ford Coppolas *The Conversation* (beide 1974), so haben es die Ermittler wider Willen in *Cutter's Way* mit denkbar klaren Fronten zu tun. Die Unternehmenszentrale der repressiven Parallax Corporation in Pakulas Verschwörungsthriller ist ein opaker Monolith, der aus dem euklidischen Raum »normaler« Anschauung herausfällt; eine potemkinsche Insignie der Macht, ortlos und abstrakt, die Warren Beatty als investigativen Journalisten geradezu verschluckt. Auch Passers abgehalfterte Antihelden finden sich zur Mitte des Films einem schimmernden Wolkenkratzer gegenüber, vor dem sie (und wir) ohnmächtig sind. Ihr Verhältnis zum Ort der Macht indes könnte klarer nicht sein: Hier Bridges und Heard im offenen Cabriolet, ihr Blick steil nach oben gerichtet, dort, in extremer Untersicht, die Konzernzentrale des Bösen, wo der *villain* des Stücks, ein frauenmordender Ölmagnat, sich verschanzt hat. Vom wahnhaften Moment dieses allzu trennscharfen Feind-Bilds kündet höchstens noch Cutters Dauerölung, der Rest ist gegenkulturelles Trauerspiel an der Grenze

zum Kitsch. Die finale, nicht minder phantasmatische Ermächtigungsgeste: Der einarmige Cutter reitet auf einem weißen Pferd zum Angriff auf eine Dinnerparty der Reichen und Mächtigen.

Der Blick von unten nach oben – übrigens ein klassischer Noir-Topos –, der die Hierarchie, die zu kritisieren er vorgibt, wiederholt und wiederholend bestätigt: dieses visuelle Kürzel für die soziale Polarisierung unter Reagan wird im Kino der amerikanischen Achtzigerjahre ikonisch werden. In Reinform in John Landis' Vertauschungsfantasie *Trading Places* (1983), wenn der zum Millionär beförderte Obdachlose Eddie Murphy zum ersten Mal der in den Himmel schießenden Manhattan-Immobilie gegenübertritt, die nun sein Eigen ist. Später, in Ridley Scotts sozialromantischem Thriller *Someone to Watch Over Me* (1987), worin Tom Berenger als Cop aus einfachen Verhältnissen mit einer Dame der New Yorker High Society (Mimi Rogers) anbandelt, über die er eigentlich wachen (*watch over*) sollte, ist der Klassengegensatz so weit internalisiert, dass der himmelwärts gerichtete Blick Berengers genügt, um sein Verhältnis zur *upper class* auf der hier nur mehr noch angedeuteten, ganz ins Off verbannten Vertikalen einzutragen: Berenger wacht über Mimi Rogers, über allem wacht das Kapital.

Noch eine zentrale Veröffentlichung, die auf das Jahr 1980 zurückdatiert: Die dritte Auflage von E. P. Thompsons *The Making of the English Working Class*. Im Vorwort schreibt Thompson: »Only the succesful (in the sense of those whose aspirations anticipated subsequent evolution) are remembered. The blind alleys, the lost causes, and the losers themselves are forgotten. [...] Their crafts and traditions may have been dying. Their hostility to the new industrialism may have been backward-looking. Their communitarian ideas may have been fantasies. Their insurrectionary conspiracies may have been foolhardy. But they lived through these times of acute social disturbance, and we did not.«[39] In den Achtzigerjahren war es nicht das Proto-Proletariat, dessen Handwerk, Tradition und Erfahrung von der Industrialisierung überholt wurden, sondern die Entwicklung verlief gewissermaßen umgekehrt, nämlich von einer entwickelten kapitalistischen Industrie zu deren Abwicklung; von relativ stabilen Beschäftigungsverhältnissen zu Outsourcing, Flexibilisierung und Prekarisierung von Lohnarbeit. Dieser gesamtgesellschaftliche Umbau hatte freilich schon vorher angefangen. Infolge der neoliberalen Deregulierung und des antigewerkschaftlichen Backlash unter Reagan wurde er jedoch hegemonial, das heißt: vermeintlich alternativlos.

Was sich damals, von wohlfahrtsstaatlichen und gewerkschaftlichen Einwänden unbeschwert, Bahn brach, könnte man in Anlehnung an Thompsons Klassiker der engagierten Sozialgeschichte auch als »the un-making of the American working class« bezeichnen. Das meint, wie bei Thompson, sowohl eine *historische* Entwicklung als auch deren *historiografische* Diskursivierung, die durch Auslassungen und Ausschlüsse gekennzeichnet ist: »The blind alleys, the lost causes, and the losers themselves are forgotten.« Solches Vergessen, das anteilig

ein Verdrängen ist, passiert nicht von heute auf morgen und muss auch dann, wenn die Würfel scheinbar gefallen sind, regelmäßig erneuert, wiederholt werden. Zwar hat es den Anschein, als sei der Kampf spätestens 1984, mit Reagans Wiederwahl, entschieden. Aber diese Sicht mag einer optischen Täuschung aufsitzen – von der »subsequent evolution« des Neoliberalismus zum ökonomischen Paradigma der Neunziger- und Nullerjahre herrührend –, die den Blick zurück auf historische Widerstände, Gegenentwürfe und verlorene Kämpfe verstellt.

Das populäre Kino der frühen Achtzigerjahre ist heute lesbar als lebendiges Archiv der Verlierer und ihrer verlorenen Sache(n). Je weiter man auf dem Zeitstrahl voranschreitet, desto tiefer rückt ihre Erfahrung in den Hintergrund des Mainstreamkinos – ganz buchstäblich. In Michael Chapmans *All the Right Moves* (1983) ist ein Football-Stipendium die einzige Chance für den jungen **Tom Cruise** als serboamerikanischer Highschool-Quarterback, aus der pennsylvanischen Stahlstadt seiner Herkunft (gefilmt in Conemaugh und Johnstown) auszubrechen. Die qualmenden Stahlhütten, heute stillgelegt oder abgerissen, dienen der Situierung des Films, sind zugleich aber ästhetische Verfügungsmasse, malerische Bildelemente, die keinen sozialen Ort, sondern eine individualisierte Fluchtbewegung grundieren. *Reckless* (1984) treibt die Ästhetisierung noch weiter: Regisseur James Foley verdichtet gleich

39 E.P. Thompson: *The Making of the English Working Class, revised edition*. London 1980 [Erstveröffentlichung: 1963].

mehrere *steel towns* in Ohio zu einem aus allen Rohren dampfenden Pastiche der amerikanischen Schwerindustrie, durch das der wilde Johnny Rourke (Aidan Quinn) auf seinem Motorrad – und Kameramann Michael Ballhaus mit seiner Kamera – intensive Schneisen zieht, Fluchtlinien aus einem Leben ohne Zukunft. Auf dem Soundtrack singt die kalifornische Post-Punk-Band Romeo Void: »The sun seems to move / across the sky so slow / It's us who's turning / with nowhere to go …«

In Dennis Hoppers Polizeifilm *Colors* (1988) gibt es eine Aufnahme von einem Straßeneck in South Central Los Angeles. Sie zeigt Kids, die Drogen verticken und auf BMX-Rädern kreisen beim Warten auf Kundschaft. Eine kurze, ökonomische Einstellung, die nicht mehr will, als die nächste Station der Polizeistreife zu etablieren auf ihrer Kontrollfahrt durchs Gangland. Im Bildhintergrund, und dennoch herausspringend aus dem Bild als sein Punctum, ein populäres *mural*, eine »Wall of Respect«[40] aus den langen Sechzigerjahren von Black Power und Black Liberation, auf der eine ausgestreckte schwarze Faust abgebildet ist neben Billie Holiday (mit weißer Gardenie im Haar) und anderen afroamerikanischen Helden. Und im Zentrum des Wimmelbilds dieser Satz, der Dr. Kings vorausschauendes »I have a dream« in die abgeschlossene Vergangenheitsform überträgt: »I used to dream radical dreams of blowing everyone

away with my perceptive powers of correct analysis.«

Die hier an die Flächigkeit des Malerischen relegierte Geschichte eines verlorenen Aufstands ist noch einmal marginalisierter als die vom Niedergang der amerikanischen Industriearbeit. In dem Maß, in dem diese beiden historischen Erfahrungen im Lauf der Achtzigerjahre unterdrückt und aus dem kultur(industri)ellen Gedächtnis verdrängt worden sind, sieht sich die »korrekte Analyse« an den Bildhintergrund verwiesen. Paul Verhoevens Sci-Fi-Polizeifilm *RoboCop* (1987) extrapoliert seine dystopische Totalitarismus-Parabel direkt aus dem real-verwahrlosten Stadtraum von Detroit, dem einstigen Zentrum der amerikanischen Automobilindustrie. Actionfilme aus den Independent-Häusern Golan-Globus (aka **Cannon Films**), Carolco oder Vestron machen, indem sie ihre *shootouts* und *showdowns* an die ikonischen Standorte (und öfter noch: Ruinen) der amerikanischen Schwerindustrie verlegen, Bernd und Hilla Bechers Industriefotografie Konkurrenz. In George Pan Cosmatos' *Cobra* (1986 produziert von Cannon) bekämpft Titelheld **Sylvester Stallone** als *hard-boiled*-Polizist fiese Typen in einer ansonsten menschenleeren Industrieanlage; ein *flash-forward* zu Beginn von James Camerons *The Terminator* (1984) – produziert von Hemdale, einer weiteren jener kleinen unabhängigen Produktionsfirmen, die das Actionkino der Achtzigerjahre so entscheidend prägten – beschwört die Auslöschung der Menschheit in einem kommenden Maschinenzeitalter herauf. Ein Albtraum fraglos, hinter dem (verschobene) Wunscherfüllung steckt:

40 »Chicago's ›Wall of Respect‹ inspired neighbourhood murals across the US«. In: *Chicago Tribune*, 29.7.2017, www.chicagotribune.com/news/opinion/commentary/ct-perspec-flash-wall-respect-black-0730-md-20170728-story.html.

Die gruselige Aussicht, dass die Zukunft den Maschinen gehört, gewährt deren tatsächlichem Niedergang imaginär Aufschub. Schon im zweiten, an der Schwelle zu den Neunzigerjahren entstandenen Teil der *Terminator*-Saga geht die Gefahr für die Menschheit konsequenterweise nicht mehr von der mechanisch-hydraulischen Schwarzenegger-Maschine aus, sondern von einem quecksilbrigen Formwandler, vor dem uns der ausrangierte (und umprogrammierte) T-800 gerade bewahren soll: *someone to watch over us.*

Dass auch die Fifties- und Sixties-Fixierung des Eighties-Hollywood von Sehnsucht nach einem (diesmal vergangenen) Maschinenzeitalter bestimmt ist, das ist die metanostalgische Pointe von John Carpenters *Christine* (1983), worin ein von bösen Geistern besessener Plymouth Fury Jahrgang 1957 einen jungen Mann in seinen beziehungsweise ihren Bann zieht. Geboren auf einem Fließband in Detroit, ist Christine keine dreißig Jahre später irreparabel deformiert, das Relikt einer verlorenen Zeit. Bis das Begehren des nerdigen Arnie (Keith Gordon) Christines schlummernde Fetischkräfte wiedererweckt. Einmal entfesselt, entpuppt sie sich als Heimsuchung: die gewaltsame Wiederkehr des Verdrängten.

Arnie nimmt ein jähes Ende, aber zweien seiner Freunde wird es schließlich gelingen, das böse Auto zu verschrotten. Dennoch will keine rechte Triumphstimmung aufkommen: Es war nicht lediglich ein Personenkraftwagen, der hier demontiert und degradiert wurde, sondern das fordistische Projekt im Ganzen mitsamt den daran assoziierten Massenkulturen – *work-*

ing stiffs, fast cars, rock'n'roll. Der Ton von Harry Dean Stantons extemporierter Trauerrede am Ende von *Christine* ist dezidiert tragisch: Es kam, wie es kommen musste. Über Christines Überreste gebeugt, versichert er ihren Bezwingern, zwei College Kids, die einem **Teen Movie** von John Hughes entstiegen sein könnten: »I wouldn't feel so bad if I were you. You two are heroes, you know.« »Yeah«, kommt es zurück, niedergeschlagen und ohne echte Überzeugung, »real heroes«.

In seinem Buch *A Cinema without Walls* führt Timothy Corrigan den Wandel des amerikanischen Mainstreamkinos seit Mitte der Siebzigerjahre auf sich verändernde Rezeptionsbedingungen zurück, von Multiplex-Kinos in der Shoppingmall bis zur Aufnahme und Wiedergabe von Filmen in den eigenen vier Wänden via **VHS (Video Home System)**.[41] Die neuen Orte und Modi des Filmsehens wirken auf die Filme selbst zurück. Ihr Adressat sind nicht länger »the people«, die Masse amerikanischer Staatsbürger, die das klassische Hollywoodkino als sein genuines Publikum imaginierte, sondern eine zusehends fragmentierte, in immer neue Nischen sich ausdifferenzierende Vielheit von Zuschauern. Diese Bewegung ist in gewisser Weise gegenläufig zur Disziplinierung der proletarischen und migrantischen Gegenöffentlichkeiten des frühen Kinos der Attraktionen, die Miriam Hansen in der Zeit des Übergangs zum klassischen Erzählkino beobachtet; gegenläufig auch zur Kodifizierung

41 Vgl. Timothy Corrigan: *A Cinema without Walls. Movies and Culture after Vietnam.* New Brunswick, New Jersey 1991.

eines idealen »spectator-in-the-text« (wie es bei Nick Browne heißt).[42] Wie die textuelle Integrität und Stringenz des Hollywoodkinos im Übergang vom klassischen zum postklassischen Kino aufbricht und in eine lose Ansammlung von affektiven Optionen – von Vorder- und Hintergründen – zerfällt, steht in Beziehung zur Entkoppelung beziehungsweise Freisetzung von Zuschauerpositionen infolge des »dispositiven«, das heißt, Abspielfenster und Zugriffsformen betreffenden Medienwandels.

Die zerstreute Vielheit wieder zu bündeln, das obliegt einer anderen großen Produktentwicklung der 1980er, die uns bis heute heimsucht. Der Blockbuster, dessen Elementarform bereits mit *Jaws* (Steven Spielberg, 1975) und *Star Wars* (George Lucas, 1977) vorlag, zielt auf ein möglichst großes, im Gegensatz zum klassischen Hollywoodkino aber eben nicht mehr identitär gedachtes Publikum: »It must always exist, first and foremost, as an advertisement of promises it usually cannot possibly keep; it must create an audience that does not in fact exist.«[43] *Heaven's Gate* erscheint bei Corrigan interessanterweise nicht wie üblich als Sollbruchstelle zwischen New Hollywood und dem, was danach kam, sondern als reflexiver Proto-Blockbuster, der die Unmöglichkeit, das fragmentierte Publikum noch als Ganzes zu adressieren, am Anfang der Achtzigerjahre

42 Vgl. Miriam Hansen: *Babel and Babylon. Spectatorship in American Silent Film*. Cambridge, Massachusetts 1994; Nick Browne: »The Spectator-in-the-Text. The Rhetoric of *Stagecoach*«. In: *Film Quarterly*, Jg. 29, Nr. 2/Winter 1975–1976, S. 26–38.
43 Corrigan, a.a.O., S. 12.
44 Ebd., S. 13.

offen ausagiert: »Whatever its real accomplishments […], the movie could only, in a sense, sacrifice itself to its own impossible definition of its larger-than-life audience.«[44]

Die »Entdisziplinierung« des Kinos – seiner klassischen Formen und Dispositive – an der Schwelle zu den Achtzigerjahren mag, gemessen zumal am vormaligen Identitätszwang, als Zuwachs an Freiheit und Selbstermächtigung erscheinen. Aber die historische Analogie zum frühen Kino hinkt: Wo in den Nickelodeons der Frühzeit sozial ungleichartige Gruppierungen (wie immer temporär) gerade zusammenfanden, findet sich die vereinzelte Kinozuschauerin seit den Achtzigerjahren – das hat sie mit der Lohnarbeiterin gemein – aus den gewohnten Orten und Routinen ihrer kollektiven Erfahrung herausgelöst, um wiederzukehren als auf zwiespältige Weise »ermächtigtes« Individuum: Auch die Traumfabrik wird deindustrialisiert, das Kinopublikum gleicht sich dem obsoleszierenden Industrieproletariat an. Beide (im Verschwinden begriffenen) Gemeinschaftserfahrungen drohen, da sie keine »subsequent evolution« inspirieren, in Vergessenheit zu geraten: *Their communitarian ideas may have been fantasies …*

Dass die alten Sozialisierungsformen ausgedient haben, war in der Außenseiterromantik des New Hollywood bereits antizipiert. In seinem postheroischen Individualismus steht es dem Kino der Achtzigerjahre darum vielleicht näher, als gemeinhin angenommen. Überhaupt werden aus heutiger Sicht neben den offensichtlichen Brüchen auch und gerade Kontinuitäten sichtbar, die sich bis in die digitale Gegenwart erstrecken: Das Silicon Valley beerbt die Hippiekultur. Freilich versammeln sich auch die Antihelden des New Hollywood immer wieder zu neuen Gemeinschaften, im Vordergrund aber stehen gegenkulturelle Anschlussschwierigkeiten, individueller Widerstand und ein latentes Unbehagen auch an alternativen Formen der Vergemeinschaftung, an denen überall das Moment der Gewalt hervorspringt. Daher die Zentralität des Roadmovie, von *Bonnie and Clyde* (Arthur Penn, 1967) und *Easy Rider* (Dennis Hopper, 1969) über *Five Easy Pieces* (Bob Rafelson, 1970) bis zu *Two-Lane Blacktop* (Monte Hellman, 1971) – immer in Bewegung, auf der Flucht vor dem Gesetz, vor der Sittlichkeit der Sesshaften, Angekommenen.

George A. Romero, der Erfinder des Zombiemythos, wie er uns heute in Fernsehserien wie *The Walking Dead* (ab 2010) wiederbegegnet, steht quer zu diesem individualistischen Filmgeschichtskontinuum – nicht allein in seiner *Living-Dead*-Trilogie (1968–1985; plus drei Erweiterungen in den Nullerjahren), worin die untote Horde zunächst den Hintergrund abgibt für die tragische Selbstzerfleischung der Restmenschheit, um dann, im Fanon'schen *Land of the Dead* (2005), als revolutionäre Massenbewegung eigenen Rechts aufzutreten. Just in dem Moment, da die traditionsreiche Bestimmung des Kinos als »Massenkunst« im Begriff steht, ihre Währung einzubüßen, tritt die Masse in Romeros Filmen ein letztes Mal sich selbst gegenüber.

Sein Chef d'Œuvre der Achtziger ist ein Roadmovie der besonderen Art, das, anders als die großen New-Hollywood-Einträge in den Genrekanon, unterwegs zunehmend komplexe Gruppendynamiken entwickelt. Es geht in *Knightriders* (1981) um einen fahrenden Mittelalterjahrmarkt, die Hauptattraktion der vielleicht zwanzigköpfigen Truppe sind Ritterturniere auf Motorrädern. Die dazugehörige Mittelalter-Mystik dient nicht nur dem Branding und als Verkaufsanreiz. Romeros Recken, angeführt von »König« Ed Harris, glauben irgendwie ans eigene *make-believe*; sie gehen auf in dieser halb magischen, halb säkularen Welt der motorisierten Ritterspiele, einer Welt unter offenem Himmel, die unverhohlen auf die gegenkulturellen Utopien der langen Sechzigerjahre verweist. »We're still fighting the dragon«, schwört der König seine Mannen (und Frauen) auf dieses Leben ein.

Sein heiliger Ernst färbt auch auf die eigentlich fingierten Schaukämpfe ab. Streitäxte, Morgensterne und Lanzen sind zwar Attrappen, aber von Gewicht – man kann mit ihnen echten Schaden anrichten. Zudem stehen dem Gewinner des Turniers die Insignien des Königs zu, auch sie eigentlich *props*, wie man sie auf einem Filmset anfinden würde, aber eben mit wirklicher Macht innerhalb der Gruppe investiert. Die überidentifizierten Kulturproduzenten treffen auf ihren Fahrten durch ein ländliches Amerika auf ein Publikum, das den Ernst der Sache nicht oder nur unzureichend begreift. »It's all fake«, mümmelt ein Zuschauer mit vollem Mund (ein Cameo von **Stephen King**), und auch sonst findet die versammelte Menge zwar oft Gefallen an der Darbietung, allerdings ohne sich je ganz an sie zu verlieren.

Obwohl das Publikum den Glauben ans Spektakel tendenziell verloren hat: ohne es hätte alles keinen Sinn. In den Turnierszenen alterniert Romero ständig zwischen der Motorradakrobatik und den Zuschauern, wobei es nicht darum geht, Wahrnehmungsintervalle in die Action einzuziehen. Selten treten Einzelne aus der Menge hervor, was zählt, ist das Publikum als Masse, Menge und Mob, direkt verschaltet mit dem Geschehen. Einer der Ritter (gespielt von Romeros begnadetem Maskenbildner Tom Savini) wird am Ende abtrünnig: Als archetypischer Sell-out – im quasireligiösen Kontext des Films: eine Judasfigur – leistet er der Kulturindustrialisierung des Jahrmarktbetriebs Vorschub.

...All the Marbles (1981, Robert Aldrich, oben)
Knightriders (1981, George A. Romero)

Derselben systematischen Verunklarung von Spiel und Ernst, wie sie Romeros *Knightriders* auszeichnet, begegnet man in Robert Aldrichs letztem Film, der mit einer Female-Wrestling-Truppe, den California Dolls, und ihrem Manager (zerknautscht, aber ungerührt: Peter Falk) durch die industriellen Hinterhöfe und das abgehängte Hinterland der USA tourt. Es geht, wie der Titel anzeigt, noch einmal ums Ganze, um *...All the Marbles* (1981). Wie bei Romero sind die Schaukampfszenen unauflöslich mit Gegenschüssen auf das Publikum verschränkt, in Einstellungen, denen es nicht um Einzelne und ihre Wahrnehmung zu tun ist, sondern um den Aufweis einer symbiotischen Beziehung zwischen dem Spektakel und seinem Publikum, das hier als Pöbel in Erscheinung tritt. Aldrich zeigt uns diese undisziplinierte Menge, in der der Schaukampf seinen Grund hat, in Momenten der kollektiven Erregung, beim Lachen, Geifern und Johlen, und doch bar allen Ressentiments. *...All the Marbles* ist, wie *Knightriders*, ein melancholischer Abgesang auf das Kino als klassische Massenkunst – als verschwindender Ort für die Selbsterfahrung beziehungsweise Anrufung eines als Masse imaginierten Publikums. Ein heutiger Film, der Vergleichbares versuchte, ist schwer vorstellbar. Noch weniger einer, dem dies auch gelingt.

OLAF MÖLLER

Končalovskij, Andrej
*20. August 1937

Runaway Train (1985) ist vielleicht das *nec plus ultra* aller **Cannon-Films**-Ambitionen: Der Actionfilm für Intellektuelle, beziehungsweise der große existenzialistische Wurf für die Vielsaal- und Vorstadtkinos, in denen ansonsten jene etwas robust-rüderen Produktionen liefen, die man bis heute am ehesten mit den Namen Menahem Golan und Yoram Globus assoziiert: ein Klassen- wie Geschmacksgrenzen gelassen überschreitendes, wenn nicht sogar negierendes Meisterwerk. Dass der Film von einem sowjetrussischen Regisseur nach dem Treatment eines japanischen Altgroßmeisters gestaltet wurde, passt perfekt ins Cannon-Konzept: Golan und Globus machten Filme für die ganze Welt und holten sich dafür Talente aus aller Herren Länder.

Andrej Končalovskij war der weltläufigste sowjetische Regisseur seiner Zeit – derjenige, dessen Stil wie Haltung klar zum Ausdruck brachten, dass er weit über die Grenzen der UdSSR hinausdachte; entsprechend suchte er spätestens ab *Romans o vljublennyh* (*Romanze für Verliebte*, 1974) ästhetisch Anschluss an so unterschiedliche, in der Breschnew-UdSSR offiziell durchaus geschätzte westliche Tendenzen wie etwa die genreaffinere Nouvelle Vague à la Philippe de Broca oder die politisch alerten Tendenzen der Commedia all'italiana *tipo* Mario Monicelli. Es sagt viel über Končalovskijs karriereplanerisches Geschick, dass er sein

US-Langfilmdebüt mit einer Andrej-Platonov-Übertragung, *Maria's Lovers* (1984), gab – in der Sowjetunion positionierte er sich als Kosmopolit, in Hollywood erst einmal als Russe. In diesem Sinne waren Golan und Globus das ZK des Cannon-Imperiums – weshalb Končalovskij, geübt im Umgang mit einem gewissen Machtmenschen-Typus der Kalten-Kriegs-Dekaden, auch genau wusste, wie er mit ihnen reden musste, als der Dialog einmal ins Laufen gekommen war.

Seine Zeit mit Cannon ist im Rückblick die dichteste wie intensivste Periode seines gesamten Schaffens: vier Filme in ebenso vielen Jahren, die allesamt exzellent sind und dabei den verschiedenen Interessen wie Talenten Končalovskijs den nötigen (Selbst-)Realisierungsraum gaben. Allerdings brauchte es bis dahin eine ganze Weile: Končalovskij fand nicht so schnell Anschluss in den USA, wie er sich das vielleicht vorgestellt hatte – konnte überhaupt ein mittelbeziehungsweise osteuropäischer Filmemacher nach Miloš Forman gleich Fuß fassen im Hollywood-Mainstream? Wie auch immer: Zwischen Končalovskijs letztem, dabei gewaltigstem sowjetischen Werk, der intimistisch-gedankenverlorenen Epopöe *Sibiriada* (1979), und dem melancholischen Melodram *Maria's Lovers* verging ein Lustrum, das er mit Klinkenputzen verbrachte, der Inszenierung eines feinfühligen Kurzfilms für die Learning Corporation of America, *Split Cherry Tree* (1982) – welcher wiederum stark an seine Spät-Tauwetter-Anfänge *Mal'čik i golub'* (*Der Junge und die Taube*, 1961) und *Pervyj učitel'* (*Der erste Lehrer*, 1965) erinnert –, sowie diversen Amouren; aus

Letzteren machte er im Übrigen keinen Hehl, in *Nizkie istiny* (*Low Truths*), seinen Memoiren von 1998, lässt er sich dazu in einer Art und Weise aus, die mal anzüglich-selbstgefällig klingt, dann wieder schelmisch und nahezu demütig – immerhin verdankt er sein Cannon-Entré Nastassja Kinski, mit der er damals liiert war, und die Golan und Globus das Projekt schmackhaft zu machen wusste.

Kurioserweise haben sämtliche Cannon-Produktionen Končalovskijs etwas von Varianten seiner sowjetischen Arbeiten: *Maria's Lovers* wirkt wie die erdenschwere Version von *Romans o vljublennyh*, beides Werke, die sich um nahezu unmögliche Visionen von Reinheit drehen, um die Liebe mehr als Idee denn als gelebter Alltag; *Runaway Train* verdankt in seinem zum Teil fast hysterischen Ton viel Končalovskijs Erfahrungen als (Co-)Drehbuchautor der Actionfilme *Konec Atamana* (*Das Ende des Atamans*, Šaken Ajmanov, 1970) und *Sed'maja pulja* (*Die siebente Kugel*, Ali Hamraev, 1972); *Duet for One* (1986) ist der lichte, inszenatorisch gelöst-ökonomische Zwilling seines strengen, fast spartanischen *Djadja Vanja* (*Onkel Wanja*, 1970); *Shy People* (1987) schließlich schaut sich gut als eigenbrötlerische Mikrovariation auf *Sibiriada*, so wie sich beide um das Verschwinden ruraler Welten, deren Riten und Prinzipien drehen. Was die Figuren all dieser Filme, bald auch von *Homer and Eddie* (1989), eint, ist das Gefühl, Fremde zu sein im Leben, nicht hineinzupassen beziehungsweise hineinpassen zu wollen in die Welt, wie sie sich darstellt. Die Figuren finden immer wieder eine Freistatt, Freiheit im Fremd-, Auf-sich-selbst-geworfen-

Runaway Train (1985)

Sein, auch sind ihnen Zufallsgemeinschaften oft näher als alles Blut. Abschied wird hier oft genommen, und manche Menschen wandeln wie Geister durch die Landschaft (*Maria's Lovers*), während Geister hin und wieder die Lebenden besuchen (*Duet for One*).

Mit *Tango & Cash* (1989) gerät Končalovskijs Karriere mächtig ins Schleudern – er bekam es zum ersten Mal mit einem Produktionstypus zu tun, den er so noch nicht kannte: dem Produzentenfilm. Außerdem traf er hier auf einen Menschenschlag, mit dem er bislang nicht gearbeitet hatte: den Star – nicht im Sinne von: brillanter Schauspieler, den sich viele Menschen gerne anschauen, sondern als kulturelles Phänomen, welches Massen mobilisiert. *Tango & Cash* wurde zu einem Desaster: Die Produzenten bekamen den Dreh logistisch nicht in den Griff, wussten aber mit Pseudo-Alpha-Wolf-Sicherheit, wie der Film werden soll, alldieweil **Sylvester Stallone** immer das letzte Wort hatte und das Ganze auf sämtlichen Ebenen bis zum

Ende zusammenhielt; und auch wenn vier weitere Kreativkräfte nach Končalovskijs Rausschmiss inszenatorisch an *Tango & Cash* gewerkelt haben sollen (Albert Magnoli, Peter MacDonald, Schnittmeister Stuart Baird und Stallone selbst), so konnte man ihm doch nicht jenen sarkastischen Schneid austreiben, mit dem der Sowjetrusse adliger Abstammung die USA als eitlen Sündenpfuhl zeigt, bewohnt von Humanoiden mit miesem Geschmack und dummen Ideen. Sucht man in seinem Schaffen nach einem tonal vergleichbaren Werk, dann findet man es in *Gljanec* (*Gloss*, 2007), seiner tapsigen Modeweltfarce, mit der er versuchte, im nationalen Mainstream wieder Fuß zu fassen, was genauso gründlich danebenging wie *The Nutcracker in 3D* (2010), dessen Pendant fürs International-Großeganze.

Končalovskij fand mit *Belye noči počtal'ona Alekseja Trjapicyna* (*The Postman's White Nights*, 2014) und *Raj* (*Paradise*, 2016) seinen Platz im Arthouse-Markt – der freudlos-fad-frigiden, vulgärkonservativen Version der kunstsinnigeren Cannon-Seiten, welche er nun mit Weißer Russiana bedient. Und so trüben Končalovskijs Arbeiten der 1990er bis 2010er den Blick auf die doch so eigensinnig daherkommenden Werke der 1960er- und 1970er-Jahre, lassen sie opportunistisch wirken, bemüht, eifrig. Dazwischen liegen die 1980er: eine Handvoll amerikanischer Filme, in denen Končalovskij unangestrengt seinem sehr russischen Humanismus Gestalt verleihen konnte.

FRIEDERIKE HORSTMANN

Love Streams
John Cassavetes, 1984

Gena Rowlands als *Gloria* (John Cassavetes, 1980) auf dem hochformatigen Plakat der Retrospektive »The Real Eighties« im Österreichischen Filmmuseum: Der eng gewählte Bildausschnitt zeigt intensive und unruhige Dynamiken. Durch die feuerrote Farbigkeit ihres floral bemusterten Morgenrocks glüht Gloria im kühlen, verspiegelten Badezimmer vor hellblauem Duschvorhang. Glorias Blick ist erstarrt, im Spiegel gedoppelt, ihre Stirn auf den Handrücken gestützt, ihre Finger halten eine Zigarette. Blondierte, ondulierte Haare flankieren ihr Gesicht, roter Lack liegt auf Lippen und Nägeln. Der Morgenrock von Ungaro hat einen Zug ins Exotische. Seine gesteigerten Töne kommen als Widersacherinnen ins Spiel. Schon an der Intensität der Rottöne lässt sich der Stoff der Geschichte, lässt sich die federnd flirrende Aggressivität der *leading lady* ablesen: Als schießwütige Surrogatmutter bringt *glorious* Gloria mit ihrer Kleidung in das durch und durch hierarchisierte Gangstersystem eine erotische Subversion, einen *phony glamour*. Sie wird umspielt von farbigen, flimmernd schimmernden Röcken mit rokokohaften Rüschen – ein verführerischer Oberflächenglanz aus scheinender Seide, aus durchsichtigem, luftig wallendem Chiffon. Kleidung setzt Ordnung schaffende Kategorien von Natürlichkeit und Künstlichkeit außer Kraft, treibt Schindluder mit Authentizität und Geschichte, schießt über die Handlung hinaus.[45] Kleidung macht nicht nur Leute, sie macht Blicke und zeigt, dass Film nicht nur von Erzählung und Handlung getragen wird. Wie dem US-Kino der Achtzigerjahre wird der Kleidung als zweite Haut vielfach Falschheit und Oberflächigkeit angekreidet: der schöne Schein.[46] In ihren ständig wechselnden Outfits verkörpert Gloria ein vagabundierendes Prinzip. Sie lebt von Substitution. Von der Disponibilität der Zeichen. Vom Spiel. Hintersinnig verweist der Name Gloria Swenson per Vokalverschiebung auf den großen Stummfilmstar Gloria Swanson. Programmatisch zielt das Plakat zu »The Real Eighties« auf Grenzauflösung, auf Verdoppelung – auf den Überschuss, den das Kino der 1980er oft und gerne generiert.

Stilistische Hyperthrophierungen, performative Exzesse, intensive Aus- und Zusammenbrüche liegen auch *Love Streams* zugrunde. Aus unübersichtlichen Schauplätzen und sprunghaft aneinandergereihten Szenen konturieren sich allmählich zwei Geschichten, erschließen sich zwei Figuren. Beide Handlungsstränge werden gegeneinander geschnitten und entwickeln eine auffällige Dynamik: Sie laufen parallel, kreuzen sich zunächst nur harsch in der Montage und lösen durch ihre Zusammenhangslosigkeit vor allem Empfindungen aus. Kontext kommt später, getrennt. Beide Geschichten sind voller Schwarzbilder, Leerstellen

und Zwischenräume, die den Imaginationsraum weit aufspannen. Im Verlauf des Films werden Unterscheidungen zwischen Realem und Imaginärem, zwischen Wachen und Träumen prekär. *Love streams, love dreams.* Schon die Parallelmontage verweist auf ein gemeinsames Schicksal. Doch erst nach einer knappen Filmstunde treffen Robert Harmon / John Cassavetes und Sarah Lawson / Gena Rowlands aufeinander, noch viel später wird klar, dass sie Geschwister sind: »Während er nicht leben kann, ohne von einer Menge weiblicher Körper umgeben zu sein, hängt sie an einer Menge von Gepäckstücken und Tieren, die sie dem Bruder gibt. […] Jedesmal entsteht Raum durch diese Wucherungen von Körpern, Töchtern, Gepäckstücken und Tieren.«[47] Ein Raum in Wucherungen auch durch verworrene Topografien und wechselnde Kameraperspektiven. Sarahs Zuviel an Koffern, an Kleidung, an Kosmetik bekommt im Film eine fast allegorische Qualität. Sie liebt obsessiv, ist possessiv, muttert *too much.* Gerade geschieden, hat sie den gerichtlichen Streit um das Sorgerecht für ihre Tochter verloren. Im Gegensatz zu ihrer überbordend erdrückenden Fürsorge sind die *daddy skills* ihres nicht weniger exaltierten Bruders Robert kaum ausgeprägt, am anderen Ende der sozialen Vaterschaft: Alimente zahlend hat er seinen Sohn jahrelang nicht gesehen. Als Schriftsteller erfolgreich, sind seine Beziehungen von flüchtiger Oberflächlichkeit.

Viele Einstellungen zeigen Sarah und Robert symbolträchtig im Transit – weder hier noch da, sondern in Fluren oder auf Fahrten. Sie sind permanent unterwegs, im Flugzeug, in Autos,

45 Vgl. Sissi Tax: *the looks, not the books. Vortrag mit Zugaben.* Leipzig 2016.

46 Vgl. Johannes Binotto: »Abgrund der Oberfläche. The Real Eighties – Amerikanisches Kino 1980–1989«. In: *Filmbulletin,* Jg. 4, Nr. 13/Juni 2013, S. 12–21.

47 Gilles Deleuze: *Das Zeit-Bild. Kino 2.* Frankfurt am Main 1991, S. 249.

Love Streams (1984)

zu Fuß. Treppen müssen überwunden werden, von ihnen fällt Robert herunter: ein Gestolpere und Gestakse. Die ungestüm überdrehte Körperlichkeit des Films grenzt an Slapstick – ohne jedoch das Desaster in Leichtigkeit aufzulösen. *Love Streams* wirkt halbberauscht wie seine Figuren. Schauplätze und Situationen sind wichtiger als eine stringente Erzählung, Stimmungen wechseln sprunghaft. Mal abgehalftert, mal

glamourös hangelt sich Robert an der Geschichte entlang, stolpert er von einer Affäre zur nächsten, treibt durch Clubs und Casinos, durch eine rudimentäre Handlung. Immer wieder halten gelbe City Cabs vor seinem Haus, ein nicht enden wollender Strom an Gästen, die den Harmon Drive rauf und runter gleiten.

Krise, Kollaps und Katharsis liegen nah beieinander. In einer schonungslosen Inszenierung zeigt der Film Sarahs und Roberts Zusammenbrüche, ihre derangiert-demolierten Körper. Robert betrinkt sich mal mehr, mal weniger *desperately*, hat ein blaues Auge und andere Alkoholblessuren, ist blutbesudelt, benötigt Bandagen und Pflaster, scheint im Exzess gegen sich selbst zu intrigieren. Sein auf einem Hügel befindliches Haus erweckt den Eindruck eines permanenten Provisoriums. Es ist voller Nippes, an allen Wänden hängen Malereien und Fotografien: ein luxuriöser Schrottplatz. Dicht an dicht bebilderte Wände zeigen Fotosammlungen vergangener Jahre, ein Erinnerungs- und Erlebnisarchiv. Volle Aschenbecher, leere Champagnergläser – die Genuss- und Gewaltspuren lassen sich kaum beseitigen, auch wenn immer wieder versucht wird, aufzuräumen. Flaschen werden geleert und zerschlagen. Robert Harmon ist ständig unterwegs – eine ungewisse Identität ohne vorgefertigte Entwürfe, ohne genau gefasste Ziele.

Stets wird das Verhältnis von Sarah und Robert zur Disposition gestellt: von anderen, von ihnen selbst. *Love Streams* entfaltet eine Matrix unterschiedlicher Beziehungs- und Begehrensformen, Zuschreibungen fließen von »husband« über »fiancé« zu »closest and dearest friend«. Liebesdinge entziehen sich der sprachlichen Verkürzung auf nur einen Namen; sie sind unklare (oder ungeklärte) Instanzen mit strömend beliehenen Bedeutungen. In ihrem *Filmtip* in der SZ kondensiert Frieda Grafe 1985 die grundsätzliche Konfusion im Film: »Wenn

ein Ehepaar in einem Film, der von Liebesbeziehungen im Familienkreis handelt, Bruder und Schwester spielt, führt das unweigerlich zu Inversionen.«[18] *Love Streams* wurde in Cassavetes' und Rowlands' Wohnung gedreht: einerseits die billigste Produktionsform, die von der Abhängigkeit gegenüber den Studios befreit, andererseits eine realbiografische Grundierung, welche die Grenze zwischen Dokumentarischem und Fiktionalem, zwischen Leben und Kino suspendiert. Invasiv lässt Cassavetes' Kino nicht nur binäre Liebeskonzepte in multidimensionale Verhältnisse aufspringen, sondern setzt Positionen der Wahrnehmung in Bewegung, durch abrupt wechselnde Lichtverhältnisse, durch ungewöhnliche Kameraeinstellungen und harsche Schnitte. Selbstfindung und -ausdruck führen durch Stadien der Auflösung und Zersetzung – auch in der filmischen Form.

Kommunikativ ist *love* ständig *in the air*: »Love is dead«; »Love is a stream«; »Love is a fantasy little girls have«; »Love is everything«. In zentrifugaler Logik kreist der Film um die Fragen, wie sich leben und lieben lässt. In *Love Streams* wird viel geredet, es herrscht eine Sucht nach Wörtern. Doch ist das Gerede alles andere als Dialog. Auf ihrer therapeutisch verordneten Europareise versucht sich Sarah in einem Esperanto aus Englisch, Französisch und Spanisch zu verständigen – Sprache gerät in verbale Wucherungen, in Störungen, auf Irrwege: »J'ai have muchas bagages.« Roberts flüchtige Floskeln suchen weder Adressaten, noch harren sie einer Antwort. Es sind zugeworfene Geschwätzigkeiten, in Bars oder Hotels – provisorische Selbsterfindungen, die Wiederholungszwängen

48 Frieda Grafe: »Filmtip«. In: *Süddeutsche Zeitung*, 27.08.1985.

unterliegen und über die Dinge hinweghuschen. Seine Sprache ist reduziert auf Sprüche und Schwüre, aufgeplustert, aufgesagt wie in Sprechblasen, ein Sprachfluss, dem kaum Einhalt geboten werden kann. Auch das Geld strömt, ökonomisiert die Beziehungen: Alimente für seinen Sohn, Schecks für Frauen. Es geht um Geldgefälligkeiten: »Could you do me a favor?« »If the favor is for money, yes.« Programmatisch fragt Harmon eine seiner Frauen am Filmanfang: »You don't sell? Drugs? Love? Poetry? Anything?« Alles scheint auf dem Markt konvertierbar und kapitalisierbar: Tauschwertterror. Dass Harmons Fragen selbst schon wieder einer möglichen Verwertungslogik folgen, zeigt sein Aufnahmegerät. Geld korrumpiert Beziehungen in einem Film, der aber immer wieder romantisch-schwärmende Fluchtlinien kennt: »I am almost in love with you.«

Ein Schicksalswink in der Schlusssequenz: Das Ende ist schön und schauerlich. Starker Regen strömt durchs Bild, stört die Wahrnehmung. Während flackerndes Wetterleuchten die Nacht erhellt, steuert ein langsamer Zoom auf eine Fensterfront zu. Regen verrinnt an den Fensterscheiben, dahinter das Leuchten einer Jukebox und die schemenhafte Gestalt von Cassavetes. Zu plätschernden Eighties-Keyboardklängen singt Bo Harwood *Leave It Up To You*: »Dissipation / And I didn't know what to do / But I'll leave it up to you / Invitation / To the house I miss so well / Limitation / And I didn't know what to do / I'll leave it up to you / Observation.« Bei der Wahl des Schlussliedes (wie auch bei der gleichzeitig warm strahlenden und düster deliranten Bildgestaltung) wird

Cassavetes auch an die eigenen *limitations* gedacht haben. Schon während der Dreharbeiten wusste er um seine nicht mehr heilbare Leberzirrhose. Wenn er mit seinem napoleonesken Strohschlapphut der Kamera zuwinkt, mit Getränk und Zigarette in der Hand, und Musik und Film unvermittelt enden, ist das auch ein Abschiedsgruß an das Publikum – ein schöner Gruß, um einen Film über *love*-Dinge zu beenden: »I'll leave it up to you.«

JOHANNES BINOTTO

Mann, Michael
*5. Februar 1943

Das Begehren bleibt am Imaginären kleben. Was man möchte, gibt es nur als Bild: Wenn Frank (James Caan), der Juwelendieb aus Michael Manns *Thief* (1981), über seine Wünsche für die Zukunft sprechen soll, zieht er ein gefaltetes Blatt aus seiner Tasche, auf dem er als Collage zusammengeklebt hat, wofür es sich zu leben lohnt. Aus Fotos, Zeitungsschnipseln und Werbeanzeigen hat sich der Dieb eine Zukunftsvision gebastelt, mit Frau, Kindern, Auto, Haus und seinem einstigen Knastkameraden als Vater. Das Bild ist rührend in seiner platten Naivität und fungiert gerade deswegen als perfekte Allegorie für das Dilemma von Franks Existenz: So wie in der Collage die räumliche Perspektive ausgehebelt wird, indem die unterschiedlichen Bildteile auf einer einzigen Ebene zu liegen kommen, so mag man auch nicht glauben, dass Franks Wünsche jemals plastische Gestalt werden annehmen können. »This it's all about« hat Frank mit Schreibmaschine auf die Collage geschrieben. Dieses »alles« aber hat keine Tiefe, wie man spätestens dann erkennt, wenn es den Anschein macht, als würden sich Franks Hoffnungen erfüllen. Genau in dem Moment, in dem die zweidimensionale Collage Wirklichkeit zu werden scheint, löst sich alles auf. Das Glück bleibt Imagination.

What you see is what you get – denn mehr als das Sichtbare gibt es nicht. Da ist es umso ironischer, dass Franks Arbeit als Einbruchspezialist gerade darin besteht, vermeintlich undurchdringliche Wände zu überwinden. Aber auch diese Durchbrüche sind nur scheinbar. Die Akribie, mit der Donald Thorins Kamera dem Handwerk des Verbrechers zuschaut (Mann hatte sich dafür eigens den tatsächlichen Ex-Juwelendieb John Santucci mit seinen Werkzeugen als *consultant* und Schauspieler ans Set geholt[49]), und die Hypersensibilität, mit der die Filmbilder zelebrieren, wie sich Franks Bohrer Millimeter um Millimeter in den Tresor fräst, zeigen den Einbruch als visuelles Spektakel, als Bild, das mehr verspricht, als alle angeblichen Schätze hinter der Stahltür werden halten können. Wie bei jenen japanischen Geschenken, von denen Roland Barthes berichtet, wo in jeder wunderbaren Schachtel nur wieder eine neue Schachtel steckt, findet auch Frank im Tresor bloß weitere Schubladen und in den Schubladen Kästchen und in den Kästchen unzählige Briefchen (dass sich in diesen schließlich Rohdiamanten befinden, können wir höchstens ahnen). So legt sich Verpackung um Verpackung um Verpackung: »Von Hülle zu Hülle flüchtet das Signifikat, und wenn man es endlich erreicht hat, erscheint es unbedeutend.«[50] Manns *Thief* agiert damit jene Obsession für Hüllen und Oberflächen aus, die Fredric Jameson als Signum der Postmoderne schlechthin bezeichnet hat: »the emergence of a new kind of flatness or depthlessness, a new kind of superficiality in the most literal sense – perhaps the supreme formal feature of all the postmodernisms«.[51]

Das Beispiel, an dem Jameson diese neue Oberflächlichkeit demonstriert, ist Andy Warhols Bilderserie der »Diamond Dust Shoes« (1980), welche er in ihrer flächigen Werbeästhetik Van Goghs Gemälde der »Bauernschuhe« gegenüberstellt. Wo Heidegger sich angesichts der Schuhe bei Van Gogh noch auf eine Wahrheit jenseits des Bildes verwiesen sah, verschließen sich Warhols Schuh-Bilder einer solchen Tiefenlektüre.[52] Dem entspricht auch Warhols eigene Aussage: »If you want to know all about Andy Warhol, just look at the surface of my paintings and films and me, and there I am. There's nothing behind it.«[53]

49 Vgl. F.X. Feeney/Paul Duncan (Hg.): *Michael Mann*. Köln 2006, S. 33.
50 Roland Barthes: *Im Reich der Zeichen*. Frankfurt am Main 1981, S. 65.
51 Fredric Jameson: »Postmodernism, or The Cultural Logic of Late Capitalism«. In: *New Left Review*, Nr. 146/ Juli–August 1984, S. 53–92, hier: S. 60.
52 Vgl. ebd., S. 59, sowie Martin Heidegger: *Der Ursprung des Kunstwerkes*. Stuttgart 1960, S. 26–31.
53 Andy Warhol zitiert nach Hal Foster: »Death in America«. In: *October*, Nr. 75/1996, S. 36–59, hier: S. 39.

Thief (1981)

Chicago widerspiegeln. Alles funkelt, die Lampengirlanden vor Franks Autohandlung ebenso wie die Feuerblitze auf seiner thermischen Lanze.

Die Abneigung mancher Kritiker gegen das Kino der 1980er äußert sich bekanntlich im Vorwurf der Oberflächlichkeit: Es betreibe exzessiv *style over substance*. Manns Filme bestätigen diesen Eindruck, machen aber sogleich klar, dass sich darin nicht deren Schwäche, sondern Stärke zeigt. Wenn Frank meint, nach einem letzten großen Coup aussteigen zu können, bringt ihn sein Gangsterboss brutal auf den Boden der Tatsachen zurück: Statt Bargeld gibt es Beteiligungen, statt Ausstieg den nächsten Auftrag und alles, was Frank zu besitzen glaubte, war nur geliehen. Wert gibt es immer nur zum Schein. Jenseits der endlosen Zirkulation bloßer Versprechungen liegt nichts, wohin man aussteigen könnte. Erst in dem Moment als Frank dies einsieht und auf all das verzichtet, was er immer haben wollte, erringt er den Sieg über seine Feinde.

Das wird sich als die tragische Paradoxie aller Mann'schen Helden erweisen: Solange du noch glaubst, etwas zu verlieren zu haben, wirst du untergehen. »Don't let yourself get attached to anything you are not willing to walk out on in thirty seconds«, wird dereinst in *Heat* (1995) der Gangster Neil McCauley (Robert De Niro), dieser noch desillusioniertere Wiedergänger Franks, sein Credo zusammenfassen. Der Moment, in dem auch Frank dies akzeptiert, ist nicht umsonst eine Autofahrt, wobei die Kamera auf der Kühlerhaube des Wagens verharrt und zeigt, wie die Spiegelungen der

Dass es hinter den Oberflächen nichts gibt, man selber eine bloße Hülle ist, ein Oberflächen-Subjekt, das ist auch die erschütternde Einsicht, die *Thief* bereithält. Was der Dieb erringen kann, ist allenfalls der Anschein von Erfolg. »Was glaubst du, was ich tue?«, fragt er die Frau, die seine Collage eines glücklichen Lebens vervollständigen soll, und verweist wie zur Antwort auf seine äußeren Hüllen, die teuren Anzüge und die goldene Uhr. »So let's cut the many moves and the bullshit and get on with this big romance.« Frank möchte die Wege abkürzen, auch hier direkt durch die Wand. Wie man aber tatsächlich zur Liebe kommt, weiß er nicht. Nur, wie das Glück aussehen soll; erreichbar ist lediglich das *Bild* einer glücklichen Familie. Am Ende bleibt dem Dieb einzig Warhol'scher *diamond dust*. Aus demselben Stoff sind auch Manns stilisierte Filmbilder, mit ihren schillernden Neonlichtern, die sich tausendfach gebrochen auf Glastüren, Lackflächen und den regennassen Straßen von

Straßenbeleuchtung auf dem polierten Lack vorüberziehen. Hier verdichtet sich zu einem Sinnbild, worum sich der Film und mit ihm eine ganze Kino-Ära drehen: die Herrschaft der Oberfläche als Thema und ästhetisches Prinzip.

Exakt dieselbe Ansicht schillernder Lichtreflexe auf der Motorhaube eines durch die Nacht gleitenden Wagens findet sich unzählige Male in der von Mann produzierten, von 1984 bis 1989 über fünf Staffeln hinweg laufenden Fernsehserie *Miami Vice*, die den Look der Achtzigerjahre entscheidend geprägt hat. Dabei ist die Vehemenz, mit der *Miami Vice* derartige Schauwerte in den Vordergrund rückt, wohl auch der Grund, warum die Serie heute als so inhaltsleer und ihre Figuren als platt verachtet werden. Doch hat man nicht verstanden, dass die Mode und die Settings, die Anzüge und Goldketten, Armani, Ferrari, Designerapartment und Speedboat, der Sound und der Look dieser Serie tatsächlich deren Inhalt sind. Für die Protagonisten von *Miami Vice*, die beiden Undercover-Polizisten Sonny Crockett (Don Johnson) und Ricardo Tubbs (Philip Michael Thomas), ist Erscheinung alles: Wenn sie sich von Folge zu Folge als Drogen- oder Waffenhändler ausgeben müssen, um in kriminelle Kreise vorzudringen, wird die Hülle zu einer Frage von Leben und Tod.

»To wear your heart on your sleeve«, diese Redewendung wird hier wörtlich genommen: Am hochgekrempelten Sakko-Ärmel zeigt sich, wer man ist. Wie das Individuum in seinen Larven aufzugehen droht, ist ständiges Thema von *Miami Vice*, schon ab der zweiten Episode, wenn die beiden Polizisten auf den Under-cover-Agenten Arthur Lawson treffen und alsbald unsicher werden, ob dieser den Gangster tatsächlich nur spielt oder selber einer geworden ist. Er wisse, sagt Sonny Crockett zu Lawson, wie sich das anfühlt, jahrelang nur noch in Verkleidung zu leben, »getting in so deep that you don't even know which way is up.« Als Lawson am Ende der Folge endlich von seinem Auftrag abgezogen wird, bringt er sich nach dem Debriefing um.

Die Maske ist so sehr zur eigenen Existenz geworden, dass nichts mehr übrig ist, wenn man sie ablegt. Arthur Lawson wird als Spiegelbild der beiden Protagonisten etabliert, in dem diese erkennen, wohin ihre Arbeit unweigerlich führt. Es ist nur eine Frage der Zeit, bis der verdeckte Ermittler mit der Verdeckung selbst identisch wird. »Going through soft core mutation«, singen Devo auf der Tonspur; in derselben Folge schauen wir zu, wie sich Sonny und Ricardo für ein Meeting unter Gangstern bereitmachen. Ausgebreitet auf dem Tisch liegen als Accessoires die Insignien ihrer falschen Existenz: Kreditkarten und Golduhr, Geldclip und Luxusparfüm. Dazu zeigt uns die Serie im Gegenschnitt die Fahrt der beiden in ihrem über dunkle Straßen schwebenden Daytona Spider; die Lichtreflexe auf der Kühlerhaube und den schillernden Schein des lautlos sich drehenden Rads. Die Sequenz ist emblematisch für die ganze Serie: Waren, Menschen, Verstellungen und Identitäten – alles nur zirkulierende Tauschwerte. Die »soft core mutation«, von welcher der Soundtrack singt, dringt nicht lediglich ein in den Kern (*core*) der Figuren, sondern löst ihn regelrecht auf. Der Zentralbegriff des »Undercover«-Polizisten erweist sich als hochgradig ironisch. Unter dem Cover ist: gar nichts.

Miami Vice ist, wie es bei Lawrence Grossberg heißt, »the perfect televisual image«[54] wohl auch deswegen, weil die Serie und ihre Figuren sich zu den Eigenschaften des Mediums absolut immanent verhalten. Die Figuren haben keinen Kern, wie auch das Fernsehbild kein ihm vorangehendes Trägermedium besitzt, sondern erst in der Bewegung des Lichtpunkts der Kathodenstrahlröhre entsteht und zerfällt. Wo das Filmbild noch seine Basis hat in den einzelnen Fotogrammen auf dem Filmstreifen, gibt es im Fernsehapparat nichts, woran man sich halten könnte: »Keep in mind that the electronic image is a constantly moving flow of signals. Due to its unstable and incoherent characteristics, it is more precise to emphasize the transformative capacities of the video image.«[55]

Statt Bilder zu projizieren (wie dies der Film tut), simuliert der Fernseher sie. An die Stelle der Repräsentation tritt das Simulakrum, welches, wie man bei Jean Baudrillard lesen kann, nicht mehr auf eine tiefer liegende Realität referiert, »sondern nur noch in sich selbst zirkuliert, und zwar in einem ununterbrochenen Kreislauf ohne Referenz.«[56] Ebensolche Simulakren sind auch Sonny Crocket und Ricardo Tubbs – flache Fälschungen ohne Original, sich laufend um sich selber drehend, von Folge zu Folge und doch ohne Erfolg. »Alles bewegt sich, aber nichts verändert sich wirklich«[57] – Sulgi Lies Beschreibung von Manns Kinoadaption von *Miami Vice* (2006) trifft bereits auf das Fernsehoriginal zu.

Es ist wichtig, sich zu vergegenwärtigen, dass Manns Karriere, anders als die seiner Zeitgenossen des New Hollywood, eben nicht beim Film, sondern beim Fernsehen begonnen hat, mit Serien wie *Starsky & Hutch* (1975–1979) oder *Vegas* (1978–1981). Manns Werk sieht man diese Anfänge an. Der medientechnischen Logik des planen Fernsehbilds als einer seriell um sich selbst kreisenden Simulation ohne Referenz bleibt Mann treu, nicht nur im TV mit Serien wie *Miami Vice* (und später der leider vergessenen *procedural*-Serie *Robbery Homicide Division*, 2002–2003), sondern auch im Kino. Nur konsequent, dass er ab seinem Film *Collateral* (2004) ausschließlich digital drehen wird, um dabei die ästhetischen Besonderheiten des HD-Formats bewusst auszustellen.[58]

Mann macht tatsächlich Kino »nach dem Fernsehen«, das gilt für *Thief* genauso wie für den Thriller *Manhunter* von 1986. Auch dessen Serienkiller, Francis Dollarhyde (Tom Noonan), erschöpft sich in flachen Simulationen. Bei den Familien, die er abschlachtet, geht es nicht um die Erfahrung von körperlicher Nähe und Substanz, sondern lediglich um das Bild, das sie als Leichen abgeben werden. Wenn Dollarhyde nachts nicht mordet, arbeitet er tagsüber in

54 Lawrence Grossberg: »The In-Difference of Television«. In: *Screen*, Jg. 28, Nr. 2/1987, S. 28–46, hier: S. 29.
55 Yvonne Spielmann: »Video: From Technology to Medium«. In: *Art Journal*, Jg. 65, Nr. 3/Herbst 2006, S. 55–69, hier: S. 57 f.
56 Jean Baudrillard: *Agonie des Realen*. Berlin 1978, S. 14.
57 Sulgi Lie: *Die Außenseite des Films. Zur politischen Filmästhetik*. Zürich/Berlin 2012, S. 238.
58 Siehe dazu ebd., S. 235–244, sowie Simon Rothöhler: *High Definition. Digitale Filmästhetik*. Berlin 2013, S. 81–90.

einem Film- und Fotolabor. Ums Bildermachen geht es hier wie dort. Seinen Opfern legt er zerbrochene Spiegel auf die toten Augen, damit er sich darin sehen kann, als Bild. Dieser Kreislauf der Simulakren kommt erst ins Stocken, als der Killer einer Blinden begegnet; wo die Optik ausfällt, wird zumindest momenthaft ein Außerhalb denkbar.

Auch der Erfolg des FBI-Profilers Will Graham (William Petersen) bemisst sich daran, wie gut es ihm gelingt, in Bildern aufzugehen, sich die Visionen des Killers gänzlich anzuverwandeln. Wie in der *Miami-Vice*-Folge »Shadow in the Dark« (1986), in der Sonny Crockett sich vollständig mit einem Serientäter identifiziert, drohen auch in *Manhunter* die unterschiedlichen Wahrnehmungsebenen zu einer einzigen zu verschmelzen: In den Videoaufnahmen – die Wahl des Formats ist gewiss kein Zufall –, die sich Killer wie Ermittler immer wieder anschauen, kollabieren alle Differenzen, wie Ivo Ritzer ausgeführt hat: »The first-person video camerawork achieves not only an identification between Graham, Dollarhyde, and the viewer but also collapses the distinction between Graham, Dollarhyde, *and Mann*. It makes us participate in the killer's perspective, yet further introduces Mann's own overly stylized presentation of the events through his aestheticizing devices.«[59] So verflacht im Mann'schen Elektronenbild das Außer- mit dem Innerdiegetischen zu einer einzigen Ebene, Enunziation und Enunziat sind voneinander nicht mehr zu unterscheiden. Ein perfektes Verbrechen nennt das Baudrillard. Gekillt wird die Möglichkeit der Differenz an sich: »Das perfekte Verbrechen zerstört die Andersheit, das Andere. Es ist die Herrschaft des Selben.«[60]

Manns Filme setzen dieses perfekte Verbrechen der Oberfläche in Szene – und setzen sich ihm zugleich aus. Wo andere Filme der Achtzigerjahre in das verfallen, was Jameson den »nostalgia mode« nennt, indem sie die verloren gegangene Geschichte wenigstens noch als Pastiche zu retten versuchen[61], wird bei Mann das Fehlen jeglicher Referenz schonungslos anerkannt. Statt in die »pseudo-historische Tiefe« der Nostalgie zu entfliehen, gelingt es Manns Filmen, »tapfer bei der Oberfläche […] stehen zu bleiben«, wie es bei Nietzsche heißt.[62] Wenn sich Frank am Ende von *Thief* davonmacht, läuft er nicht aus dem Bild heraus, sondern verschwindet im Bild selbst. Der überwältigte Francis Dollarhyde aus *Manhunter* sieht in seinem Blut liegend aus wie das von ihm so verehrte Gemälde des roten Drachen von William Blake. Sein Verfolger Will Graham genießt die finale Wiedervereinigung mit seiner Familie als kitschige, zum *freeze frame* erstarrte Postkartenaussicht auf die im Sonnenlicht schillernde Oberfläche des Meers. Mit einem *freeze frame* enden denn auch nahezu alle Episoden von *Miami Vice* – tapfer bleiben sie stehen. *What you see is what you get.*

59 Ivo Ritzer: »Blood in the Moonlight. Toward an Aesthetics of Horror in *The Keep* and *Manhunter*«. In: Steven Sanders et al. (Hg.): *The Philosophy of Michael Mann*. Lexington 2014, S. 90–103, hier: S. 96 f.
60 Vgl. Jean Baudrillard: *Passwörter*. Berlin 2002, S. 57.
61 Vgl. Fredric Jameson, a.a.O., S. 66–68.
62 Friedrich Nietzsche: *Die fröhliche Wissenschaft* (Kritische Gesamtausgabe, Bd. 2, hg. von Giorgio Colli und Mazzino Montinari). Berlin/New York 1973, S. 20.

LUKAS FOERSTER

Mike's Murder
James Bridges, 1984

»I can see out, they can't see in«, sagt Pete (Darrel Larson) zu Betty (**Debra Winger**), als er sie in ihrem eigenen Haus anfällt, in einem letzten, verzweifelten Versuch, sein Leben zu retten. Man kann das lesen als eine hysterische, paranoide Anrufung des Kinodispositivs – in seiner Cavell'schen Theoretisierung, als automatische Weltprojektion, der Projektion einer »world past«, von der die Zuschauer aufgrund ihrer nichthintergehbaren Nachzeitigkeit zwingend abwesend sind.[63]

Die Szene, die auf das »I can see out, they can't see in« folgt, kurz vor Schluss des Films, fühlt sich an wie ein unmöglicher Blick in das Innere, auf einen sonst verborgenen Ursprung des Kinos. Ein Flackern, eine Illumination unklarer Herkunft – tatsächlich sollte gar nichts zu sehen sein, weil Pete das elektrische Licht gleich zu Beginn löscht und das Draußen ausgesperrt ist – liegt über den Gesichtern der beiden, die in einer schauspielerischen Tour de Force endlich all die Affekte ausagieren, die im restlichen Film höchstens als gedämpfte, ironische Nachbilder ihrer selbst verfügbar sind. Nur im innersten Zentrum der Hell-dunkel-Kammer des Kinos scheint es einen direkten Draht zum psychischen System zu geben – zum Preis eines umso grundsätzlicheren Weltausschlusses freilich. Zu der Szene gehört auch ein grundlegend pathologisches Moment: Natürlich geht es für Pete nicht mehr um jenen er-

kenntnistheoretischen (und -fördernden) Skeptizismus, für den Cavell das Kino verehrt. Schließlich wird bei dem kinoaffinen Philosophen gerade die erzwungene Passivität des Zuschauers zur Voraussetzung für einen »postskeptischen« Welt- und Selbstbezug umgedeutet; für Pete ist das Kinodispositiv vielmehr degeneriert zu einer psychotischen Maschine der Einschließung – nicht »of the world«, sondern »against the world«.

Nebenbei: »I can see out, they can't see in« – das könnte man auch verstehen als die Imagination eines Kontrollblicks aus dem dunklen Turm im Zentrum des Bentham'schen Panopticon (aus dieser Perspektive: eine bösartige Zerrfigur der Cavell'schen Theorie). Allerdings hat sich auch diese Anordnung gründlich verschoben: Um das »I can see out« geht es schon gar nicht mehr, das ist nur noch Rhetorik – der Überwachungsblick hat sich längst dezentralisiert, ist diffundiert in eine amorphe Sphäre des Visuellen, die keine Differenzen und Hierarchien mehr ins Sichtbare einziehen muss, weil ihre Herrschaft von Anbeginn total ist. Auch das Imaginäre ist sozusagen voll ausgeleuchtet. An den Ort des klassischen, voyeuristischen Kontrollblicks flüchtet Pete nicht, weil er selbst noch die Kontrolle zu erlangen können glaubt, sondern aufgrund des zweiten Teils der Bestimmung: »they can't see in«.

Wie sich diese beiden theoretischen Linien – Cavell und Bentham – zueinander verhalten, ist schwer zu bestimmen. Vielleicht könnte man

---

63 Stanley Cavell: *The World Viewed. Reflections on the Ontology of Film*. Cambridge, Mass./London 1979, S. 23.

sagen: Betty, die sich ebenfalls stets, aber auf eine eher entspannte Weise, von der Welt distanziert, die sich fast ausschließlich in Innenräumen aufhält und die angezogen wird von Aus-der-Zeit-Gefallenem (von der Titelfigur Mike zum Beispiel), ist noch ein Kinowesen im Cavell'schen Sinne, das zu Recht erschrickt, wenn ihr eigenes Weltverhältnis für Pete und andere Männer, auf die sie trifft (den voyeuristischen Fotografen zum Beispiel, der sie und Mike beim Tennisspiel fotografiert hat), in ein Blickterrorregime ausartet, wie es Foucault in Anlehnung an Bentham beschrieben hat.[64] Die Cavell-Perspektive bleibt allerdings mindestens für diesen einen Film auch insgesamt interessanter als die Foucault-Perspektive, schon weil sie von der spezifischen Zeitlichkeit und Nachzeitigkeit des Kinos ausgeht; die in *Mike's Murder* in Konflikt gerät mit einer anderen Zeitlogik, die keine Differenz mehr aushält. Und die vielleicht alternativ fassbar wäre als Gleichzeitigkeit, beziehungsweise Nach-Zeitlichkeit.

Das Regime der Synchronisation, der Gleichzeitigkeit lauert bereits hinter jeder Ecke: Fernsehen, Video, als Scharnier das Polaroid – und als Schmiermittel Kokain. Unmittelbar vor der Szene mit Pete und Betty, die das Kinodispositiv noch einmal, aber eben als pervertiertes aufruft, besucht Betty mit einer Freundin eine Vernissage-Party aus dem Medien-, Video-, Konzeptkunstbereich. Deren spezifische Oberflächen sind rückblickend ausgesprochen *dated* und deshalb wieder historisierbar, inner-

Mike's Murder (1984)

halb des Bridges-Films jedoch stehen sie für eine totale Durchdringung und ahistorische Verschließung, auch für die narzisstischen Zirkelschlüsse (der Bildschirm, der nur noch eine Verdopplung des Selbst ist) einer sich an der Immanenz berauschenden Welt. Der monochromen Flächigkeit dieser Partyszene entspricht das zappelige Herumalbern vor Videokameras einiger männlicher Prostituierten, in dem die Intimität des Kinos zugunsten eines Exhibitionismus verschwindet, der gar nicht mehr auf einen spezifischen Voyeur angewiesen ist. Wenn man nur genug Kameras verteilt, exponiert sich die Welt wie von selbst.

Mike's Murder ist ein Film, der im Regime der Gleichzeitigkeit von Nachzeitigkeiten heimgesucht wird. Die besondere Intensität der Verschränkung beider Zeitlogiken entspringt der Produktionsgeschichte: James Bridges wollte seinen Neo-Noir zunächst, ungefähr im Stil von Christopher Nolans *Memento* (2000) vermutlich,

64 Michel Foucault: *Überwachen und Strafen. Die Geburt des Gefängnisses.* Frankfurt am Main 1977, S. 256–269.

nonlinear vom Ende zum Anfang erzählen. Die Studiobosse waren nicht erfreut über das Ergebnis (die erste Schnittfassung ist bis heute absolut unzugänglich und existiert möglicherweise überhaupt nicht mehr), Bridges musste den Film umschneiden; wobei er, steht zu vermuten, nicht einfach nur den Zeitstrahl »begradigte«, sondern noch einige weitere Änderungen vornahm (unter anderem wurde der Soundtrack komplett ausgetauscht). In die Release-Fassung geht diese Umfaltung nur vermittels kleiner Irritationen ein, die den Film jedoch umso nachhaltiger destabilisieren.

Verschärft werden die Irritationen, weil im Film Nachzeitigkeit auch thematisch ist; schon strukturell geht es in allen Detektivgeschichten um die temporale Kluft zwischen Tat und Aufklärung, die durch Rekonstruktion und logische Beweisführung überwunden werden muss. In *Mike's Murder* wird die Form traumatisch über-, eigentlich verformt: Betty sucht gar nicht so unbedingt nach dem Mörder ihres Lovers Mike, vermutlich weiß sie von Anfang an, dass sie sich da auf etwas einlassen würde, was sie nicht zu Ende führen könnte. Eher bewegt sie sich halbwillkürlich, wie automatisiert entlang jener Wege durch Los Angeles, die Mike vor ihr gegangen war – seinem Unglück entgegen. Diese beiden Passagen durch L.A. waren ursprünglich so angelegt, dass die der ursprünglichen filmischen Zeit gemäß erste (also jene Bettys) erst Rätsel aufgeben sollte, die dann von der zweiten (also jener Mikes) gelöst werden: Ach, deshalb also interessiert Betty sich für diesen Nachtclubeingang, deswegen hat sie vorher so lange auf diese Villenzufahrt gestarrt.

In der Release-Version fällt der Rätseleffekt weg; umso eindringlicher wird einem dafür die unwiederbringliche Nachzeitigkeit bewusst, von der Bettys Blicke auf den Nachtclubeingang, auf die Villenzufahrt infiziert worden sind: Der, der vorher noch in objektiv, unbefangen anmutenden Einstellungen dieselben Orte durchquerte, ist gestorben – und in gewisser Weise wurde dadurch jede Form von Präsenzeffekt als Lüge demaskiert. Mehr als alles andere weisen diese Blicke Betty als ein Wesen des Kinos aus. Paradoxerweise ist *time* erst, nachdem sie in die vermeintliche Linearität zurückgefaltet ist, wirklich *out of joint*.

Es stellt sich dann nur die Frage, ob Betty ein Kinowesen bleiben kann. Die Schlussszene wäre im zurzeit nur hypothetisch existierenden Director's Cut die Anfangsszene, und dann so lesbar, dass in ein harmonisches Setting (das noch nicht verstimmte Klavier, die warme kalifornische Sonne, der amüsiert genervte Tonfall Bettys beim Telefongespräch mit den besorgten Eltern) die Fotografie Mikes, der in diesem Fall zu Filmbeginn bereits/noch tot ist, als destabilisierendes Moment einbricht – auch, weil das Fotogramm schon qua seiner Medialität eine andere Zeitlichkeit in den Film einträgt, eine Vergangenheit, die dann auf dem um 180 Grad gedrehten Zeitstrahl des Films zur Zukunft geworden wäre.

Zumindest, was diese letzte = erste Szene angeht, macht die neue, nur scheinbar konventionellere Montage einen Unterschied ums Ganze. Denn das Verhältnis des Fotos zum Rest der Anordnung hat sich verändert: Nicht mehr das Foto wirkt auf die Gesamtszene (nämlich: verunsichernd), sondern die sonderbare Harmonie der Gesamtszene aufs Foto. Man muss sich fragen, ob das Foto unter solchen Umständen und nach all den Dingen, die der Film vorher durchgearbeitet hat, überhaupt noch das Potenzial birgt, eine Differenz in die südkalifornische Gegenwartswelt einzuführen, die von allen Seiten von den Agenten der Selbstidentität umstellt ist. Die Vermutung liegt nahe, dass in einer solchen Welt eine Fotografie höchstens noch zum Tapetenmuster taugt. Doch ein zynisches Filmende ist das auch wieder nicht; eher formuliert es eine offene Frage da, wo in der verworfenen Schnittfassung vor allem Ursache-Wirkungs-Verkettungen in Gang gesetzt worden wären.

Ein weiteres Detail: Wer in *Mike's Murder* stirbt, verliert nicht einfach nur sein Leben, er wird regelrecht ausgelöscht. Die Morde geschehen *off-screen*, Mike selbst löst sich in Action-Painting-artige Blutflecken an der Wand auf, Pete wird aus der Tür und dem Film hinaus gezerrt, nach dem Erstickungstod sieht man seinen Leichnam noch einmal kurz, das Gesicht wie nach innen gefaltet. Nichts, so scheint es, darf vom alten Regime des Kinos übrig bleiben, nicht einmal und vielleicht erst recht nicht eine Leiche, nichts, was den Tod anzeigt, der in der Mortalitätsmaschine Kino immer mitgedacht ist.

ADAM COOK

Mulligan, Robert
23. August 1925 bis 20. Dezember 2008

Robert Mulligan drehte in den Achtzigerjahren nur zwei Filme – auf den ersten Blick nachrangige Titel einer Karriere, die vom Kinoestablishment ohnehin auch insgesamt als nachrangig eingestuft wird. Mulligan war ein unmodischer Filmemacher, der nach seinem kanonisierten Klassiker *To Kill a Mockingbird* (1962) stur seinen klassizistischen Wurzeln treu blieb und an traditionellen Erzählmodellen festhielt, während sich um ihn herum das amerikanische Kino modernisierte, mit dokumentarischen Verfahren experimentierte und filmtechnische Experimente wagte. Obwohl er mit dem revolutionären Geist der 1960er wenig anfangen konnte, blieb seine Karriere noch mehr als eine Dekade lang produktiv, auch aufgrund der Zusammenarbeit mit Alan J. Pakula, der wie Mulligan aus der Bronx stammt; zu Beginn der 1980er war seine Karriere fast zum Stillstand gekommen, teils aus freien Stücken, teils aufgrund seiner vermeintlich veralteten Sensibilität. Mulligans Kino handelt wieder und wieder dieselben Themen ab: Seine Dramen sind fest verortet (oft im amerikanischen Süden), er porträtiert soziale Außenseiter oder auch Jugendliche, deren Unschuld mit der Lebensrealität in Konflikt gerät, es geht um Rassismus und soziale Spannungen, und vor allem um eine aufrichtige Empathie mit den Figuren, die sich oft im Gebrauch der subjektiven Kamera ausdrückt.

Clara's Heart (1988)

Zugegebenermaßen enthält *Kiss Me Goodbye* (1982) in thematischer Hinsicht nur wenige Spuren dieser typischen Mulligan-Handschrift und erinnert eher an die Art von Screwball-Komödien, die Howard Hawks in den 1930er- und 1940er-Jahren gedreht hat. Das Remake des brasilianischen Erfolgsfilms *Dona Flor e Seus Dois Maridos* (Bruno Barreto, 1976) dreht sich um eine ungewöhnliche Dreiecksromanze zwischen Kay (Sally Fields), ihrem Verlobten Rupert (Jeff Bridges) und ihrem verstorbenen Ehemann Jolly (James Caan). Trotz der grotesken Handlung bleibt Mulligans Inszenierung gewohnt bodenständig und etabliert einen leichtfüßigen, wenn auch vielleicht nicht durchweg brüllend komischen Tonfall. Mulligan involviert alle drei Figuren in unangenehme Situationen – angefangen mit einer ausgelassenen Schlafzimmerszene, die in den Händen eines weniger sensiblen Regisseurs kaum funktioniert hätte. Wie in vielen anderen Mulligan-Filmen geht es darum, wie der Weg durchs Leben von Verlust begleitet ist, aber der Reiz des Films besteht eher in seinem fast pre-Code-

artig freizügigen Begriff von Ehe und in Kays extrovertiertem, manischem Verhalten. Dabei zeigt sich Mulligans fast unheimliche Begabung, unbequeme Ideen in scheinbar harmlose, friedfertige Filme zu verpacken. Hier geht es darum, dass Kay ihren toten Gatten idealisierte – einen charismatischen Broadway-Schauspieler, dessen gemaltes Porträt über dem Kamin hängt (und der, ein Motiv, das in vielen Mulligan-Filmen auftaucht, beim Sturz die Treppe hinunter gestorben ist). Tatsächlich stellt sich dann allerdings heraus, dass er ihr fremdgegangen und auch sonst nicht der richtige Mann für sie war; vom Totenreich aus befreit er sie von sich selbst – aber nicht, ohne vorher noch ein bisschen amüsiert bei ihr abzuhängen.

Erst 1988 drehte Mulligan einen weiteren Film: *Clara's Heart*, die Adaption eines Romans von Joseph Olshan, die thematisch seinem vorherigen Werk nähersteht. Whoopi Goldberg wird als jamaikanische Hausangestellte Clara von einer reichen Familie in Baltimore engagiert, die gerade ein Kind durch plötzlichen Säuglingstod verloren hat. Zunächst scheint Clara für die Amerikaner kaum mehr zu sein als ein Gelegenheitskauf auf dem Flohmarkt: Weil die Mutter, Leona, sie gern um sich hat, nimmt die Familie sie von einem Jamaika-Urlaub mit nach Hause. Der älteste Sohn David (Neil Patrick Harris' Kinodebüt) ist ein verwöhnter Bengel, der zunächst schlecht mit Clara klarkommt. Währenddessen gerät die Ehe der Eltern ob der Trauer über den Verlust des Kindes in Schwierigkeiten. Clara durchschaut sowohl den privilegierten Lebensstil der Eltern als auch Davids Verhalten. Sie erklärt sich selbst zum Oberhaupt der dekadenten Familie – und das, obwohl sie weiterhin viel Zeit in dem Armenviertel verbringt, aus dem sie stammt; einige der schönsten Szenen des Films zeigen, wie Clara und David gemeinsam Zeit in Jamaika verbringen, wo der Junge am liebsten in einem Friseurladen abhängt. Mulligan und sein Kameramann Freddie Francis übersetzen den Kontrast auch visuell: Das Haus der Familie ist, entsprechend dem sterilen Lebensstil der oberen Mittelklasse, in strengen Bildkompositionen eingefangen, als eine Insel der Künstlichkeit, abgeschnitten von der Welt, während sich die jamaikanische Nachbarschaft – man kann es nicht anders ausdrücken – authentisch anfühlt.

Clara's Heart mag sich gelegentlich wie der konventionellste aller Mulligan-Filme anfühlen, und doch zeichnet er ein subversives Bild von Familie und Wohlstand. Wenn David im Verlauf des Films mehr und mehr Zeit mit Clara verbringt, verschwinden seine Eltern langsam aus seinem Leben. Gerade im Rückblick fällt außerdem auf, dass die Inszenierung sich von aufdringlichen Großaufnahmen und konventionalisierten szenischen Auflösungen fernhält. Wie auch in *Kiss Me Goodbye* arbeitet Mulligan mit sorgfältig arrangierten weiten und mittleren Einstellungen, die den Schauspielerinnen und Schauspielern Raum geben, sich auszudrücken. Außerdem gelingt es dem Regisseur auch diesmal, brutale Details in eine Handlung einzuflechten, die man zunächst für typisches Fernsehfilmmaterial halten könnte. Zum Beispiel wenn sich herausstellt, dass Clara ein eigenes Trauma mit sich herumschleppt,

seit sie von ihrem Sohn sexuell missbraucht wurde. David offenbart sie das in einer schockierend offenherzigen Szene in ihrer Wohnung, während draußen ein Sturm tobt. Zur Meisterschaft hat der Regisseur solche Dynamiken erst 1991 gebracht, in seinem letzten Film, *The Man in the Moon*, in dem er sensible Figurenzeichnung in Einklang bringt mit seiner Vorliebe für ländliche Idyllen – aber auf ihre Art zeugen auch die Arbeiten der Achtzigerjahre vom außergewöhnlichen Können des subtilen Formalisten Robert Mulligan.

Übersetzung aus dem Englischen: Lukas Foerster

DOMINIK GRAF

No Way Out
Roger Donaldson, 1987

Ohne Vorwarnung beginnt der Film mit einem unerwartet sonderbaren Maurice-Jarre-Score, gelegt über einen Hubschrauberflug über die morgendlich dämmernde Hauptstadt, der sich langsam vom Weißen Haus entfernt. Die Musik klingt, als hätte der Monumentalfilm-Melodiker Jarre mit John Carpenter zusammengearbeitet. Schneller, treibender Bass, darüber tragisch klingende 3er-Synthie-Flächen, die eine kleine hinreißende Melodie für sich bilden, eine ebenso atemlose wie lässig fließende Musik mit Paukenschlägen, zu der man auch Work-out machen könnte. Absolute Achtzigerjahre-Spezialität. Gegen Ende des Vorspanns

No Way Out (1987)

geselt sich noch eine Art Melodie hinzu, aber die Akkorde vom Anfang sind der eigentliche Kern von Jarres Soundtrack-Idee. Solche Musik schreibt man für Filme, die sehr ökonomisch gebaut sind, die eine gute, vielleicht eine böse Story haben. Und wenn man es eilig hat, mit der Erzählung loszulegen. Der Beat der Musik ist gewissermaßen der Rhythmus der Plot-Maschine, die sich bald in *No Way Out* entfalten wird. Die Roman-Vorlage heißt *The Big Clock*. Das hört man … (Unter diesem Titel wurde der Original-Stoff auch bereits 1948 mit Ray Milland und Charles Laughton von John Farrow verfilmt.) Der Kamera-Flug senkt sich dann hinunter auf ein alleinstehendes großes Vorort-Haus. Darin sitzt in einem verdunkelten Raum ein – von heute aus gesehen – ungeheuer junger, erschöpfter Kevin Costner in kirschblütenweißer Navy-Uniform. Er wird offenbar bereits längere Zeit verhört und will nicht reden. Einem seiner Gegenüber platzt die halbvolle Kaffeetasse in der kräftigen Hand und Costner fragt ihn höh-

nisch: »Sollte mir das Angst machen?« Dann geht er zum Spiegel im Raum und fragt: »Und wann kommt der Typ dahinter raus?«

Überblendung, »6 Monate zuvor«, Costner betritt einen Weihnachts-Empfang des Außenministeriums und neben ihm an der Garderobe steht sofort: Sean Young, sehnsuchtsvolle Replikanten-Elfe aus Ridley Scotts *Blade Runner* drei Jahre zuvor, hier ganz Grande Dame im Pelz. Zwei flüchtige Blicke, kurze Versicherung des wechselseitigen Wohlgefallens, und als Young vor dem Festsaal mit einem Körper-Detektor an ihrem großzügigen Kleid-Ausschnitt nach Waffen untersucht wird, sagt sie laut: »Lucky it's not a bullshit detector, otherwise none of us could get in«, und verschwindet mit einem Hauch von Grinsen zum möglichst intelligent zurücklächelnden Costner in der Menge. So lief das Storytelling des Kennenlernens zwischen Mann und Frau in den Achtzigerjahren. Es begann vielleicht alles mit Theresa Russell, 1980 im Wien von Nicolas Roegs *Bad Timing*, die auf einer Party einfach ein Bein quer in die Tür stellte und zu Art Garfunkel sagte: »Wir lernen uns sowieso kennen, also warum nicht gleich?« Irgendetwas hatte sich jedenfalls geändert. Im Leben und im Kino. 1987 war es dann schon fast Konvention, dass die Frauen die Hosen anhatten in dem aufregenden Wettbewerb, wer von beiden am zügigsten, am souveränsten und am offensten sein Begehren zur Schau stellt.

Wir sind im Noir-Land. Erfunden wurden diese Art Frauenfiguren in den Vierzigerjahren der amerikanischen schwarzen Serie. Warum soll man noch lange darum herumreden, dass man den anderen toll findet? »You know how to whistle, don't you?« Aber natürlich steckte dahinter eigentlich eine Verletzbarkeit und tief vernarbte Lebenserfahrung wie in jener Sportweisheit, die auch in der Liebe anwendbar sein mag, dass nämlich der Angriff immer die beste Verteidigung ist. »You're pretty impressed with me«, sagt ihr der gleichfalls enthusiasmierte Costner kurz darauf auf den Kopf zu. Sie: »No.« Er: »Yes you are«, und geht zur Bar. Unverschämtheit. Sean Young folgt ihm …

Dann treten kurz hintereinander noch Will Patton, der jungenhafte, genialische Spindoktor, und der Minister auf, dessen engster Berater und Gehirn er ist: Gene Hackman, kalt, arrogant, abweisend, groß. Patton sagt: »Ich würde mein Leben für ihn geben«, mit merkwürdig schief gelegtem Kopf. Damit ist das sagenhafte Besetzungs-Quartett komplett, das den Film bestimmen wird. (Hinzu kommt später noch der stirnrunzelnde George Dzundza im Rollstuhl.)

Weihnachten ist Costners letzte Nacht, bevor er wieder zur See muss, und ich habe mich immer gefragt, ob man die dann dort stattfindende sagenhaft aufwendige (Studio?-) Szene nachts auf hoher See, in der Costner ein Crewmitglied seines Schiffs rettet, auch hätte weglassen oder zumindest billiger, knapper drehen können. Sie steht in keinem Verhältnis zum ansonsten fast kammerspielhaften Erzählen des Rests. (Wenn man von der fulminanten Verfolgungsszene im Mittelteil absieht.) Sie ist ein teurer Ausreißer, und eine Szene, die ich – wie ich Jahre nach dem ersten dann beim zweiten Sehen feststellte – sogar vergessen hatte. Es ist eine Episode, wie sie sich ein solcher Uhr-

werk-Film normalerweise gar nicht leistet, weder finanziell noch dramaturgisch.

Aber vielleicht funktionieren die Erinnerungen an Filme ja anders als ihr direktes Erleben? Beim ersten Sehen eines Films baut eines auf dem anderen auf, unsere Gefühle gleiten, wie die Hand des Blinden an den Schriftzeichen, entlang am chronologischen Ablauf. Und in diesem tastenden Sehen, im »und dann, und dann …« ist diese Szene eben doch sehr wichtig, denn sie schafft Zeit und Abstand, und sie grundiert das, was kommen wird. Vor allem den ganz großen Fake, der uns am Ende enthüllt wird.

Aber in der Erinnerung überragt natürlich die zuvor stattgefundene nächtliche Weihnachts-Liebesszene zwischen Young und Costner alles, im Fond des dicken Chauffeursautos, kurvend um die Denkmäler Washingtons. Diese Szene, die viel züchtiger ist, als man sie im Gedächtnis hat, die fast nur aus Gesichtern und Lachen und Freude aneinander und aus plötzlich tiefem Ernst im Erkennen der Liebe besteht. Und fast gar nicht aus Nacktheiten. Und sie ist außerdem schön sarkastisch, in der Art, wie sie die bekannten Macht-Insignien – die ikonischen Architekturen der Hauptstadt, die breite Limousine, auf dessen Rücksitz sie liegen – einfach nur auslacht. Den Pelzmantel wird Sean Young am Ende der Sequenz auch noch los.

No Way Out respektiert die Regeln des Storytelling und ist in seinen Kernmomenten trotzdem völlig respektlos. Allein wie nachlässig Costner mit seinen militärischen Würden umgeht, dann die wunderbare kurze Sequenz auf den Philippinen oder der Maori-Tanz (aus Regisseur Donaldsons Wahl-Heimat) im steifen Empfangs-Ambiente der Hauptstadt, oder Sean Youngs erster Satz, wenn ihr Geliebter nach dem See-Abenteuer wieder vor ihrer Tür steht: »Oh my God – the Ancient Mariner! Well, not so ancient.«

Man muss natürlich auch anmerken, dass dieses (die ursprüngliche Vorlage komplett renovierende) Drehbuch von Robert Garland dem guten alten Prinzip huldigt, dass ein starker Film erst mal aus vielen saugutem Dialogen und Szenen zu bestehen hat – und um das Große, Ganze kümmert man sich dann später. Über eine halbe Stunde lang reiht Donaldson mit seinem Autor große Schauspieler- und Dialog-Perlen aneinander, bis das aufgebaute Konfliktpotenzial langsam zu zündeln beginnt. Eifersucht (auch aus unerwarteten Ecken) türmt sich auf, und schließlich platzt bei Minute 45 die Bombe: Hackmans Mord an Susan/Sean. Und die Uhr, deren Zeiger konsequent auf Costner als Mörder weist, beginnt zu ticken …

Der Rest ist Achtzigerjahre-Kinolegende und steht auf einer Stufe mit den besten Hollywood-Thrillern aller Zeiten. Donaldsons geradlinige Regie vibriert voller kleiner Ideen, und was hat er aber auch für ein Team an seiner Seite: den Autor Garland (auch Produzent!), den Großkomponisten Jarre (und Paul Anka bei den Songs) und den Kubrick-Kameramann John Alcott – es war dessen letzte Arbeit. Der Film endet musikalisch mit einer Art kleinem russischen Walzer, der klingt wie aus *Doctor Zhivago* (David Lean, 1965) übrig geblieben, bevor dann wieder das gefährliche 3-Akkord-Thema rhythmisch vorwärtsziehend einsetzt und uns vor die Kinotür hinausgeleitet.

Sean Young, ihre gefährdete Künstlichkeit, Verletzlichkeit, Traurigkeit kontrastiert mit ihrer explodierenden Spontaneität und Spielfreude; Hackmans grandios in Selbstmitleid zerbröselnde Eisigkeit und Eitelkeit; Costners provozierend lässiges männliches Selbstbewusstsein mit dieser »Ich bin der Mann, der alles kann«-Attitüde (er kann sogar tote Käfer von der Windschutzscheibe picken und aufessen); und Pattons perfides Insistieren auf dem Plan, Costner als gesuchten russischen Maulwurf auszugeben und als Mörder Susans. Alles aus Liebe zu seinem Boss. So formt sich eine Chemie, die den Film dreht und dreht wie die seit Henry James sprichwörtliche Schraube.

Es ist auch ein Film, der einen heute mit geschärftem Blick auf die weiteren Biografien seiner Protagonisten blicken lässt. Man fragt sich: Was ist aus denen geworden, die sich damals mit diesem Film in der kurzatmigen Hierarchie der Industrie weit nach oben katapultiert hatten? Und was ist aus uns geworden, die wir den Film damals so liebten? Sean Young, deren Leben nach vielen Missgeschicken, Durchdrehern und Enttäuschungen in den 2000ern immer tragischere Formen anzunehmen begann, war damals und bleibt auch heute das Zentrum des Films, selbst wenn sie ab Minute 45 nicht mehr auftaucht. Aber Hollywood hat sie grausam ausgespuckt wie ein gefräßiger Walfisch, der sich an der fliegenden Zauberfee Tinkerbell aus *Peter Pan* verschluckt hat.

Kevin Costner ist nach seinen – auf diesen Film fast unmittelbar folgenden – Triumphen und krachenden Niederlagen inzwischen ein Synonym für Unverwüstlichkeit geworden, sein Humor, seine Coolness haften ihm an wie eine zweite Haut. Wer ihn 2014 in *3 Days to Kill* aus der Luc-Besson-Werkstatt gesehen hat, der weiß, dass Costner eine bei Schauspielern seltene Verbindung von Nonchalance und flach gespielter Noch-immer-Jugendlichkeit gefunden hat. Er ist der Inbegriff der – nicht nur – amerikanischen Born-in-the-fifties-Generation, die es in allen westlichen Ländern besser und leichter hatte als jede Generation vor ihr. Nach 9/11 setzte deshalb allenthalben die Kritik ein, dass wir alle – der Autor dieses Eintrags ist 1952 in München geboren – doch so gar nichts aus dieser privilegierten historischen Voraussetzung gemacht hätten! Aber dazu passt Kevin Costners schiefes Lächeln in seiner vielleicht schönsten Filmszene, dem Golfturnier-Showdown aus Ron Sheltons *Tin Cup* (1996), wenn er als genialer Spieler den fast sicheren Sieg vergeigt, weil er das letzte Loch unbedingt mit einem Hole-in-one schaffen will. Das Leben ist eben einfach zu kurz, um sich dem Joch der Sieger-Mentalität zu unterwerfen.

Und was Roger Donaldson, den scheinbar traumwandlerisch sicheren Regisseur dieses Jahrzehnt-Films anbelangt, so mag auf ihn der bösartige David-Thomson-Spruch zutreffen: »Es ist schade, dass Regisseure immer weiter Filme machen müssen ...« Ja, es ist schade, denn viele toll startende Filmografien werden mit der Zeit etwas versaut, weil eben ein Regie-Packesel wie Donaldson (gemünzt hatte Thomson diesen Satz übrigens empörenderweise auf Robert Aldrich) durch die Jahre

hindurch noch viele Hollywood-Päckchen die Berge hinauf- und hinunterschleppte, und weil sich darunter – neben starken Werken – zwangsweise auch mancher Blindgänger oder manche echte Enttäuschung befand. Weil er so wie wir alle etwas zerschlissen wurde in endlosen Finanzierungs- und Besetzungs-Runden, zerredet in *writers' rooms*. Wer entkommt je diesem Abrieb im Kino-Leben? Außer vielleicht, man ist – oder war – John Ford. Aber dieser eine vollständig makellose und wundervolle Film wird Donaldson sicher sein. Ein Klassiker im Leben, das ist viel.

OLAF MÖLLER

Pearce, Richard
*25. Januar 1943

Die Filmgeschichte, die wir zu kennen glauben und mit einer mal herrlichen, mal furchterregenden Naivität (oder schlimmer noch: aus purer Faulheit) fort- beziehungsweise im Kleinen ab und an sogar umschreiben, ist eine des urbanen Bildungsbürgertums, damit eine extrem minoritäre, selbst wenn man noch all jene einrechnet, die nicht dazugehören, es aber gerne täten.

Das 20. Jahrhundert, das Zeitalter des Kinos, verbindet sich populärmythologisch mit Darstellungen von Städten, von gewaltigen Fabriken, Werken und Förderanlagen – obwohl der größte Teil der Menschheit, selbst in den sogenannten Industrienationen, immer noch auf dem Land lebte und agrarische Berufe ausübte. Diese Massen und ihre Geschmäcker wie Kinosehgewohnheiten spielen für die Darstellung der Filmgeschichte jedoch keine Rolle; selbst dann nicht, wenn es um »deren« Filme geht, ums Kino der Feldarbeiter und Milchmägde, der Klein- und Großbauern, das im Rahmen der Landflucht gemeinsam mit ihnen in die Städte einzog. Eine Filmgeschichte vom Land aus erzählt, wäre sehr wahrscheinlich eine ganz andere als die, an welche wir glauben.

Das muss einmal so apodiktisch festgestellt werden, wenn man von Richard Pearce sprechen will, einem der größten US-Filmemacher der 1980er-Jahre, dessen Schaffen aber weitestgehend unbekannt, unbeschrieben blieb, obwohl einzelne Werke eine gewisse Bekanntheit erlangten, das heißt erfolgreich an der Kasse waren oder Festivalpreise gewannen. Zu den wenigen, denen Pearce' Kino anscheinend Respekt abnötigt, gehört immerhin Martin Scorsese, der ihn für das Projekt *The Blues* (2003) engagierte und mit einer der zwei besten Episoden, *The Road to Memphis,* belohnt wurde (das andere Meisterwerk dieses ansonsten sehr durchwachsenen Unterfangens ist Clint Eastwoods *Piano Blues*).

Zu vermuten wäre, dass der Kritikerdurchschnitt wie dessen Kernpublikum mit Pearce nichts so recht anzufangen wusste, weil er vor allem von der Landbevölkerung spricht und oft in einem Genreidiom arbeitet, das man als Heimatfilm bezeichnen darf. Von *Visions: The Gardener's Son* (1977) via *Heartland* (1979), *Country* (1984), *The Long Walk Home* (1990), *Leap of Faith* (1992), *A Family Thing* (1996), *The Blues: The Road*

to Memphis bis *Plainsong* (2004) schuf Pearce Film für Film ein immer detailliert-weiteres Panorama der Geschichte wie Gegenwart des Lebens vor allem in jenem Teil der USA, den das Ost- und Westküstenbürgertum höhnisch *the flyover states* nennt. Regionale Vorlieben hat Pearce dabei keine: *Visions: The Gardener's Son* spielt im South Carolina der Mitt-1870er, *Heartland* im Wyoming der frühen 1910er, *The Long Walk Home* im Alabama der Mitt-1950er, *Country* im Iowa und *Leap of Faith* im Kansas ihrer Produktionsjahre ... Was wohl auch heißt: Die zentralen Fragen des US-amerikanischen Lebens bleiben sich Landstrich-, Bundesstaats-, Regionen-übergreifend gleich und sind gleich virulent; dass es dabei nicht allein ums Land geht, macht *A Family Thing* klar, in dem eine Kleinstadt in Arkansas und Chicago, durch eine Familiengeschichte in Verbindung gebracht, zueinander in Beziehung gesetzt werden.

Pearce ist ein Chronist der Gegensätze: vom Klassenantagonismus in *Visions: The Gardener's Son* bis zu den Spannungen zwischen den unterschiedlichen Volksgruppen in *The Long Walk Home* oder *A Family Thing.* Aber er ist auch ein Poet dessen, was beim Verschmelzen all dieser Teile – im Prozess der Wandlung, wenn es denn so weit kommt – an Schönheit und Wahrheit sicht- wie hörbar wird, zu erfahren am vollkommensten in der B.B.-King-Hommage *The Blues: The Road to Memphis.* Wobei Pearce diese Themen auch in anderen Landstrichen, anderen Genres als dem des Heimatfilms in mal dramatischer, mal komödiantischer Ausprägung verfolgt: Der bestechend bodenständige Thriller *No Mercy* (1986) zum

Beispiel erfreut vor allem ob seines Gespürs für New Orleans und die umliegenden Mangrovensümpfe, alldieweil das fürs Fernsehen inszenierte Musical *South Pacific* (2001) über ähnliche Fragen von Ethnie und Zugehörigkeit nachdenkt wie *A Family Thing*. Wenn man statt vom Inhalt über die Form sprechen will, dann könnte man auch sagen, dass ein Gutteil des Americana-Pathos von so unterschiedlichen Werken wie Michael Wadleighs Pop-Messe *Woodstock* (1970) oder Peter Davis' Vietnamkriegsdokumentation *Hearts and Minds* (1974)

Country (1984)

sich Pearce' Kameraarbeit verdankt. Sein zu Umsicht und Rücksicht, einer gewissen Innerlichkeit tendierender innerer Kompass prägt nachhaltig auch die sehr diskrete Gestaltung so unterschiedlicher Arbeiten wie *No Other Love* (1979), *Threshold* (1981) oder *Sessions* (1983), allesamt progressiv gesonnene Problemstücke, oder seinen Versuch in historischer Rekonstruktion, *The Final Days* (1989).

Pearce' Anfänge als Regisseur fallen zusammen mit einer kurzen Periode im US-Kino, als man sich auch in Hollywood mit dem Land und seiner Kultur verstärkt beschäftigte – die Krise dieses Bevölkerungsteils bedurfte Bilder und möglicherweise auch ein paar Antworten. Schwer zu sagen dabei, inwiefern dieser Trend (denn am Ende war es nicht mehr; und das Wort Mode will man aus Liebe zu vielen der dabei entstandenen Filme nicht verwenden) von den Produktionsrändern, dem Land selbst ausging.

Eine Chronologie der Ereignisse könnte so aussehen: 1977 gelang Pearce der Durchbruch als Regisseur mit *Visions: The Gardener's Son*, basierend auf einem Originaldrehbuch von Cormack McCarthy (der zu diesem Zeitpunkt in der US-Literatur noch nicht als moderner Meister durchgesetzt war); 1979 wurden John Hansen und Rob Nilsson für ihr epochales, weitgehend lokal produziertes Meisterwerk über die Gründung der Nonpartisan League 1915 in North Dakota, *Northern Lights* (1978), mit der Caméra d'Or in Cannes ausgezeichnet; 1980 gewann Pearce mit *Heartland*, einer Adaption der Briefe einer Siedlerin namens Elinore Pruitt Stewart, den Goldenen Bären (ex aequo mit Werner Schroeters Gastarbeiter-Melodram *Palermo oder Wolfsburg*, 1980), während Michael Apteds ergreifende Loretta-Lynn-Filmbiografie *Coal Miner's Daughter* (mit Levon Helm von The Band als Ted Webb!) bei den Academy Awards mit Nominierungen überschüttet wurde; bei den Academy Awards für die Saison 1983 wurde der US-Heimatdramatiker Horton Foote für sein Drehbuch zu Bruce Beresfords **Country**-Ballade *Tender Mercies* gewürdigt; als 1984 dann aber innerhalb weniger Monate drei

größere Produktionen über die damals wie
heute wirtschaftlich prekäre Existenz der Landbevölkerung in den US-Kinos starteten – Robert Bentons *Places in the Heart*, Mark Rydells
The River und eben Pearce' *Country* –, wurde
schon leicht gemault: Die tonangebende Kritik
in New York und Los Angeles hatte langsam
genug von dem Thema (während man's hierzulande vielfach in den ideologisch falschen
Hals bekam und zu oft summarisch abtat als re-
aktionäre Stadtflucht und Suche nach alten
Werten, wo's in Wirklichkeit ein letzter Ausläufer der Carter-Jahre, deren Sorgenwelt war;
Country, im Übrigen, wurde von Reagan persönlich als linke Propaganda attackiert …). Als
John Sayles mit *Matewan* (1987) an ein weiteres
Stück verdrängter Arbeitskampfgeschichte er-
innerte, diesmal aus den Appalachians, einer
der ärmsten Regionen des Landes, ward das
höflich zur Kenntnis genommen; Ähnliches
lässt sich sagen über die Rezeption von Gary
Sinises *Miles from Home* aus dem Jahr 1988 (der
im Gegensatz zu der Werktrias von 1984 wirklich konservativ ist, aber nicht reaktionär).

John Hansen beendete 1993 nach drei weiteren, zum Teil sehr minimalistisch-impressio-
nistischen Filmen über das Leben in den länd-
licheren Regionen der USA (*Wildrose*, 1984;
Traveling Light, 1988; *Shimmer*, 1993) seine Karriere als Filmemacher und wandte sich der
Fotografie zu. Horton Foote konnte die Stim-
mung der 1980er sowie den *Tender-Mercies*-
Erfolg zwar insofern gut nutzen, als dass er eine
ganze Reihe kleinerer, quasi familienintern
realisierter Produktionen ins Gleis gestellt
bekam, darunter in den Jahren 1985–1987 eine

semiautobiografische Trilogie bestehend aus
1918 (Ken Harrison), *On Valentine's Day* (Ken
Harrison) und *Courtship* (Howard Cummings);
nach Peter Mastersons *Convicts* (1991) jedoch
blieben ihm eigentlich nur noch im Fernsehen
die ersehnt-nötigen kleinen Freiräume.

Pearce blieb bei seinem Thema, so gut es
ihm die Produktionsumstände ermöglichte.
Sein Schaffen gleicht immer mehr gewissen
Landwirtschaftsbetrieben: TV-Serien-Episoden
wie *CSI: Miami – Slaughterhouse* (2002) oder *Law
& Order: Trial by Jury – The Line* (2005) halten
ihn im Spiel, bis sich Möglichkeiten ergeben
wie zuletzt eben für *Plainsong*.

ROBERT WAGNER

Perfect
James Bridges, 1985

Perfect gilt gemeinhin als alles andere als perfekt. Falls überhaupt noch einen, hat James
Bridges' Film heute den Ruf einer typischen
Achtzigerjahre-Seltsamkeit, die auf den Aero-
bic-Zug aufspringen wollte, sich aber stattdessen als eine der zentralen Stationen John Travoltas auf dem Weg in die zwischenzeitliche
Bedeutungslosigkeit, wenn nicht gar Obsku-
rität erweisen sollte.

»Fitness clubs are the singles bars of the '80s«,
den Aufhänger für den Artikel hat Journalist
Adam Lawrence (Travolta) schnell gefunden;
seine Recherchen dienen lediglich dazu, eine
vorgefertigte Meinung mit Eindrücken anzu-

reichern. Eindrücke über einen schon zu seinen Hochzeiten eher belächelten Trend. Und vielleicht ist das Schicksal von *Perfect* damit auch schon hinreichend beschrieben, vielleicht konnte es nicht anders kommen, als dass ein Film mit zwei vormals zugkräftigen Namen (Jamie Lee Curtis spielt die zweite Hauptrolle), der nichts Besseres zu tun hat, als sich mit hippen Hopsereien zu beschäftigten, belächelt würde. Doch so wie Adam erkennen muss, dass seine Scheuklappen das eigentlich Spannende am Vorgefundenen ausklammern, so fördert ein faszinierter Blick auf *Perfect* auch einen anderen Film zutage.

Nur ein Jahr vor *Perfect* war Bridges' **Mike's Murder** in die Kinos gekommen. Ein Film, der nur aus Potenzialen bestand. Die in der Luft liegende Liebesbeziehung kommt nie zustande. Der Mord wird nie aufgeklärt. Sinn verflüchtigt sich. *Perfect* ist nicht ganz so flüchtig. Konkret porträtiert der Film ein journalistisches Berufsethos entlang von Adams Läuterungsgeschichte. Ein Witz vor dem Vorspann legt den Grundstein: Eine Gruppe frustrierter Witwen belagert den für die Todesanzeigen zuständigen Adam / Travolta, der, entnervt von seinem Job, den Chef anfleht, von seinen Aufgaben entbunden zu werden. Zu hören bekommt er aber nur: »Think of it this way: this is your last chance in journalism to write anything nice about anybody.« Schnitt vom resignierten Travolta auf die fordernden Blicke der Hinterbliebenen. Dann der Vorspann. Trocken wird es in den Raum gestellt: Journalisten schreiben nichts Gutes über Menschen, weil das keine Auflage bringt. Nach den Credits, Adam ist inzwischen

Perfect (1985)

Angestellter des *Rolling Stone*, muss er sich damit auseinandersetzen, dass Leute, die er interviewen möchte, ihm nicht trauen. Mit Engelszungen bearbeitet er seine Objekte, bis er hat, was er möchte: ihr Vertrauen, das er dann gnadenlos für sich ausnutzt. Erst die Liebe wird Adam davon befreien können, alles und jeden und selbst seine Oma für eine einbringliche Story zu verkaufen.

Das Journalistenporträt ist angereichert mit einer Liebesgeschichte, mit ebenso mannigfaltigen wie euphorischen Aerobicsequenzen, einem hinein- und wieder herausschwingenden Paranoia-Polit-Thriller, mit kleinen aberwitzigen Kuriositäten, wie etwa einer Hotelanlage voller Boy-George-Doubles, und nicht zuletzt mit dem zeitgeistigen Willen zur Perfektion, der sich vor allem in den endlosen Spiegelbildern in den Trainingsräumen zur Körperstählung offenbart. Während der Aushandlung eines möglichen Interviews mit einem wegen Drogenbesitz angeklagten Anwalt, beobachtet Adam, wie Leute ins nahe gelegene Aerobicstudio laufen und miteinander flirten. Sein zweites, für *Perfect* zentrales Reportageobjekt läuft einfach in den Film herein. Themen und Motive fließen ungezwungen ineinander. Reichhaltigkeit wird nie Schwere, die thematischen Fragmente umschlingen sich zwar, die erzählerischen Fäden bleiben aber offen nebeneinander liegen, kommentieren einander, verstärkend oder kontrapunktisch.

Bei der Recherche für seinen Aerobic-Artikel lernt Adam die Trainerin Jessie (Curtis) kennen, »aerobics' pied piper«. Jessies Sportlerkarriere war ausgerechnet durch einen Journalisten zerstört worden, der ihr Vertrauen ausgenutzt und ihre Liebe zu ihrem Trainer öffentlich skandalisiert hatte. Nun gerät sie an Travoltas Figur, der sie zwangsläufig noch einmal durch ihr Trauma schicken wird.

In einer Szene beobachtet Adam durch ein Fenster den Auftritt männlicher Stripper. Vor dem Fenster, im Raum, steht eine von Jessies Kursteilnehmerinnen und erzählt von ihren Beziehungen, ihren Gefühlen, ihrer Angst, nicht zu genügen, und wie sie deshalb Bestätigung bei Männern sucht. Wir wissen längst, was der Journalist plant, und so schmerzt ihre Offenheit vielleicht noch mehr als ihre offengelegte Unsicherheit, für die sie keinen Trost erhalten wird. Adam steht die ganze Zeit hinter einem Holzgitter, nur seine Konturen und sein gieriges Grinsen sind im Zwielicht zu erkennen. Gordon Willis, der »prince of darkness«, Kameramann von *The Godfather* (Francis Ford Coppola, 1972), *Manhattan* (Woody Allen, 1979) und eben *Perfect*, spielt sein ganzes schattiges Können aus. Er verwandelt Adam in eine Art Vampir, der aus der Dunkelheit die Schwäche der Frau aussaugt, um sich journalistisch über sie herzumachen. Auch Adams Überhöhung als Teufel, oder fast schon etwas versöhnlicher als Schließmuskel, wie Jessie ihn zwischenzeitlich titulieren wird, ist Teil einer Liebesgeschichte. In Hollywood ist das normal, da wandelt sich noch der größte Missetäter zum Helden, damit es das Happy End geben kann.

Doch auch wenn der Ablauf der Liebe konventionell bleibt, ist das Terrain ähnlich ambivalent wie bei Douglas Sirk oder Mikio Naruse. In diesem Fall basiert die Liebe in erster Linie auf Körperlichkeit. Als Jessie Adam in dessen Hotelzimmer besucht und die beiden das erste Mal wirklich allein sind, zeigt er ihr seinen Computer. Zum ersten Mal geht es nicht mehr um den potenziellen Artikel; auf dem Bildschirm erscheint ohne große Umwege: »Wanna fuck?« Rein intellektuell betrachtet ist die Beziehung zwischen den beiden ohnehin ziemlich undurchsichtig. Der Wert der Liebe wird nicht mit Erklärungen aufgewogen. Sie bleibt auch im Happy End fragil, genauso wie sie den Film über stürmisch umkämpft ist. Nur auf der sexuellen Ebene finden sie zusammen. *Perfect* ist kein Film, der darüber die Nase rümpfen würde. Schon gar nicht darüber, dass der zitierte Satz von der Frau geschrieben wird. Der Film lässt der Beziehung der beiden ihre Freiheit. An der Leidenschaft besteht kein Zweifel, so wie sie sich beständig aneinander reiben. Auf eine schlichte, aber fesselnde Weise nähert sich Bridges den Menschen ohne große Moral.

Und *Perfect* ist eben auch ein Film, in dem am Ende einer dramatischen Szene ein hüpfender Mann zu sehen ist, der sich vor einer Menschenmenge auf den ausgestreckten Arsch haut, während die Leute vor ihm seinem Beispiel folgen. Eine synthetisierte Version der Ouvertüre aus *Wilhelm Tell* peitscht das alles an. Ein Film, in dem Aerobicszenen wenig verschlüsselt als Sexsubstitut herhalten und dabei nicht nur für Hollywood-Verhältnisse geradezu pornografisch vorgehen. Wenn Curtis ihre Hüfte aufreizend schwenkt und Travolta seine Beule in der Hose schüttelt, nur um wenig später – von seiner Vorturnerin völlig ausgelaugt – im Bett aufzuwachen, dann feiert *Perfect* unverschämt Körper und Lust. Der treibende Soundtrack, die ausgelassenen Turn- und Tanzszenen, die Leiber in rhythmischen, zuckenden Bewegungen bilden ein entspanntes Äquivalent zu den parallel dazu entstandenen Filmen mit **Sylvester Stallone** und Arnold Schwarzenegger. Statt Schweiß und Dreck auf muskulösen Körpern, die sich durch eine gefallene Welt kämp-

fen, springen schwitzige Körper zu pumpenden Sounds auf dem Weg ins Glück.

Ganz leger gibt sich *Perfect* der Lust hin: der Lust am Erzählen, an Jux und Tollerei, an den eigenen Mankos. Selbst Adam Lawrence lernt schließlich diese Tugenden gegenüber seinen Journalistenkollegen zu verteidigen, notfalls mit dem Baseballschläger. Nicht zuletzt deshalb ist *Perfect* ausgesprochen gut gealtert. Die hautengen Spandexklamotten, bauchfreien T-Shirts und entsprechenden Frisuren sind inzwischen noch viel weiter weg vom *state of the art*, als sie es vermutlich schon damals waren. Das unterstreicht die Verletzlichkeit, die fehlende Perfektion, die liebenswerte Menschlichkeit der Figuren. Vor dem Abspann tanzen alle tragenden Figuren noch einmal gemeinsam mit vielen Statisten in voller Trainingsmontur. Jeder Einzelne erhält seine eigene Einstellung und kann zeigen, wie erfüllend es ist, nicht ganz so vollkommen zu sein.

ALEJANDRO BACHMANN

Rourke, Mickey
geboren als Phillip Andre Rourke, Jr., am 16. September 1952

Erstmals im Licht der großen Leinwand erscheint der Name Mickey Rourke 1979 in den Endtiteln von Steven Spielbergs *1941*, ohne dass sein Gesicht (auch bei wiederholtem Suchen) irgendwo in den 118 Minuten davor tatsächlich zu sehen gewesen wäre. Vermutlich ist es untergegangen in dem hysterischen Durcheinander der Massenszenen eines Films, der sich ohnehin nicht für seine Darsteller zu interessieren scheint. Verfolgt man Rourkes schauspielerisches Schaffen in die Achtzigerjahre hinein, versteht man, dass jemand wie er in einem Film von Steven Spielberg aber auch gar nicht sichtbar werden kann: in einem Kino, das vor allem auf Effekte aus ist, mittels derer der Regisseur im folgenden Jahrzehnt stilprägend werden – und gemeinsam mit u. a. George Lucas nicht zuletzt auch das Tempo des amerikanischen Kinos und seiner Erzählungen deutlich beschleunigen – sollte. Rourke spielte eigentlich nie *to the point*, also für den einen effekthascherischen Moment, sondern immer *in his own time* und musste daher zwangsweise seinen Platz in einem Strang jenseits des die Kassen dominierenden Kinos dieses Jahrzehnts finden: »He's like royalty in exile«, wie seine Figur Motorcycle Boy in **Rumble Fish** (Francis Ford Coppola, 1983) einmal liebevoll beschrieben wird.

Wo Spielberg nach dem größten kommerziellen Desaster seiner Karriere in den Achtzigerjahren einen Erfolg nach dem anderen verbuchen sollte, taucht im Lebenslauf Rourkes gleich anfangs und auch im weiteren Verlauf ausgerechnet jener Name drei Mal auf, der nach populärem Dafürhalten für das Ende der großen Epoche des New Hollywood mitverantwortlich und in den 1980er-Jahren eher ein Garant für Kassengift war: Michael Cimino. Einer kleinen Nebenrolle in Ciminos **Heaven's Gate** (1980) folgte mit *Year of the Dragon* (1985) eine aus heutiger Sicht zentrale Performance als Stanley White – ein aggressiver, rassistischer,

immer wieder am Wahnsinn entlang schrammender Polizist, der in Chinatown aufräumen will; am Ende des Jahrzehnts steht eine Zusammenarbeit mit Cimino für dessen müden, schemenhaft bleibenden *Desperate Hours* (1990). Rourke, der schonungslos mit Journalisten über die Verfehlungen und Schwächen seiner Schauspielkollegen und Regisseure sprach, hatte für Cimino stets eine tiefe Bewunderung geäußert. Dessen Kino war für ihn der ideale Rahmen: der Exzess, die Überzeichnung, die Gewalt auf der einen Seite, die Fetischisierung von Details, der Realismus und die meditative Ruhe auf der anderen. Zudem gibt es bei Cimino eben nicht die Suche nach dem einen Gesichtsausdruck, dem großen Moment, dem Effekt, sondern eher die Beschreibung einer Wellenbewegung über die Dauer eines ganzen Films hinweg.

In *Body Heat* (Lawrence Kasdan, 1981) finden sich zum ersten Mal zwei Sequenzen, in deren Dauer Rourke das entwickeln kann, was ihm den Ruf des James Dean oder Marlon Brando seiner Generation einbrachte – ein Außenseiter im ikonischen Look, kriminell und verletzlich, bestimmend und doch leise. In stilisierter und leicht abgewandelter Form kommt das auch in *Rumble Fish* zum Tragen und lässt in der Folge einen kleinen Kult um ihn entstehen. Je länger Rourke in einem Film ununterbrochen Zeit bekommt, eine Figur zu entwickeln, desto leibhaftiger, komplexer und magnetischer wird sie: In Adrian Lyne's *9½ Weeks* (1986) ist es die durchgehende Totale im Reitzubehör-Geschäft beim skurril-bedrohlichen Peitschentesten, die fast den einzigen Moment bietet, in dem seine Figur John facettenreich wird. In *Diner* (Barry

Johnny Handsome (1989, Walter Hill)

Levinson, 1982) wird Robert genau dann zu einer faszinierenden Figur, wenn über die legendäre Popcorn-Szene hinaus Zeit bleibt, dem charmanten Versuch einer Entschuldigung und der absurden Geschichte, wie sein Glied seinen Weg in den Becher fand, zu folgen, und der pubertäre Bengel auf einmal poetisch, charmant, dreist und witzig wird. *Barfly* (Barbet Schroeder, 1987), einer von zwei in Europa entstandenen Achtzigerjahre-Filmen Rourkes, ist aus dieser Perspektive der radikalste Film: In langen, ruhigen Einstellungen und *traveling shots* vermag Rourke es, seiner Figur des Henry Chinaski einen Rhythmus, die Essenz eines Lebens zu geben – schleppend, stotternd, gelegentlich absaufend und mit Sicherheit wieder anspringend, eine träge und energische Welle, die immer weiterschwappt und wiederkehrend bricht. Man kann Rourkes überraschende Rückkehr in das Rampenlicht mit *The Wrestler* 2008

nach fast anderthalb Jahrzehnten der Nebenrollen oder Direct-to-Video-Produktionen auch
darauf zurückführen, dass Darren Aronofsky
genau diese Qualität hervorzuheben wusste.

Neben der performativen Hervorbringung
seiner Figuren – was in Filmen wie *The Pope of
Greenwich Village* (Stuart Rosenberg, 1984; in
einer frühen Produktionsphase war ebenfalls
Cimino als Regisseur gesetzt) und *Angel Heart*
(Alan Parker, 1987), in der Begegnung mit Eric
Roberts respektive Robert De Niro fast zum
wettkampfartigen Ausstellen des Schauspielerischen gerinnt – umgibt Rourke auch eine
Aura der reinen Präsenz: das männliche, fein
gezeichnete, aber immer auch leicht aufge-
schwemmte Gesicht mit den Narben auf Höhe
der Wangenknochen, die dünnen Augenbrauen
und das leicht hängende linke Augenlied, die an
gefrorenes Feuer erinnernden Haare, die den
unterschiedlichen Figurentypen – den Detek-
tiven, Polizisten, Anwälten, Säufern, Bikern,
Gangstern und Terroristen – eine ständige Ambivalenz verleihen, attraktiv und warmherzig
und doch auch düster und vom Leben gezeich-
net. Eine helle, weiche, ruhige Stimme, die
doch einen insistierenden Resonanzraum bildet
und dem Zuschauer eine empathische Zuwen-
dung auch zu den dunkelsten Figuren ermöglicht. Und schließlich die Hände, genauer noch:
die Nägel, die, groß und breit, stark gewölbt
und zu den Fingerkuppen hin nach innen sich
drehend an ein bärenhaftes, altes, abgekämpf-
tes Tier erinnern, egal wie weich und unerfah-
ren die Figur konzipiert ist. Immer wieder betont Rourke, der Mitte der Siebzigerjahre im
Actors Studio unter Sandra Seacat studiert

hatte, in Interviews, dass er die Frisuren seiner
Figuren oft selbst entwickelt hat, wie er auch
für den Eyeliner verantwortlich zeichnet, der
seiner Figur in *Diner* etwas Eitles und Andro-
gynes verleiht. Was Rourke den Achtzigerjahren
gab, war die raue Oberfläche, das Unreine, die
Ambivalenz, die vielen männlichen Superstars
wie Richard Gere (mit Ausnahme seiner Rolle
in *American Gigolo*, Paul Schrader, 1980) oder
Tom Cruise abging. Vielleicht ist es kein Zufall,
dass er auffällig oft in Filmen auftritt, in denen
Nebel, Regen, Dunst und Rauch seinen Körper
umgeben, als würden sich die inneren Spannungen an die sichtbare Umgebung übertra-
gen. Anders auch als viele seiner Kollegen konturiert Rourke seine Rollen in ihrem Verhältnis
zu anderen Männern – selbst in einem Film wie
9½ Weeks, wo als zwischenmenschlicher Moment vor allem jene Szene im Gedächtnis bleibt,
in der John mit dem Besitzer des Riesenrads
einen Kaffee trinken geht, während Elizabeth in
diesem weit oben festgesetzt wird.

In den USA wurde sein Talent damals mit
Ausnahme von Pauline Kael, die ihn schon in
Body Heat als einzigen Höhepunkt des Films
verbucht hatte, wenig bis gar nicht gewürdigt,
analog der Arbeit von Regisseuren wie Cimino
und Coppola, mit denen Rourke bevorzugt zu-
sammenarbeitete. Und wie diese genoss Rourke
in Frankreich eine gewaltige Popularität, die
auf seine Filme ausstrahlte, sodass *9½ Weeks*
etwa vier und *Angel Heart* drei Jahre lang durch-
gängig im Kino zu sehen waren. Auf den Pari-
ser Straßen festigte sich der Begriff des »Le
Look Rourke« für jene Männer, die zwar gut
aussahen, dieses Aussehen aber mit einer ge-

wissen lässigen Ungepflegtheit bis hin zur Schäbigkeit kombinierten. Walter Hill, der wiederholt betont hat, dass Rourke die einzig richtige Wahl für **Johnny Handsome** war, hat vielleicht am besten erkannt, was dieser in den USA, im Kino der Achtzigerjahre verkörpern konnte: So richtig passt er nicht in seine Zeit, Johnny ist eine Mischung aus den 1930ern eines *Public Enemy* (William A. Wellman), den 1940ern eines *The Face Behind the Mask* (Robert Florey) und den 1970ern eines *Five Easy Pieces* (Bob Rafelson), der in der Gegenwart weder mit dem einen Gesicht noch dem anderen seinen Weg findet. Im selben Sinne, mit stark romantisierendem Americana-Einschlag, entwirft Rourke dann schließlich den zweiten Johnny – Johnny Walker in *Homeboy* (Michael Seresin, 1988), basierend auf einem jahrelang von ihm entwickelten Drehbuch: In der Kleidung John Wayne, in der Haltung James Dean, trinkend wie Henry Chinaski und mit einem kleinen Anteil Punk ist Rourke hier definitiv *in the right place but not at the right time.*

FRIEDA GRAFE

Rumble Fish
Francis Ford Coppola, 1983

Zeitgeraffte Wolken. Sie müssten Alexander Kluge gefallen, der in seinen Filmen oft darauf verweist, dass die Gleichheit von Aufnahme- und Wiedergabegeschwindigkeit eine realistische, konventionelle optische Täuschung ist.

Sie stürmen in den ersten Einstellungen über den Arkansas River und geben das Tempo an. Nachher bewegt sich eine Bande von Fünfzehnjährigen, angeführt von einem schönen Jüngling, einem Miniaturgladiator, mit ähnlichem Drive in amerikanischer Einstellung frontal aufs Publikum los. Sie haben was anderes vor, aber ihre Gangart ist die von Mickey Rooney und Judy Garland, 1939, in Busby Berkeleys *Babes in Arms*. Die Musik von Stewart Copeland, dem Drummer von Police, pusht die Bewegung zur Choreografie. Der ganze Film ist auf der Kippe, zusammengezogen eine Art Musik-Tanzfilm, in dem banalste Dialoge klingen wie Jazz-Poetry (das hört man in der Originalfassung besser).

Es geht um Zeitvorstellungen mit Kino, nicht um historische. Inhaltlich befasst der Film sich mit dem Moment, in dem ein Jugendlicher seine Unschuld verliert, weil er Erwachsener wird: Die Zeit zerfällt – auf Kosten des zeitlosen Augenblicks, als man sich bewegte wie in einem ganz anderen Element – in Fragmente. Vergangenheit bildet sich heraus zusammen mit Bewusstsein von Herkunft; und Zukunft zieht auf am Horizont, verheißungsvoll und angstbesetzt. Coppola sagt selbst, es ist ein Film mit Jugendlichen für Jugendliche und, witzelnd, *kidding*, Slogan-schmiedend: Camus für Kids.

Der Film ist schwarz-weiß, dazu nicht ganz das alte Format, ein wenig breiter, was der Bewegung gut bekommt. Mit mehreren kurzen Farbsequenzen, in denen Fische, die Titel-Fische, zusammen mit den Einstellungen die Farbe wechseln. Der Rumblefish ist eine

Rumble Fish (1983)

Spezies siamesischer Kampffische, die in ihrer Aggressivität nicht nur einander schonungslos dezimieren, sondern auch ihre Spiegelbilder auf den Aquariumswänden angreifen.

Auf die Reflexe muss man achten in dem Film, aufs Licht der Schatten wegen, auf die Brandmauern, die die Straßen zwischen ihnen in Guckkastenbühnen verwandeln. Und einer solchen Enge entweicht der Maul- und Faustheld Rusty-James metaphysisch, wie von unsichtbaren Fäden eines Schnürbodens hochgezogen. Er bewegt sich so realistisch wie Fred Astaire, der auch die Wände hochgeht, und er beherrscht die Szene von oben, wie Tarzan, an einer Leitung schwingend.

Man konnte – aber nur aus visueller Trägheit, denn von Anfang an sprechen die Bilder dagegen – den Film zum Genre der *teen pix* oder *juve movies* rechnen, das in den Fünfzigern entstand und dessen Prototyp Nicholas Rays *Rebel Without a Cause* (1955) ist. Er hat etwas mit ihm zu tun. Der Easy Rider Dennis Hopper, der 1955 bei Ray ein Bandenjunge war, spielt inzwischen die Vaterrolle. Er ist der liebenswert versoffene Alte der beiden Brüder, um deren Zwist und Identifikationen der Film sich dreht. Jurist war er, wohlgemerkt, bevor ihn seine Frau verließ. Seitdem lebt er mit seinen Kindern und von der Fürsorge.

Die Geschichte ist extrem simpel, ohne die Psychologismen, die Rays Film beschweren. Wenn Barthes' Bemerkung stimmt, dass der Ödipus(komplex) zumindest das Gute hat, uns Romane zu bescheren, dann ist dies ein Film nach dem Ödipus und nach den guten alten Geschichten. Der Vater ist gekillt, die Urhorde ist unterwegs.

Coppola widmete den Film seinem ältesten Bruder, der der europäisch Bücher-Orientierte in der Familie war. Der beneidete ältere Bruder im Film, »die lebende Legende«, der »Motorcycle Boy« mit antiker Kurzfrisur, hat etwas Geisterhaftes, mit seinem abwesenden Lächeln und Blicken, für die Menschen und Gegenstände transparent zu sein scheinen, immateriell.

Im Unterschied zur Vorlage einer in Amerika viel gelesenen Jugendbuchautorin endet der Film eher positiv, in Kalifornien, an einem blendend hellen Strand, das Meer noch einmal eine silbrig flickernde Leinwand, davor, wie draufgeklebt, die scharf konturierte Silhouette des Knaben.

Die Schlussbilder, gerade weil sie an Truffauts *Les Quatre cents coups* (1959) erinnern, sind noch einmal ein ganzes Programm. Die Jungen heute, wenn sie cool was loben wollen, sagen und finden eine Sache »flach, total flach«.

Coppolas Kino, aus elektronisch behandelten Bildern bestehend, ist ein Oberflächenkino, ein Interface-Kino, aus dem die Perspektive im alten Sinn verschwunden ist. Das ist eine Entwicklung, die Orson Welles mit konventionellen Mitteln im *Citizen Kane* (1941) eingeleitet hat. Es ist ein hologrammatisches Kino, in dem die Form das Subjekt reflektiert. Die Zitate, Buñuel, Kurosawa, Corman, Kenneth Anger …, von denen der Film voll ist, funktionieren anders als üblich. Sie wirken nicht bestätigend und nicht konsolidierend, sondern wie abgerufen von der kulturellen Datenbank. Alles auf einmal präsent, die Bilder voll von Dingen, die man nicht sieht. Die Symbolismen, Metaphern und Embleme spielen ähnlich im Sinn einer Entrealisierung – die durch die technischen Medien, ohne dass wir uns dessen bewusst waren, längst alle Lebensbereiche erfasst hat.

Das Sujet des Films ist unsere veränderte Wahrnehmung von Räumen, von Dimensionen. Henri Bergson, der Bewegungs-Philosoph, entdeckte, dass der Raum immer schon passé ist, vergangen, weil durchmessen und nur die Bewegung, der Akt des Durchlaufens ist reine Gegenwart. Man braucht seinen Gedanken nur zu verbinden mit den Emotionen von Unmittelbarkeit, die diesem Film entsteigen, und schon versteht sich, dass Coppola mit dieser Jugendlichengeschichte das ideale Sujet fand für sein elektronisches Kino, den Zeitpunkt im Leben, in dem nichts von Dauer ist und alles imaginär besetzt.

Coppola hat die Linearität der alten Produktionsweise mit Pre- und Postproduktion abgeschafft zugunsten einer elektronischen Topo-logie, in der die Unmittelbarkeit, Gleichzeitigkeit herrscht. Die Schauspieler spielen live, die Szenerie ist fake. Das elektronisch festgehaltene »material« steht in jedem Augenblick zur Verfügung, zum Vergleich, zur Korrektur bereit. Die Schauspielerarbeit ist trotz avanciertester Technologie der alten Theaterarbeit näher. Die ganze Ausrüstung ist nicht ans Studio gebunden. Für diesen Film, der gleich im Anschluss an *The Outsiders* (1983) mit denselben Schauspielern, nach derselben Autorin und mit fast identischem Team entstand, wurde sie in einer Schule in Tulsa Oklahoma untergebracht.

Diese elektronisch imprägnierten Bilder haben mit Darstellung im Grunde nichts mehr zu tun, es fehlen ihnen irgendwo die objektiven Grenzen, die früher Räume limitierten. Sie schweben seltsam frei im elektronischen Äther.

Zuerst erschienen als:
»Die Himmelfahrt von Tulsa. Francis Ford Coppola: *Rumble Fish*«. In: *Süddeutsche Zeitung*, 6./7.10.1984, zitiert nach: Frieda Grafe: *Beschriebener Film. Die Republik.* Petra und Uwe Nettelbeck (Hg.), VIII. Jahr, Nr. 72–75, 25.1.1985, S. 154–157.

NIKOLAUS PERNECZKY

Running on Empty
Sidney Lumet, 1988

Im Kino der späten Achtzigerjahre ausgerechnet, zwischen verlorenen Kämpfen und trüben Zukunftsaussichten, zeigt sich, dass linke Melancholie mehr kann, als man ihr zutraut. Sidney Lumets *Running on Empty* und Paul

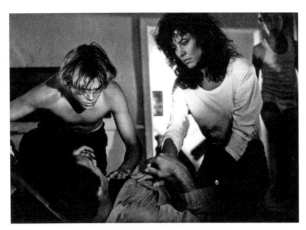

Running on Empty (1988)

Schraders *Patty Hearst* (beide 1988) bilden ein informelles *double feature* zur amerikanischen radikalen Linken im Ausgang der Reagan-Ära. Doch während Schraders auf die wilden Seventies zurückblickendes Film-Delirium – über die Entführung der neunzehnjährigen Patty Hearst (Großenkelin des Zeitungsmagnaten William Randolph Hearst, dem Vorbild für Orson Welles' Charles Foster Kane) durch die Symbionese Liberation Army – vergangene Intensitäten beschwört, als ob es kein Morgen gäbe, übt sich Lumet in betonter Zurückhaltung. Ein unauffälliger, stiller Realismus waltet in allen Bildern; die Ostküstenlandschaften von *Running on Empty* sind bewölkt mit vereinzelten Sonnenstrahlen, in Unruhe versetzt nur durch eine leichte Brise.

Zu Beginn sehen wir Danny Pope (betörend: der früh verstorbene Jungstar River Phoenix) beim Baseballspielen. Auf dem Heimweg, an einer im Wind wogenden Baumreihe entlang radelnd, erspäht er ein verdächtiges Auto. Er

weiß, was zu tun ist. Den kleinen Bruder lockt er über die Hintertür aus dem Haus, dann werden die Eltern (als Arthur Pope: ein großartig-grantiger Judd Hirsch; als seine Frau Annie: die unvergleichliche Christine Lahti, der Leitstern von Bill Forsyths *Housekeeping* aus dem Jahr 1987) gewarnt – und schon suchen die Popes das Weite. Das Familienhaus, die Baumreihe, der Baseball-Pitch bleiben zurück, es geht in eine neue Stadt, eine neue Schule. Spätestens wenn Annie Dannys kleinem Bruder die Haare färbt und ihm selbst eine falsche Brille aufsetzt, wird klar, dass die Familie auf der Flucht ist: Arthur und Annie sind Ex-Aktivisten einer linksradikalen Vereinigung, *wanted by the FBI*.

Lumets Filme haben gemein, dass sie ihre zeitgeschichtliche Relevanz oft ein bisschen patschert ausstellen, in thesenhaften Dialogen und Figurenkonstellationen. Vor allem in den 1950er- und 1960er-Jahren, als der ehemalige Fernsehregisseur seine ersten Kinofilme realisierte, war ihm die Kritik deshalb alles andere als gewogen; Manny Farber, Andrew Sarris oder Pauline Kael hatten kaum ein gutes Wort für ihn übrig. Ein Mann, der sein Handwerk beim Fernsehen gelernt hat, der weder als Vulgär- noch als Hochmodernist aufgefallen war, sondern eine entschiedene *middle-brow*-Sensibilität kultivierte; jemand, der sich trendiger Gesellschaftsprobleme annahm und sie in eine ebenso trendige Form brachte, mit Anleihen ans stilistische Vokabular der europäischen Neuen Wellen, aber irgendwie verbrämt, inkonsequent, opportunistisch: So oder so ähnlich wurde über Lumet damals hergezogen, nicht immer ganz zu Unrecht.

Als Lumets Filmkarriere begann, war das klassische Studiosystem im Niedergang begriffen. Kaum ein Regisseur der vorangegangenen Generation schaffte den Sprung bis in die Achtzigerjahre, aber auch viele von Lumets Altersgenossen hatten irgendwann Schwierigkeiten, sich gegen die Dominanz der *movie brats* zu behaupten. Lumet gelang es, unter diesen schwierigen Umständen ein Profil zu entwickeln; ein bisschen Opportunismus und geschickte Anverwandlung der jeweils kurrenten Ästhetiken mag da mitgespielt, ja geholfen haben. Anfang der Achtzigerjahre aber erscheint Lumet als ein alter Hase mit robustem Formeninventar. *Prince of the City* (1981) kann als Paradebeispiel für den »reifen Lumet« dieser Zeit einstehen: ein kantiger, urbaner Realismus mit starken Schauspielerleistungen, einem besonderen Gespür für Physiognomien und lebensweltliche Details – und einer vergleichsweise zurückgenommenen Mise-en-scène.

Bis zum Ende des Jahrzehnts, in dem das High-Concept-Prinzip zur vollen Entfaltung gelangte, sollte sich Lumet noch weiter von seinem eigenen »Konzeptualismus« entfernen. *Running on Empty* ist – von der sehr griffigen erzählerischen Prämisse einmal abgesehen – das glatte Gegenteil. Fast möchte man seine besonderen Qualitäten auf den Begriff des »Low Concept« bringen: Lumet lässt sich Zeit, erzählt viel – das meiste eigentlich – in oft lange gehaltenen Totalen und Halbtotalen, was umso erstaunlicher ist, als er am Anfang seiner Laufbahn doch gerade für sehr gedrängte Closeups berüchtigt war. Hier verzichtet Lumet ganz auf seine früheren *signature shots* (die in *Prince of the City* zum Beispiel noch im Einsatz sind). Nicht einmal für den ganz großen Affekt, die dramaturgischen Spitzen greift er zurück auf seine typisch weitwinkligen Nahaufnahmen, sondern balanciert alles in einem leichten, hellen Mittelgrund.

Das Überwiegen von Totalen und Halbtotalen, das ist zwar auch eine Art von ästhetischem *concept*, aber eben ein pragmatisches: Genau die richtige Einstellungsgröße für die vierköpfige Familie, von der *Running on Empty* handelt. Besonders deutlich wird das in den Szenen, die in Küche und Wohnzimmer einer ihrer vorübergehenden Unterkünfte spielen. Beides ist eigentlich derselbe Raum, abgetrennt nur durch eine nach beiden Seiten offene Regalwand, damit man in der Totalen immer alle sehen kann, ob sie nun am Esstisch oder in der Küche neben dem Herd stehen oder, in der schönsten Szene des Films, miteinander tanzen zu James Taylor: »I've seen fire and I've seen rain …« Obwohl die Kamera zunächst Distanz wahrt, hat *Running on Empty* doch nichts Distanziertes, im Gegenteil: Die Gefühle überschwemmen den ganzen Raum, vor allem in den Außenaufnahmen im Wald und an der Küste.

Am Low Concept des reifen Lumet fasziniert das beiläufige Ineinander von Normalität und Krise, das Ineinander von Alltagsroutinen und den großen geschichtlichen Bögen, in die sie eingelassen sind, ohne in ihnen aufzugehen. Es bleibt ein unverrechenbarer Rest, der etwas zu tun hat mit einer störrischen, spröden Individualität: eine Kleinfamilie gegen den Rest der Welt.

OLAF MÖLLER

Scott, Tony

21. Juni 1944 bis 19. August 2012

Wer hätte in den späten 1980ern angesichts *Top Gun* (1986), *Beverly Hills Cop II* (1987) und *Days of Thunder* (1990) je gedacht, dass Tony Scott nach seinem Ableben zwei Dekaden später als Action-Avantgardist gefeiert würde – als ein Visionär, der Werk für Werk neue gestalterische Wege erprobte? Suchte man in den 1980ern etwas genuin Neues, das die etablierten Klang- und Bilderwelten durcheinanderwirbelte, dann wurde man beim Musikvideo fündig, wo viele aufstrebende Filmemacher – des Öfteren mit Abschlüssen hipper Kunstakademien, zum Teil mit ersten Super-8-Erfahrungen irgendwo zwischen Punk und New Wave – ein jüngst etabliertes Werbeformat nutzten, um mit Bildern und Tönen anders als geläufig umzugehen: verspielter, assoziativer, doppelbödiger. Sicher, der Musikkurz(werbe)film war eine Form, deren Entwicklung und Ausdifferenzierung sich bis in die erste Dekade des 20. Jahrhunderts zurückverfolgen ließe; und auch das meiste, was man in den Videos sah, kam aus früheren Tendenzen, Stilen, Epochen der Kunst- und Kinogeschichte: vom Surrealismus, aus der Pop-Art und vom Camp – alles auf einer Höhe, gern mit Zitatzeichen lässig nebeneinandergestellt. Das nun *war* neu.

Tony Scott gehörte nicht zu dieser Generation, sondern einer früheren, deren britischer Zweig in den 1970ern mit Werbefilmen Aufsehen erregte und nun begann, Hollywood im Sturm zu erobern: Alan Parker, Adrian Lyne, Tonys älterer Bruder Ridley etc. Was diese beiden (Halb-)Generationen eint, sind die massiven Budgets, welche ihnen eine Zeit lang für manchmal dreißig Sekunden, manchmal vier Minuten Film zur Verfügung gestellt wurden: Die zu verkaufenden Produkte sollten begehrenswert aussehen, und dafür war in den konsumlustigen 1970ern und 1980ern das Beste, Neueste, Noch-nie-Gesehene gerade gut genug; zudem waren es vielleicht die letzten Jahre, in denen sich die Industrie als Innovationsmotor, Bahnbrecher verstand – finanzierte man eine Werbung, die in ihrer Gestaltung neue Maßstäbe setzte, spiegelte das die Zukunftszugewandtheit des Unternehmens wider. So passt es denn auch, dass Scott von Don Simpson und Jerry Bruckheimer als ein möglicher *Top-Gun*-Regisseur entdeckt wurde durch eine Parallelmontagen-Fingerübung: *Saab 900 – Nothing on Earth Comes Close* (1985), in der die Kraft und Formschönheit des beworbenen Autos mit denen eines Kampfflugzeuges (aus gleichem Hause: Saab 37 Viggen) verglichen wird.

Tony unterschied sich von dem Rest der Gruppe dadurch, dass er seinen Weg – nach dem Misserfolg des Vampirfilms *The Hunger* (1983) – nicht in der Erwachsenen-Edelunterhaltung suchte, sondern in einem sich neu formierenden Post-Konfektions-Segment: dem High-Concept-Kino – B-Stoffe mit A+ Production Values; zudem war er der Einzige unter ihnen, der mit den Beschleunigungen des Musikvideos etwas anzufangen wusste: Parker et al. reichte es, dass die Bilder strahlen – Tony Scott legte zusätzlich Wert darauf, dass diese wie eine Springflut auf den Zuschauer hin rasen, um sich gefühlt genau über ihm zu brechen. Neonregengüsse: *Top Gun, Beverly Hills Cop II, Days of Thunder* und *The Last Boy Scout* (1991) waren Spielfilme, die sich über weite Strecken in reine Oberflächenreizströme auflösten, die allein von den Texturen der Bilder, einem Schnittfrequenzenschimmer lebten – erzählten. Die Geschichten sind (selbst)bewusst simpel, die Charaktere fast archaisch – komplex hingegen die Montagen, Bild-Ton, Ton-Ton, Bild-Bild, mal linear, mal quer über die Ebenen, will sagen: In ihrer Gestaltung sind die Filme oft vertrackt, voller Zweideutigkeiten, fast vergrübelt.

Im bürgerlichen Filmkulturmittelbau verabscheute man den Einzug der Werbe- und Musikvideoästhetik in den Spielfilm, verweigerte sich dieses Kino doch den so ehernen Regeln des realistischen Erzählens – hier war alles Effekt und Affekt, bar allen Dramas, aller Entwicklung. Weshalb man diese Art der Gestaltung denn auch besonders gern in den Dienst wenig aufklärerischer Ideen zu stellen schien, so das Vorurteil. Beweisstück A: *Top Gun*, eine *bête noire* für viele Vertreter des liberalen Establishments jener Jahre (zu dessen Verteidigung gesagt sei, dass es sich sozial verantwortungsbewusst verhielt in Zeiten eines sich kurz wieder aufheizenden Kalten Krieges). Während andere, in ihrer Inszenierung klassischer gehaltene Wehrdienst- beziehungsweise Kriegsfilme – allen voran Taylor Hackfords *An Officer and a Gentleman* (1982), Ted Kotcheffs *First Blood* (1982), John Milius' *Red Dawn* (1984) und Clint Eastwoods **Heartbreak Ridge** (1986) – erfüllt sind von mal stillen, mal robust artiku-

Beverly Hills Cop II (1987)

lierten Zweifeln am Krieg, ist *Top Gun* völlig frei von Widersprüchen und Skrupeln dieser Art. Vielleicht ist es so: In *An Officer and a Gentleman* et al. klang noch das Vietnamkriegsdesaster nach – *Top Gun* machte Tabula rasa, ignorierte, negierte einfach das Trauma, überhaupt *alle* Traumata, indem er das Hier und Jetzt, den Augenblick zelebrierte, dabei den Krieg zu einer Zivilisations-Konstante machte, einen zentralen Bestandteil des Mensch-Seins an sich. (2003 kristallisierte Scott diese Idee in *Ice Soldier*, einem Werbefilm für die Spezialeinheiten der US-amerikanischen Landstreitkräfte, welche hier wie Naturgewalten hervorbrechen aus dem Berghöhenschnee.) Schuld, die Vergangenheit sei ein Ballast, den es abzuwerfen gilt; darum geht es in *Top Gun* – ganz im Einklang mit, wenn auch so anders als in *The Hunger* …

Überhaupt das Frühwerk von Tony Scott. Dieses Erzählen von Atmosphäre, auch diese Besessenheit von der Zeit – deren Rasen; der Sehnsucht nach einem Stillstand, in dem sich Vergangenheit und Zukunft auflösen in einem reinen Jetzt – findet sich schon in seinem bestürzend verführerischen, nach fauligem Laub und frischem Moos riechenden Spielfilmdebüt, *Loving Memory* (1971), dem Sommerlicht-düsteren, Leinen-schicksalsschweren Schauer-Fernsehspiel *Nouvelles d'Henry James: L'Auteur de Beltraffio* (1976) sowie eben dem New-Romantics-kompatiblen, polymorph perversen *The Hunger*; sie alle leben weniger aus dramatischen Konflikten heraus als vielmehr dem Evozieren von Gefühlszuständen; sie alle gleichen Trance-Erfahrungen, haben etwas von einem somnambulen Wandeln durch Welten, wo die Grenzen zwischen Dies- und Jenseits plötzlich verstörend fließend sein können. Rückblickend ist es erstaunlich, dass Scott sich nach *The Hunger* nur noch einmal der Fantastik zuwenden sollte, mit *Déjà Vu* (2006), einer kieslowskiesken Meditation über Schicksal, Zufall und Verdammnis. So ganz losgelassen hat ihn dieses Feld indes nie, schließlich koproduzierte er kurz vor seinem Freitod noch Park Chan-wooks fabelhaftes *Carpenter's-Gothic*-Stück *Stoker* (2013) – und hat nicht sein Beitrag zur (von ihm mitproduzierten) Mathematik-Thriller-TV-Serie *Numb3rs: Trust Metric* (2007) ein ganz spezielles Gefühl für das Spirituelle von Zahlendimensionen, an die man nur glauben kann, da sie sich exakter Berechnungen entziehen? Dennoch, es scheint, als habe ihn seine Lust auf immer komplex-dichtere Bild-Ton-Montagen, immer virtuosere

Schichtungen divergenter gestalterischer Elemente (bis hin zu einem Einsatz von Typografie und Text, wie man ihn seit den französischen und sowjetischen Avantgarden der 1920er nicht mehr gesehen hatte) post *Top Gun* zur Action zwangsverpflichtet; oder war es doch eher sein skeptisch-anarchistisch-Jünger'scher Geist, welcher den USA einen der politischen Lage angemessen zerschmetterten Spiegel vorhalten wollte? Wobei es noch einige Zeit brauchte, bis sich Scott diesen Fragen angemessen widmen konnte mit Meisterwerken wie *Enemy of the State* (1998), *Spy Games* (2001) und *Man on Fire* (2004) …

Denn: Für Tony Scott sind die 1980er vor allem eine Dekade der Selbstpositionierung. Was auch gelang: Mit seinen ersten Simpson-Bruckheimer-Produktionen (*Top Gun*, *Beverly Hills Cop II*, *Days of Thunder*) konnte er in Hollywood Fuß fassen, sich als verlässlicher Gestalter kassenträchtiger, gern vulgär daherkommender Großfilmware etablieren. Dass er mehr wollte, demonstrierte Scott mit *Revenge* (1990), seiner in vieler Hinsicht mächtig ambivalenten Adaption einer Jim-Harrison-Novelle, deren Bedeutung für sein Werk generell unterschätzt wird, was vielleicht das ein oder andere zu tun hat mit der relativen Unbekanntheit von *Nouvelles d'Henry James: L'Auteur de Beltraffio*, der einiges an Motiven von *Revenge* vorwegnimmt, ihn ergo weniger wie eine Abweichung und mehr wie eine Weiterentwicklung wirken lässt. Davon einmal abgesehen müsste aber allein der Titel einen schon aufhorchen lassen, denn: Rache, der Wille zur Selbstjustiz treibt viele Scott'sche Charaktere um. *Revenge* ist ein sinisteres Stück Selbst(er)klärung – und war Scott offenbar so wichtig, dass er ihn 2007 für eine DVD-Veröffentlichung noch einmal komplett überarbeitete, auf seinen künstlerischen Stand zu diesem Zeitpunkt brachte, dafür ganze Motiv(ations)kreise entfernte sowie einen Großteil der Szenen knapper schnitt: *Revenge* in dieser Fassung ist nicht der Film, den er 1990 machen wollte, aber nicht konnte, da der Produzent Ray Stark (sicherlich mit dem Placet von Star Kevin Costner, dessen Interesse an der Cochrane-Rolle das Projekt überhaupt finanzierbar gemacht hatte) seinen Willen durchzusetzen verstand; sondern eine eigenständige Version, die Scotts Ideen von 1990 mit den ihm eineinhalb Dekaden später zur Verfügung stehenden künstlerisch-technischen Mitteln artikuliert. Bemerkenswert ist, dass Scott vor allem das Harrison-Macho-Fett aus der DVD-Version schnitt, also diese ironische Männer-Freundschafts-Gefühlsseligkeit, damit das Wehleidige bis Masochistische in der *gone-south*-Paranoia des Stoffs; die Novelle ist ein Western-Traum, *Revenge* 2007 Altes Testament. Entsprechend sichtbar wird hier auch, dass *Man on Fire* eine Rückkehr war zur Welt und (A-)Moral von *Revenge*, speziell in der plus-minus letzten Dreiviertelstunde, die nicht weniger ist als eine Apotheose der Selbstjustiz kulminierend in einem – religionsphilosophisch gesehen pervers-abgründigen – Bild vom Rachefeldzug als Besteigung des Kalvarienbergs.

Aber weder *Days of Thunder* noch *Revenge*, noch *The Last Boy Scout* – alle drei produktionsproblemgeplagt, alle drei hinter den finanziellen Erwartungen zurückbleibend – halfen Tony Scott weiter bei seiner Suche nach Autonomie. Am Ende der 1980er ist Scott zwar als Regisseur etabliert, jedoch als Künstler noch weit entfernt von wahrer Selbstverwirklichung. Außerdem gelang es ihm mit seinen Projekten bis zu diesem Zeitpunkt nicht, eines seiner tiefsten Bedürfnisse zu befriedigen: stärker aus der Wirklichkeit heraus zu arbeiten. Was erst einmal überraschend klingt, da »Realismus« nun so gar nicht zum gemeinhin kultivierten Tony-Scott-Klischee passt. Realiter wollte Scott in den 1970ern als Dokumentarfilmmacher beim Fernsehen anheuern; zudem betonte er in Interviews immer wieder, dass der für ihn bereicherndste Teil seiner Arbeit die Möglichkeit sei, gesellschaftliche Gruppierungen und Sphären kennenlernen zu können, zu denen er ansonsten keinen Zugang hätte. Das Gros seiner Hauptwerke, allen voran *Enemy of the State*, *Spy Games* und das *magnum opus Domino* (2005), aber auch *The Taking of Pelham 123* (2009) und *Unstoppable* (2010) sind genau ob Scotts Interesse an den jeweiligen Milieus, den Details gewisser Lebens- wie Arbeitswelten so für sich einnehmend – ob seiner Art, auf die Dinge zu schauen, die viel gemein hat mit dem Realismus im US-Kino und -Fernsehen der 1970er, woran zwei der Werke ja auch direkt anschließen (*Enemy of the State* ist eine Variation über wie Fortschreibung von Francis Ford Coppolas *The Conversation*, 1974; *The Taking of Pelham 123* eine Neuverfilmung des gleichnamigen Romans von Morton Freedgood, der 1974 schon einmal von Joseph Sargent fürs Kino – und 1998 von Félix Enríquez Alcalá fürs Fernsehen – adaptiert worden war).

Für den entscheidenden Schritt hin zur kritischen Wertschätzung brauchte es dann Quentin Tarantino, dessen Drehbuch zu *True Romance* (1993) sowie die entbehrlichen Popkulturdialoge für *Crimson Tide* (1995), will sagen: den erneuten Zeitgeist-Schulterschluss. Feinfühligere Seelen hatten schon bei dem zynisch-verzweifelten *The Last Boy Scout* gemerkt, dass da mehr war als Oberflächenpoesie, doch es brauchte eben den Tarantino-Tauchgang, das Spiel mit dem Videoladen-Verismo, um zu zeigen, wie viel komplexer als gedacht seine Kunst in Wirklichkeit war. Doch damit ist man schon in einer anderen Ära: den Jahren nach dem Zusammenbruch des Produzent-als-Star / Schöpfer-Konzepts (der einzig wahre Action-Auteur einer sich von **Andrej Končalovskijs** *Tango & Cash* [1989] bis zu Marco Brambillas *Demolition Man* [1993] erstreckenden Periode ist Stuart Baird, der dauernd Großproduktionen zwischen Schneideraum und Nachdrehsets in Form brachte, die von ihren egoproblemgestörten Geldgebern in den Sand gesetzt worden waren); den wenigen, herrlichen Jahren des erneuten Glaubens der Studios an den Regisseur als kreatives Zentrum einer Filmproduktion; aber auch den Jahren, da sich digitale Schnittplätze durchsetzten, womit Arten und Weisen der Montage unkompliziert möglich wurden, (an) die man aus Zeitgründen analog einfach nicht gedacht hätte. Auch wenn man zuerst auf Edeljungtürken wie Bryan Singer oder David Fincher schaute: Am Ende wurden es die Jahre von Tony Scott, so wie die 1970er in Wirklichkeit das Jahrzehnt Robert Aldrichs und Don Siegels waren.

JOHN LEHTONEN

Stallone, Sylvester

geboren als Michael Sylvester Gardenzio Stallone, am 6. Juli 1946

In den 1970ern hatte Sylvester Stallone als Schauspieler, Drehbuchautor und Regisseur ein in hohem Maß persönliches Werk kreiert. Obwohl sein Filmschaffen bereits im durchschlagenden Erfolg von *Rocky* zum Populismus tendierte, ließ es doch mutige Idiosynkrasien zu; in dem Blockbuster aus dem Jahr 1976, dem Sequel drei Jahre später sowie dem 1978 gedrehten *Paradise Alley* offenbarte sich der Welt einerseits ein Künstler mit Empathie für die Zukurzgekommenen, und andererseits ein Regisseur, der sowohl ein klassizistisches Register beherrscht, als auch mit eindrücklichen, gelegentlich derben Erfindungen beeindruckt. Bevor er zu Sly und zu Rambo wurde, war Stallones Schaffen, wie das seiner berühmten Rocky-Figur, durchwirkt von entwaffnender Bescheidenheit und ernsthafter Ambition. Welche Wege standen ihm in den 1980ern noch offen?

Heute wissen wir: Wege nach oben. Zumindest was den materiellen Erfolg betrifft. Aus dem Mann wird eine Ikone, sonnengebräunt, poliert, der noch irgendwie teigige Rabauke aus dem vorherigen Jahrzehnt wird zur Statue gemeißelt. Gleichzeitig verliert Stallone in den Achtzigerjahren in Windeseile allen Kredit, den er bei Kritikern gehabt haben mochte. Nach dem erfrischenden *First Blood* (Ted Kotcheff, 1982) verwandelt sich das *Rambo*-Franchise in ein Monument des Reaganismus, was Stallone in den Augen der Kino-Intelligenzija praktisch erledigt. Noch dazu entfernt sich sein Hauptgeschäft, die *Rocky*-Serie, von ihren ästhetischen Wurzeln und verschreibt sich auf radikale Weise den MTV-Montage-Phantasmagorien; gleichzeitig lässt sie auch die liebenswerte Anmutung von Alltäglichkeit hinter sich, betont stärker das Spektakel und auch die ideologischen Aspekte, insbesondere im absurden *Rocky IV* (Sylvester Stallone, 1985). Und schließlich wird seine einzige Regiearbeit außerhalb der *Rocky*-Reihe, das *Saturday-Night-Fever*-Sequel *Staying Alive* aus dem Jahr 1983, durchweg unfreundlich aufgenommen. Sein Ego nimmt katastrophale Dimensionen an – der Trottel, der Durchschnittsmacho der 1970er verliert sich zunehmend im Wohlstand und in der Verhärtung der eigenen Ikonografie. Aber wenn man sich nur auf die zeitgenössischen Kritiken, oder auf fast alles andere, was seither geschrieben wurde, beschränkt, verliert man eine Realität aus den Augen, die komplizierter und auch ergiebiger ist. Was also geschieht wirklich mit dem Filmemacher Stallone in den 1980er-Jahren?

Wo der erste *Rocky* in der Niederlage triumphierte, erzählen die *Rocky*s der 1980er (und auch schon *Rocky II* von 1979) von stürmischen Erfolgen, passend zum amerikanischen Egoismus. Und doch offenbaren *Rocky III* und *Rocky IV* einen erstaunlich intelligenten, neugierigen Filmemacher. *Rocky III* ist eine ängstliche, introspektive Auseinandersetzung sowohl mit Ruhm als auch mit den politischen Verstrickungen der Hauptfigur; bereits die Eröffnungsmontage unterminiert unseren Helden,

indem sie einen hungrigeren Kontrahenten aus einer niedrigeren sozialen Schicht auftauchen lässt: den von Mr. T. verkörperten Clubber Lang. Auch wenn dieser Aspekt später relativiert wird, wenn Clubber zum comicartigen Bösewicht aufgebauscht wird (und sogar den geliebten Trainer des Champions in den Tod treibt), lässt sich die Aufmerksamkeit des Films für materiellen Reichtum und die Oberflächen des Kommerzes kaum mit dem Image Stallones als tumber Muskelprotz vereinbaren.

Auch der berüchtigte *Rocky IV*, in dem Rocky in einem extrem nationalistischen Cold-War-Showdown gegen Dolph Lundgren antritt, ruft in seiner ersten Hälfte einiges auf von der Beklemmung seines Vorgängers – was in den Kritiken des Films nicht den Hauch eines Niederschlags gefunden hat. Der Reichtum von Rocky, wie auch der seiner ehemaligen Nemesis und jetzigen besten Freunds Apollo Creed (Carl Weathers), hat satirisch abstruse Dimensionen angenommen, was zu Stallones Vision eines Amerika im Jahr 1985 passt: Der tragische Showkampf zwischen Creed und Lundgrens Ivan Drago ist ein Generalangriff des schwindelerregenden Wohlstands und des kapitalistischen Spektakels – überall Rot, Weiß und Blau, Funken, Fleisch, James Brown.

Wenn man diese Abschnitte des Films als ahnungsloses Fahnengeschwenke abtut, ignoriert man den eigentlich offensichtlichen sardonischen Touch von Stallones Achtzigerjahre-Pomp. Die montagelastige zweite Filmhälfte spielt in einer gleichermaßen überlebensgroßen Sowjetunion. Stallones hypertrophierter Realismus verwandelt den sportlichen Wettkampf in einen herkulischen Widerstreit der Ikonografien beider Länder: der Kalte Krieg als Musikvideo, Werbeclip, audiovisuelle Collage. Deren subtilste Qualität ist, unter all dem Schall und Wahn, eine fast komplett sprachlose Untersuchung maskuliner Neurosen, die daraus resultiert, dass jeder Mann an einen Code von Ehre und Leistung gebunden ist, gemäß dem er vom Gegenüber, aber auch von der Nation bewertet wird – und der sogar bis in den Tod hinein Gültigkeit hat. Sichtbar wird das, wenn Rocky, in einer ausgedehnten Autofahrt-Montageszene, in den Rückspiegel blickt, woraufhin Stallone auf eine Einstellung schneidet, die den von expressionistisch anmutendem blauen Licht beleuchteten Lundgren zeigt – ein zerebraler Dämon. In einer anderen Szene sucht Apollo, während er gerade im Ring vermöbelt wird, über die Schulter den Blick seiner Frau und nickt ihr, dem gemeinsamen Leid zum Trotz, zu; die Kamera bleibt dicht bei ihm, während er sich wieder dem Ring zuwendet. Auch in seinem Blick, wenn er vor dem Fernseher zum ersten Mal von Dragos Ankunft erfährt (und dabei gleichzeitig, ein Beispiel für den absurden Materialismus des Films, in seinem Pool mit vier Golden Retrievern Fangen spielt), wird das sichtbar: ein brennendes Bedürfnis, etwas zu *beweisen*.

Insofern sollte man sich nicht von den wehenden Flaggen, Sternenbanner wie Hammer-und-Sichel, blenden lassen – dieses maskuline Konkurrenzverhältnis und die damit verbundene Unsicherheit sagen mehr über den Kalten Krieg und Amerika in den 1980ern aus als die einfach gestrickte politische Rhetorik des Films.

Obwohl der Film kitschig, möglicherweise patriotisch endet, wenn Rocky nach seinem Sieg von den sowjetischen Zuschauern bejubelt wird (eine Szene, die natürlich sehr *Rocky*-artig ist), bleibt der Eindruck zurück, dass da ein Künstler ein Milieu mit einer einnehmenden Mischung aus Ernsthaftigkeit und Parodie porträtiert – und dabei vielleicht ein klein wenig zu clever für sein Publikum vorgeht.

Der Schlüssel zu Stallones Regiearbeiten der Dekade dürfte jedoch sein größter Misserfolg bei der Kritik sein: *Staying Alive*. Dessen Bezüge zur Arbeiterklasse, dem urbanen Alltag und dem Ehrgeiz, nach oben zu kommen, schließen viel deutlicher als die richtiggehend olympischen *Rocky*-Sequels an seine Filme aus den 1970ern an. Wie die Hauptfigur in *Paradise Alley* und den ersten beiden *Rocky*-Filmen muss sich Tony Manero (John Travolta) durch ungeliebte Arbeiten quälen, um sein Ziel zu erreichen; und wie seine Vorgänger fühlt er sich bedroht durch eine zunehmende Anonymisierung und die Einsicht in die eigene Nutzlosigkeit in der Metropole. Wie auch Cosmo Carboni (Stallone) in *Paradise Alley* ist er nicht gerade liebenswert, wenn er mit den Gefühlen von Frauen spielt und gockelhaft herumstolziert; gelegentlich fordert er regelrecht Hass heraus. Er ist durch und durch ehrgeizig – Ehrgeiz und dessen Fallen sind die zentralen Themen des Films.

Wie die anderen Helden Stallones hat auch er am Ende Erfolg, seinen größten Triumph feiert er mit dem sprechend benannten Musical »Satan's Alley«. Diese ausgedehnte Showeinlage, die den gesamten dritten Akt umfasst, rückt wieder näher an Stallones visuelle Acht-

Rocky IV (1985, oben),
Staying Alive (1983)

zigerjahre-Expressivität: eine Melange aus Laser, Farben und hochsexualisierten Körpern, die die nervenaufreibende Spannung des Films zwischen Ehrgeiz und Versuchung (verkörpert durch eine Frau aus der Oberklasse) ausdrückt. Vermutlich ist das die abstrakteste Sequenz in Stallones Werk. Tony hat es geschafft, und obwohl er immer noch ein Rüpel ist, scheint die Anstrengung doch ein Minimum an persönlichem Wachstum bewirkt zu haben. Diese Geschichte über Ambition und Ego, über pures Streben und ein wohlverdientes, wenn auch nur kurzfristiges Triumphgefühl, sagt viel aus über Slys Schicksal in diesem sonderbaren Jahrzehnt: Er mag verloren wirken und unsicher, er mag sich manchmal komplett im ideologischen Morast verlieren, aber er macht weiter. Er überlebt.

Übersetzung aus dem Englischen: Lukas Foerster

ALEXANDRA SEIBEL

Teen Movies

Der 16. Geburtstag markiert so etwas wie den Höhepunkt einer Teenager-Existenz. »Sweet sixteen« verweist auf einen zelebrierten Moment des *coming of age* im offiziellen Übergang vom Jugendlichen-Dasein in die Welt der Erwachsenen. Als Samantha Baker am Tag ihres 16. Geburtstags in großer Erwartung aufwacht, muss sie feststellen, dass ihre gesamte Familie den großen Freudentag vergessen hat. Es gibt

keine »sixteen candles« für sie. Und der Tag soll noch schlimmer werden.

Mit *Sixteen Candles* (1984) eröffnete John Hughes, »the Phil Spector of the teen movie« (Jonathan Bernstein), Mitte der 1980er-Jahre seinen formativen Teen-Movie-Zyklus. Er legte damit in übersteigerter Komödienform jene semantischen Bausteine frei, die sich in unterschiedlichen Konfigurationen immer wieder neu zusammensetzten und die Bedeutung des Genres, das in dieser Dekade zu seiner Hochblüte kam, entscheidend prägten. Zwischen 1984 und 1987 zeichnete Hughes für sechs *teen movies* in unterschiedlichen Funktionen – als Regisseur, Drehbuchautor und Produzent – verantwortlich und erlangte dadurch Auteur-Status. Seine pastellfarbenen Filme – wie *Sixteen Candles*, *The Breakfast Club* (1985), *Pretty in Pink* (1986, unter der Regie von Hughes-Protegé Howard Deutch) oder *Ferris Bueller's Day Off* (1986) – übertrafen mit ihrem Erfolg bei Weitem die Erwartungen von Universal Pictures. Dank des regen Kinobesuchs vor allem von Teenagern, die mit viel Geld in der Tasche in die Multiplex-Kinos der Shoppingmalls liefen[65], rangierten sie zehn bis zwanzig Wochen unter den US-Filmen mit den höchsten Einspielergebnissen.[66]

65 Timothy Shary: »Buying Me Love. 1980s Class-Clash Teen Romances«. In: *The Journal of Popular Culture*, Jg. 44, Nr. 3/2011, S. 563–582, hier: S. 564.
66 Anne De Vaney: »Pretty in Pink? John Hughes Reinscribes Daddy's Girl in Homes and Schools«. In: Frances Gateward und Murray Pomerance (Hg.): *Sugar, Spice, and Everything Nice. Cinema of Girlhood*. Detroit 2002, S. 201–215, hier: S. 201.

Die Besonderheit von Hughes' Teen-Zyklus liegt in seinem starken Fokus auf weiblichen Protagonistinnen und seiner Sensibilität für Klassenkonflikte, die sich meist romantisch lösen lassen. Ab Mitte der 1980er-Jahre hatte sich die gesellschaftliche Akzeptanz gegenüber der Darstellung von Promiskuität und *casual sex* aufgrund der Aids-Krise radikal geändert; romantische Liebe, Abstinenz und Jungfräulichkeit rückten in den Mittelpunkt. *Teen movies*, die sich offen mit Sexualität oder (ungewollter) Schwangerschaft beschäftigten – etwa Amy Heckerlings **Fast Times at Ridgemont High** (1982) –, wurden zurückgedrängt.[67] Auch der von Hughes vielfach strapazierte Klassenbegriff durchlief in der Reagan-Ära einen tiefen Wandel. Das Reaganomics-Ideal eines freien, sich selbst regulierenden Marktes ging nicht nur mit einer Demontage des amerikanischen Wohlfahrtsstaats einher; vielmehr gipfelte das Mantra von der Verantwortung des Einzelnen für sein persönliches Glück, das sich in sichtbarem Wohlstand äußern sollte, in einem »cultural style«, den Debora Silverman folgendermaßen charakterisiert: »aggressively dedicated to the cult of visible wealth und distinction, and to the illusion that they were well earned«.[68] Im Umkehrschluss trug, wer es nicht

Sixteen Candles (1984, John Hughes)

schaffte, sich aus einer unterprivilegierten Klassenposition zu befreien, selbst daran Schuld.

In den »class-clash teen romances« (Timothy Shary) der 1980er-Jahre, unter denen die Filme von Hughes eine wesentliche Rolle spielten, artikulierte sich eine milde Form des Unmuts über soziale Diskriminierung. Nicht in rebellischem Aufbegehren gegen gesellschaftliche Strukturen, sondern im individuellen Status-Kampf einzelner, überwiegend weißer Teenager innerhalb der Beliebtheits-Hierarchien suburbaner Highschools: »Many of the eighties teen flicks expressed a yearning for a pluralistic schoolyard where wealth was no longer an impediment to the interaction of previously segregated social strata, where the jock could lie down with the geek and where the punkette could break bread with the princess.«[69]

Hughes selbst hatte diese hierarchische Typologie der Highschool-Schüler prominent in *The Breakfast Club* festgeschrieben, wo sich Klasse und soziale Zuschreibungen stereotyp

67 Patrick O'Neill: *Investigating the 1980s Hollywood Teen Genre: Adolescence, Character, Space* [Dissertation]. Kingston University 2016, S. 76 ff.
68 Zitiert in: Anthony C. Bleach: »Postfeminist Cliches? Class, Postfeminism, and the Molly Ringwald-John Hughes Films«. In: *Cinema Journal*, Jg. 49, Nr. 3/Frühjahr 2010, S. 24–44, hier: S. 31.
69 Jonathan Bernstein: *Pretty in Pink. The Golden Age of the Teen Movies.* New York 1997, S. 5.

The Breakfast Club (1985, John Hughes)

miteinander verzahnen: Die begehrte und allseits beliebte »Princess« (Molly Ringwald) kommt aus der *upper class*; der smarte Nerd (Michael Anthony Hall), die durchgeknallte Außenseiterin (Ally Sheedy) und der Athlet (Emilio Estevez) sind Vertreter der Mittelschicht; das Schlusslicht der sozialen Rangordnung bildet der unterprivilegierte Delinquent (Judd Nelson). Als die fünf eines Samstags gemeinsam nachsitzen müssen, herrscht zuerst Feindseligkeit unter ihnen, doch dann werfen sie trennende Klassen- und Geschmacksgrenzen über Bord, um sich gegen die Autorität der Erwachsenenwelt zu verbünden.

Auch in *Pretty in Pink* besteht die erste Herausforderung der klassenübergreifenden Teenager-Romanze darin, dass der *richie* Blane (Andrew McCarthy als reicher Erbe) in jenen Teil des Schulhofes vordringt, der den mit subkulturellen Codes ausgestatteten Kids vorbehalten ist. »I'm not into all this shit«, bekennt Blane und meint damit punkige Outfits und auffällige

Kleidung jenseits der Bundfaltenhose. Sein *love interest* Andie (Molly Ringwald) passt mit ihrem selbst genähten Secondhand-post-Hippie-Outfit schon besser dorthin. Als Angehörige einer wenig begüterten (unteren) weißen Mittelschicht arbeitet Andie nach der Schule bei ihrer Freundin im Plattengeschäft und verdient ihr Geld selbst. Dass sie sich danach sehnt, ihren Klassenstatus zu überwinden, wird bei einer Autofahrt durch das Reichenviertel der Stadt klar, die Andie mit ihrem platonischen Nerd-Freund Duckie (John Cryer) unternimmt. Mit leuchtenden Augen bleibt sie vor einem protzigen Herrenhaus stehen und bewundert seine Opulenz.

In *Some Kind of Wonderful* (1987, ebenfalls unter der Regie von Deutch) besinnen sich die finanziell schlechter gestellten Teenager im Angesicht einer »big-money, cruel-heart society« auf nichtmaterialistische Werte und schaffen sich eine (künstlerische) Gegenwelt zur kapitalistischen Angeberkultur. Keith (ein seelenvoller Eric Stoltz) werkt neben der Schule als Mechaniker, malt und besucht das Museum. Er ist aussichtslos in Amanda Jones (Lea Thompson) verliebt, ein überaus populäres Mädchen seiner Schule, für ihn aber außer Reichweite. Amanda stammt aus ähnlich bescheidenen Verhältnissen wie er, rangiert aber aufgrund ihrer Attraktivität und ihrer Freundschaft mit einem reichen, arroganten Mitschüler weit oben in der Beliebtheitsskala. Der Preis dafür ist hoch: Ihr *boyfriend* erweist sich als notorisch untreuer, manipulativer Typ, den sie schließlich in einem Wutanfall sitzenlässt. Aus Rache wendet sie sich dem verliebten Keith zu, was aber umgehend ihren sozialen Status in der Highschool gefährdet. Keith führt Amanda trotzdem auf ein Date und lernt dabei, dass seine Liebe der bis dahin platonischen Freundin Watts (Mary Stuart Masterson) – der weiblichen Variation des nerdigen Sidekicks – gehört. Amanda wiederum erkennt die Hohlheit ihres reichen Freundeskreises und besinnt sich auf die wahren Qualitäten zwischenmenschlicher Beziehungen.

Besonders in *Sixteen Candles* verknüpft Hughes das Motiv der Klassengegensätze mit der Rivalität zweier Frauen und lässt den Konflikt in der völligen Desavouierung einer der beiden Teenagerinnen kulminieren. Am Morgen ihres 16. Geburtstags muss Sam sich eingestehen, dass sie in ihren schwerreichen Mitschüler Jake Ryan (Michael Schoeffling) verliebt ist. Der erwidert ihr Interesse, ist allerdings mit der allseits beliebten Caroline (Haviland Morris) liiert. Caroline, Typus Cheerleader und Alphaweibchen, verkörpert das wahrhafte Übel ihrer eigenen Klasse und liebt an Ryan eigentlich nur den sozialen Status und das luxuriöse Haus seiner Eltern. Verpackt in die Konventionen der Komödie, dient das Haus in erster Linie als Schauplatz einer immensen Party-Verwüstung. Gemeinsam mit ihrer Clique ruiniert Caroline die Inneneinrichtung, bis sich zuletzt nur noch die Pizza auf dem Plattenteller dreht. Genussvoll platziert Hughes in einer Mise-en-scène der Vernichtung von *visible wealth* Statussymbole wie die Visa-Karte inmitten von Leerflaschen, Zigarettenstummeln und herrenlosen Telefonhörern. Danach hat Ryan endgültig die Schnauze voll: Er tauscht seinen Rolls-Royce,

darin die völlig betrunkene Caroline, gegen Sams Unterhose ein; die wiederum erhält er von Sams aufdringlichem Verehrer Ted (Michael Anthony Hall). Der *geek* Ted bekommt im Gegenzug das teure Auto mitsamt der praktisch bewusstlosen Frau ausgehändigt. Mit den verächtlichen Worten »She's totally gone. Have fun!« gibt Ryan die komatöse Freundin nicht nur der kompletten Lächerlichkeit preis, sondern auch dem potenziellen sexuellen Missbrauch. Dass am Ende Caroline wie durch ein Wunder an Ted Gefallen findet, kann nur schwer über das sexistische Set-up hinwegtäuschen.

Gerade diese Abgründe der Geschlechterverhältnisse und die Grausamkeit von Standesdünkeln legt Michael Lehman weitaus expliziter offen als John Hughes. In seinem revisionistischen, weil bereits genrereflexiven *teen movie* *Heathers* von 1989 spitzt Lehman die Moderatheit des Hughes-Zyklus zu einer schwarzen Komödie zu und lässt die vernichtende Kritik an Klassenprivilegien aus den eigenen Reihen kommen. Veronica (Winona Ryder) ist Teil einer reichen, fiesen Mädchen-Clique, die gleich drei »Heathers« zählt und den Rest der Schulgemeinschaft tyrannisiert. Zwar ist Veronica selbst wohlhabend, gescheit und attraktiv, doch die Freundschaft mit den dreien optimiert ihren Beliebtheitsgrad. Auch sie wünscht sich eigentlich einen pluralistischen Schulhof (»Why can't we talk to different people?«), doch die Lust der Anführerin Heather Chandler (Kim Walker) an feindlicher Abgrenzung ist unstillbar: »Fuck me gently with a chainsaw. Do I look like Mother Teresa?«

Abgesehen davon, dass so ein Satz im Mund einer Hughes-Protagonistin völlig undenkbar wäre, weist die Kettensäge in die richtige Richtung. Unter dem Einfluss ihres kriminellen Freundes J. D. (Christian Slater) beteiligt sich Veronica an einer Mordserie unter ihren Mitschülern, getarnt als *teenage suicide*. Dass sexuelle Demütigungen zum Schulalltag gehören – und das gilt auch oder sogar besonders für die »rich girls« –, wird dabei in *Heathers* keineswegs unterschlagen. Heather Chandler muss einem arroganten Studenten unwillig einen Blowjob ableisten, um ihren Coolness-Status zu wahren. Nach ihrem »Selbstmord« geht Veronica mit Heather Nummer zwei auf ein Double-Date mit zwei homophoben Jocks; während sich Veronica den Burschen verweigert, sieht man im Hintergrund, wie Heather mit dem anderen auf der Wiese Sex hat. Lehman hält die Szene in der Distanz, doch bleibt erkennbar, dass sich Heather wehrt und das Gerangel auf dem Boden klare Züge eines *date rape* trägt. Beide Burschen werden für ihr Verhalten von J. D. mit dem Tod bestraft. Und dass er und Veronica ihren »Selbstmord« als Liebestod zweier heimlich schwuler Teenager tarnen, ist nur ein weiterer Seitenhieb auf den damaligen Teen-Movie-Mainstream und seine (heteronormativen) Beschränkungen.

Für Afficionados des »Golden Age of Teenage Movies« (J. Bernstein) gilt *Heathers* ohnehin als das meisterliche Schlusswort eines Genres, das sich gegen Ende der 1980er-Jahre zunehmend zu erschöpfen begann. Die Einspielergebnisse an den Kinokassen gingen zurück, auch *Heathers* avancierte zu keinem Box-Office-Hit. Die weißen rebellischen Teenager aus den Suburbs und ihre Schulhofrevolten hatten vorerst ausgedient.

BERT REBHANDL

Terms of Endearment
James L. Brooks, 1983

In der Komödie *The Hangover Part III* (Todd Phillips) aus dem Jahr 2013 gibt es eine kleine Szene, in der die vier Helden, arglos auf einer offenen Landstraße unterwegs, von einem schweren Wagen attackiert werden. Unwillkürlich könnte man dabei an Steven Spielbergs *Duel* (1971) denken, einen Klassiker aus den frühen Siebzigerjahren, in dem ein aggressiver Truck mit einem nicht erkennbaren Lenker einen einsamen Überlandfahrer quer durch ein menschenleeres Amerika verfolgt und, paradox bei all den offenen Horizonten im Bildhintergrund, immer mehr in die Enge treibt. In *The Hangover Part III* gibt sich der Feind bald zu erkennen, und eigentlich ist nicht einmal vollständig klar, ob das hier gerade eine Anspielung war oder einfach nur eine gefährliche Standardsituation im Straßenverkehr. Doch die Assoziation hat eine Signifikanz darin, dass sie etwas über das Verhältnis zur amerikanischen Filmgeschichte verrät. Man riskiert nicht zu viel mit der Behauptung, dass vielen Cinephilen die Siebzigerjahre deutlich näher sind als die beiden darauffolgenden Dekaden. Das hat nicht so sehr mit einer generellen »Retromania« zu tun, sondern mit einem bestimmten Gefühl für Momente des Umschlags, der gewichtigen Veränderung, der Verdichtung von kultureller Produktion. Und da fallen einem aus der Zeit von 1967 bis 1979 sofort jede Menge bedeutender Zeugnisse ein, während man für die Jahre darauf vermutlich ein wenig nachdenken müsste. Die Achtziger, was war da noch mal?

Das Jahrzehnt, in dem Ronald Reagan ein ganzes Land auf neoliberalen Kurs brachte, war vielleicht doch nicht nur die Hollywood-Ära, in der sich die eindimensionalen Rezepte auf breiter Front durchzusetzen begannen, wie man es bisher häufig zu lesen bekam. Buddy-Komödien, Schmachtfetzen, Geballere, das findet sich alles im amerikanischen Kino der Eighties. Aber es zeigt sich zugleich, dass gerade die Genre-Rezepturen in den Achtzigerjahren alles andere als einheitlich und einsinnig waren. Wie so oft ist es die Komödie, in der das am deutlichsten wird.

Terms of Endearment von James L. Brooks lief in den deutschsprachigen Ländern unter dem Titel *Zeit der Zärtlichkeit* und hatte wohl nicht nur wegen des dadurch ausgelösten Kitschverdachts schlechte Voraussetzungen für eine differenziertere Rezeption. Dabei sind es gerade die Nuancen, das Uneindeutige, das daran heute noch viel stärker ins Auge fällt, vor dem Hintergrund der neueren Arbeiten von Brooks, die auch höchst eigentümlich melodramatisch grundierte, gar nicht romantische Komödien sind: *Spanglish* (2004) oder *How Do You Know* (2010). Der Mann, der auch die *Simpsons* (ab 1989) auf den Weg brachte und Wes Anderson wesentlich unterstützte, macht selber nur alle

Terms of Endearment (1983)

paar Jahre einen Film. Deswegen liegen hier die Entwicklungsschritte deutlicher zutage, oder eigentlich: die überraschend klaren Kontinuitäten. *Terms of Endearment* wurde als sentimentaler Frauenfilm vermarktet, dabei ist das Verhältnis zwischen Aurora (Shirley MacLaine) und ihrer Tochter Emma (**Debra Winger**) gerade das nicht: sentimental. Die schräge, anfangs erotisch gehemmte, ältere Texanerin versteht nicht, wie ihre Tochter Emma so offenherzig sein kann, diesen Literaturprofessor zu heiraten, der sich (wie eine Szene zu Beginn implizit klarmacht) auch auf den Cunnilingus versteht. Aurora wiederum braucht eine Weile, bis sie ihren Nachbarn, den sexuell höchst aktiven, aber auf jüngere Semester spezialisierten Astronauten Garrett Breedlove (Jack Nicholson) auszuhalten und auch zu genießen lernt.

Terms of Endearment beruht auf einem Roman von Larry McMurtry, von dem auch die Vorlage zu Peter Bogdanovichs New-Hollywood-Klassiker *The Last Picture Show* (1971) stammt. Man spürt bei Brooks noch deutlich, dass die Komödie eigentlich nur der Ausgangspunkt dieser sehr ernsthaften, nachgerade lebensweisen Geschichte ist. Debra Winger und Jack Nicholson heben das Drama auf eine komische Ebene, sie mit ihrem kehlig artikulierten *common sense*, er mit seinem Gestelze (und an einer Stelle mit einem grotesk knappen Hausmantel, den er bis zum Schamhaaransatz offen trägt). Dass Breedlove (die Figur hat Brooks im Vergleich zum Roman deutlich aufgewertet und an den raumgreifenden Schauspieler Nicholson angepasst) nach einem romantischen Essen mit Aurora den Sportwagen ins Wasser fährt, könnte sogar eine Anspielung auf Jean-Luc Godards *Pierrot le Fou* (1965) sein, ergibt aber auch unabhängig davon Sinn. Breedlove ragt aus der grotesken Galerie der Verehrer von Aurora heraus, weil er vollkommen unberechenbar ist – nur so aber kann er die Witwe aus ihrem Gefängnis erlösen. McMurtry beginnt seinen Roman mit einer langen Szene zwischen Emma und Aurora, deren Ton sich in der Ver-

filmung überraschend genau wiederfindet. Etwa dieser Satz: »Aurora had been raised in an era of amateur theatricals and was not without her stock of tragic gestures.« Die Formulierung liest sich wie eine Instruktion für Shirley MacLaine, die zu Beginn aus Aurora ein Sorgenkind zu machen versucht (eine nicht ungewöhnliche Rollenumkehr in einer Lebensphase, in der die Tochter endgültig selbstständig wird und die Mutter erstmals in das Gesicht der Einsamkeit blickt). Die Beziehungen der beiden Frauen (das Wechselbad der Gefühle, das Aurora mit Garrett erlebt, und die klassische Hausfrauenproblematik von Emma, die sich in einen Kaufmann verliebt und zugleich trotzdem unter dem Verrat durch ihren Ehemann Flap leidet) sind immer nur ein Aspekt der zentralen Beziehung, die Mutter und Tochter verbindet, und in der sich auch ein Aspekt der amerikanischen Modernisierung zu erkennen gibt. Aurora ist noch in vielerlei Hinsicht (gerade auch mit ihrer Theatralität, und mit ihrem wichtigsten Requisit, einem Cadillac) eine Lady des Südens (Ort der Handlung ist Houston, Texas, wo McMurtry einen ganzen Erzählzyklus angesiedelt hat), während Emma den Weg über Colleges im Norden nimmt, nur um dort die harten Konsequenzen der Liberalität zu erfahren.

Je länger der Film dauert, desto deutlicher wird, dass er von Beginn an als ein Melodram, ein *women's picture*, mit grotesken Männerfiguren gedacht war. Die vielen Jahre der erzählten Zeit schaffen schließlich jenen Effekt, den der Film mit mehrfachem Schauplatzwechsel und regelmäßiger Rückkehr in das Haus der Familie sehr gut suggeriert: eine melancholische Mildheit, die selbst Debra Wingers Unverwüstlichkeit allmählich einhüllt. Den im allgemeinen Sprachgebrauch eher selten verwendeten Begriff »endearment« verwendet auch McMurtry nur ein einziges Mal in seinem Roman, und zwar in einer Szene, in der Emma auf ihre Beziehung zu Flap zurückblickt, einen Mann, dessen Arroganz sich allmählich verschlissen hat. Die »terms of endearment« haben sich im beinahe wörtlichen Sinne überlebt.

Und es bleibt aus der Geschichte von Emma und Flap paradoxerweise die Frage übrig, ob Garrett Breedlove eine Form von Arroganz finden kann, die ihn weiterhin erotisch begehrenswert bleiben lässt, dabei aber mit einer Beziehung zwischen zwei reifen Menschen verträglich sein kann. Brooks gibt die Andeutung einer Antwort bei einer Trauerfeier – auch das eine kluge Hinzufügung zu einem Buch, das eigentlich vor allem von zwei Frauen handelt, und das sich zu einem echten *women's picture* nur adaptieren ließ, indem die Männer die Last des Komischen aufgebürdet bekommen.

FRITZ GÖTTLER

The Last Temptation of Christ
Martin Scorsese, 1988

Kino im Irrealis, ein Film, den es, an sich, nicht geben dürfte und müsste, ein unsichtbarer Film. Seit Jahren wollten Martin Scorsese und Paul Schrader den Roman von Nikos Kazantzakis

verfilmen, er ist in allen Filmen enthalten, die sie in dieser Zeit gemacht haben, als ein Beweggrund ihrer Bilder und Geschichten, der nur in diesen in Erscheinung tritt.

So wie der latente Trauminhalt, den die Psychoanalyse aufspürt, keine konkrete Substanz hat, Phantom bleibt, nur fassbar in den Verschiebungen und Verdichtungen, über die er die manifesten Träume formiert. »The idea of a duty to be performed, and the fear of making himself ridiculous if he failed to perform it, immediately removed all pleasure from his heart.« Träume sind Wunscherfüllungen, sagt die Psychoanalyse weiter.

Kino im Irrealis: eine Kopfgeburt, eine theoretische Spekulation, sagen die enttäuschten Kritiker, wenn der Film endlich zu ihnen kommt, nachdem er das Fegefeuer der religiösen Proteste durchschritten hat. Doch der Film handelt vom Sichverführenlassen als Teil der Erlösung.

Hier ist *the end of the track* für den Zug aus *Boxcar Bertha* (1972), an dessen Wagentür sie David Carradine genagelt haben und der uns mit sich führt, während die verzweifelte Barbara Hershey auf dem Schotter kauernd zurückbleibt. Hier ist die Antwort auf die letzte Frage von *Taxi Driver* (1976) im Blick durch den Rückspiegel des Taxis zwischen Bobby De Niro und Cybill Shepherd. Hier ist eine neue Version des »Bresson«-Endes vom *American Gigolo* (Paul Schrader, 1980), der seinen Weg zu Ende gegangen ist und nun von der Frau, die ihn begehrt, zum Happy End verführt wird.

Wie bei jedem neuen Film von Straub/ Huillet monieren die Kritiker das Sprechen der Darsteller, sie mokieren sich über den New Yorker Akzent von Willem Dafoe und Harvey Keitel, über die amerikanische Statur der Jünger. Als wäre es die vornehmste Aufgabe des Kinos, seine Akteure in ihren Rollen, die Darstellung im Dargestellten verschwinden zu lassen. Jesus und seine Jünger sind bei Scorsese, so dass wirklich jeder es gleich mitkriegt, eine Bande Kids in der Wüste, wie die aus *Mean Streets* (1973).

In einem Scorsese-Script von 1966, das nie gefilmt wurde, gibt es die Vision einer Kreuzigung mitten in New York. »We see the Empire State Building in the background, the city streets and the buildings are also seen.« Um 1950 hatte Scorsese das Projekt eines monumentalen Antikfilms, eine Marsco-Produktion, *produced and directed by Martin Scorsese*, mit Richard Burton, Jean Simmons, Alec Guinness, Claire Bloom, Jack Palance, Rita Moreno, Richard Boone, Jeff Morrow, Hans Conried, Anthony Quinn, Elsa Martinelli, Dawn Addams, Dean Jagger, John Carradine.

Scorsese macht sekundäre Bilder. Bilder nach Bildern, aus dem Kino und aus der Bibel, aber motiviert von seinen eigenen Obsessionen, so dass sie nie im Genrebild gerinnen. Wie bei Artaud: ein Denken, das sich von innen nach außen, vom Abstrakten zum Konkreten bewegt, bevor es sich von außen nach innen bewegt.

Scorsese macht keine Roman- oder Bibelverfilmung, und er stellt nicht die *facts* und *stories* der Bibel auf den Kopf. Er wirft auf die alte Geschichte einen neuen Blick, der dem des ungläubigen Thomas gleicht. Ihn treibt die Angst

vor falschen Sicherheiten, er hastet flüchtig, im Vorübergehen über die vertrauten Episoden, die Hochzeit von Kana, das Ohr des Malchus, die Passion, um bei den unbedeutenden Momenten zu verweilen.

Da gibt es keine Erzählung mehr, nur das Abtasten einer Geschichte, ein Muster im Teppich, bei dem die winzigsten Risse wichtig sind. Welche geheime Verbindung besteht zwischen Maria Magdalenas Verlangen nach Jesus und ihrem Blick bei der Steinigung, die Jesus verhindert? Im Traum der letzten Versuchung wäscht sie ihm die Wunden, schläft mit ihm und wird bei der Geburt seines Kindes getötet. »Oh, Mary, it's taken me so long to come to you.«

Wenn der Film voranzukommen scheint, wenn Jesus *action* macht, bei der Vertreibung aus dem Tempel, steckt weder Absicht noch Ziel dahinter. In den Disputen und Streitgesprächen wird nichts entschieden, sie sind konzentrische Momente, Momente der Konzentration. Wenn Jesus sich in die Wüste zurückzieht, zieht er noch einen Kreis um den Ort, wo er sich niederlässt.

Der Beginn von Jesu Bewegung, das Sammeln der Jünger ist in einer Totale eine Folge von Überblendungen, von Mal zu Mal wird die Schar der wandelnden Menschen größer und scheint doch auf der Stelle zu bleiben. Eine Bewegung in sich, eine Bewegung in der Zeit. Die amerikanische Sache, sagt Gertrude Stein, ist die Vitalität von Bewegung, so dass es nichts zu geben braucht, gegen das sich die Bewegung als Bewegung zeigt. *The Last Temptation of Christ* ist ein durch und durch amerikanischer Film. Eine

The Last Temptation of Christ (1988)

Passage, gefunden in einem Text zu Rossellinis *Messias* (1975): »Wenn das Römische Recht es verbot, römische Bürger zu kreuzigen, so nicht deshalb, weil ein Kreuzestod qualvoller ist als die Enthauptung, sondern vor allem, weil sie den Exekutierten in eine Haltung zwingt, die ihn den Blicken aller preisgibt, ohne die Möglichkeit irgendeiner Weise der Selbstdarstellung.« (Robert Spaemann)

Scorseses Akteure kommen aus der Tradition des Actors Studio, sie sprechen mit dem Körper. Sie machen *performance*, für sich, für den anderen, und die Kamera ist nichts als das auslösende Moment. Im Jesus-Film stößt ihre lebhafte aggressive Wendigkeit zusammen mit den mechanischen Exaltationen der verzückten Tänzer. Am Ende hängt Jesus gekrümmt am Kreuz, ein grausam deformierter, sprachloser Körper.

»Wenn alles still um einen geworden ist, feierlich wie eine sternenlose Nacht, wenn die Seele allein ist in der ganzen Welt, da zeigt sich vor ihr nicht ein ausgezeichneter Mensch, sondern die ewige Macht selbst, da tut gleichsam der Himmel sich auf, und das Ich wählt sich selbst, oder richtiger, es empfängt sich selbst. Da hat die Seele das Höchste gesehen, was kein sterbliches Auge zu sehen vermag und was nie mehr vergessen werden kann, da empfängt die Persönlichkeit den Ritterschlag, der sie für eine Ewigkeit adelt. Zwar wird der Mensch damit kein anderer als er zuvor gewesen, aber er wird er selbst …« (Kierkegaard)

Bei Schrader hat Erlösung immer zu tun mit Masochismus, die Hoffnung seiner Helden ist darauf gerichtet, Gnade zu suchen und sie zu finden. Herostrat und Prometheus in einem, verzehren sie sich im Feuer ihrer eigenen Taten.

Dass Jesus der letzten Versuchung widersteht, hat für die Weltgeschichte keine Konsequenz, das lehrt ihn der Prediger Paulus. Der Mythos braucht Bestätigung durch die Wirklichkeit nicht. Man sieht, was sich verändert hat, seit damals vor vierzig Jahren der Engel Clarence Jimmy Stewart sein Städtchen zeigte, wie es würde, wenn er Selbstmord beginge.

Im Pokerspiel am Kreuz hat Jesus am Ende nicht Gott verraten, sondern Judas, der hat die Rolle des *heavy* übernommen, des Verräters, und Jesus lässt ihn, als seinen *sidekick*, im Stich. Dabei war es schon Verrat, dass diese jungen Rebellen ohne Grund alt geworden sind.

Am Ende ist Jesus aus seinem falschen Leben zurückgeholt in seinen Tod. Das wahre Geheimnis des Films aber bleibt unerschlossen, der zweite Tod des Lazarus, den Barabbas erschlägt. Welchen Tod hat der, der keinen Unterschied mehr spürte zwischen Leben und Tod, was ist das für ein Tod, nach diesem zweiten Leben?

Lazarus, das ist Stillstand. Nichts, Absenz. Materie, die keinen Widerstand bietet. Einen winzigen Augenblick lang hatte er versucht, sich seiner Auferstehung zu widersetzen und Jesus hineinzuziehen in das schwarze Loch, das sein Grab ist.

Zuerst erschienen als:
»Love and Passion. *Die letzte Versuchung Christi* von Martin Scorsese«. In: *steadycam*, Nr. 10/Herbst 1988, S. 54–55.

SIMON ROTHÖHLER

The Loveless
Kathryn Bigelow & Monty Montgomery, 1981

Im Reich der Zeichen der Achtzigerjahre sind Biker mitunter Bedeutungsträger eines mehrfach abgeleiteten Registers. Absichtsvoll hochgeregelte Semiotizität, das kann enervieren. Geordneter Sinn mag sich nämlich nicht recht einstellen. Rutscht einfach an den polierten Oberflächen ab, findet keinen Halt, keinen Weg nach innen, zu einer oder gar *der* Geschichte. Außer der des eigenen Mediums, sagt Janet Maslin, Jahrgang 1949, von 1977 bis 1999 Filmkritikerin der *New York Times*: »It's a terrible thing, being born too late. *The Loveless*, a pathetic homage to the 1950s, has been made by two writer-directors, Kathryn Bigelow and Monty Montgomery, who share an unmistakable longing for that era. [...] This movie, a slavish homage to *The Wild One*, is full of peach and aqua luncheonette scenes, which give it some minuscule visual edge over the original. But otherwise, it's no improvement. Its evocation of tough-guy glamour is ridiculously stilted. (›This endless blacktop is my sweet eternity‹, says the not-very-Brandoesque hero.) And it regards the past with absolutely no perspective or wit.«[70]

70 Janet Maslin: »50's Style *Loveless*«. In: *The New York Times*, 20.1.1984, www.nytimes.com/1984/01/20/movies/50-s-style-loveless.html.
71 Vgl. Fredric Jameson: »Nostalgia for the Present«. In: Ders.: *Postmodernism, or, The Cultural Logic of Late Capitalism*. Durham 1991, S. 279–296.
72 Vgl. Wendy Hui Kyong Chun: *Updating to Remain the Same: Habitual New Media*. Cambridge, Mass. 2016.

Aus der Perspektive einer Gegenwart, in der der historische Ort dieses regelrecht empörten Verrisses seinerseits als »the Eighties« entrückt und konsolidiert scheint, stellt sich die Frage nach Perspektive (*or wit*) ohnehin noch mal anders. Was wollten die Achtziger- von den Fünfzigerjahren, fragt also eine Gegenwart, die genau was von den Achtzigern will? Etwa deren Fünfziger? Man könnte Fredric Jameson konsultieren, müsste diesen dann aber wohl seinerseits ideengeschichtlich historisieren – wobei die anhängige Traditionslinie linker Kulturkritik so falsch ja nicht lag, als sie eine »nostalgia for the present«[71] diagnostizierte, was unter veränderten medientechnologischen Vorzeichen heute in etwa so klingt: *Updating to Remain the Same*.[72] Das Kino, dieses medienarchäologische Sehnsuchtsobjekt, ist im Kontext der dominanten Temporalordnung des »ubiquitous computing« zwischenzeitlich selbst in vielerlei Hinsicht diffundiert.

Aber betrachten wir mit Maslin den König der Biker: »They are led by Vance (Willem Dafoe), who spends a lot of time zipping and unzipping his jacket expressively.« Das zumindest stimmt und beginnt gleich in den ersten Bildfolgen, nachdem geübte Kammbewegungen reichlich Pomade sorgfältig übers Haar verteilt haben. Der manuell modellierte Helm sitzt und kann auch vom Fahrtwind kaum irritiert werden. Und wenn doch, dann ist alles nach einem Schnitt wieder reformiert. »Continuity« wird hier generell anders interpretiert: Immer zurück auf Anfang, das ist die Anschlusspolitik.

Die zweite Szene, der zweite Stopp enthält dann eigentlich auch schon den ganzen Film,

The Loveless (1981)

vom Anfang her gesehen, eine Serie kunstvoll freigestellter Posen entlang der Route 17: im Diner, vor Coca-Cola-Automaten, auf Motelzimmerbetten in Begleitung von Minderjährigen. Kein Land, auch keine »Southernness« hinter Americana, aber reiche Vitalzeichen. *Drive, she said?* Dieser Film wollte nie nach Dayton (but otherwise, it's no improvement).

OLIVER NÖDING

The Prowler

Joseph Zito, 1981

der Laszivität beharrlich auf Trägheit reimt. Retrorocker Dafoe – beim besten Willen: *no scorpio rising* – eilt einer Dame mit signalartig kommunizierten Autoproblemen zu Hilfe, zieht als erste Rettungsmaßnahme die Lederjacke aus und widmet sich dann der Pannenursache: in einer sehr langsamen, sich gleichsam selbst beim Herstellen beobachtenden, dementierenden Feinripp-Performance.

Ein Bikerfilm also, der auf Autoerotik und Antiakzelerierung setzt. Es war wohl dieser Modus des freimütig zelebrierten Selbstgenusses, der Maslin damals auf die Palme und Leute wie Andy Warhol und Robert Mapplethorpe in die New Yorker Premiere des Films brachte. Ein urbanes Kunstmilieu erlaubt sich eine chirurgische Bewegtbildoperation und nennt das freigelegte Präparat einfach weiter Kino. Das investierte anatomische Wissen über die Bauweisen genrehaft formatierter Filmkörper ist nicht zu übersehen und bis heute organisches Trademark eines Bigelow-Films. Übrig bleibt,

Joseph Zitos *The Prowler* gehört zur ersten Welle der Slasherfilme, die im Anschluss an *Friday the 13th* (Sean S. Cunningham, 1980) in die Kinos kamen. Die bald darauf perfektionierte Erfolgsformel war noch längst nicht zementiert. Mit späteren Slasherfilmen, die ihre Antagonisten zu Popstars aufbliesen und sich dabei immer mehr der Komödie annäherten, verbindet ihn kaum etwas, selbst gegenüber dem vermeintlichen Ideenstifter mutet Zitos Film deutlich düsterer, brutaler, trauriger, deprimierender an. Man kann argumentieren, dass es vor allem die Übelkeit erzeugenden Spezialeffekte von Tom Savini sind, die *The Prowler* seinen anhaltenden Ruf bescherten (in Deutschland ist er bis heute beschlagnahmt), doch zu behaupten, er sei – wie andere Slasherfilme – nur um diese herumgebaut, greift zu kurz.

Zito etabliert mit wenigen Pinselstrichen, aber dennoch glaubwürdig, seinen Schauplatz als Ort mit einer dunklen Geschichte, bewohnt von Menschen, die mit dieser Geschichte aufgewachsen sind und ihrem langen Arm nicht entfliehen können. Anklänge an den *Gothic horror* mit seinen aus der Vergangenheit in die Gegenwart reichenden Gespenstern sind kaum zu überhören. Das ist nicht nur ein unbedeutendes Detail: Indem Zito die im Slasherfilm üblicherweise zum reinen Gimmick verkommene Gewalt in einen historischen Kontext setzt, verortet er seinen Film in einer der unseren nahestehenden Realität und erzählt uns tatsächlich etwas über Amerika und die Verheerungen, die Krieg und Gewalt hinterlassen.

Typisch für das Genre, beginnt auch *The Prowler* mit einer Rückblende: In einem Brief, als Voice-over zur weiblichen Handschrift verlesen, erklärt eine junge Frau namens Rosemary ihrem im Zweiten Weltkrieg kämpfenden Verlobten, dass sie nicht auf ihn warten und ihn stattdessen verlassen werde. In der folgenden Sequenz, die beim Abschlussball nach Kriegsende im Jahr 1945 spielt, wird sie gemeinsam mit ihrem neuen Freund brutal ermordet: Eine Mistgabel spießt die im innigen Kuss umschlungenen Liebenden auf und durchbohrt sie, der Mörder legt ihr noch eine Rose in die erkaltete Hand. Die Kausalkette, die der Prolog aufzieht, lässt kaum einen Zweifel an der Identität des Unholds.

35 Jahre später wird in dem kleinen Örtchen zum ersten Mal wieder ein Abschlussball veranstaltet und die Highschool-Absolventen sind durch die Nachricht, dass ein auf der Flucht befindlicher Raubmörder bei ihnen auftauchen könnte, verunsichert. Freilich geht eigentlich

ein viel schlimmerer Killer um, nämlich jener von einst, der sich durch die Wiederaufnahme der Tradition provoziert fühlt und gleich wieder ans blutige Handwerk geht.

Dem aufmerksamen Betrachter stellt sich bald schon, wenn die Protagonisten im Zuge ihrer Bemühungen, dem Mörder Einhalt zu gebieten, auf die ungeklärte Mordgeschichte stoßen, die Frage, warum der Täter damals eigentlich nicht gefasst wurde: Der gehörnte Ex sollte, das weiß jeder, der einmal einen Krimi gesehen hat, doch der erste Tatverdächtige sein. Das vermeintliche *plot hole* ergibt erstaunlich viel Sinn, wenn man *The Prowler* nicht nur als blutrünstigen Horrorfilm oder *whodunit* betrachtet, sondern als eine Auseinandersetzung mit Schuld und Traumatisierung durch den Krieg. Das Verbrechen wurde von der Kleinstadtgemeinschaft vergessen, die Schuld vielleicht gar der jungen Frau zugeschoben, die ihren die Freiheit und den Frieden in Europa verteidigenden Liebhaber aufs Abstellgleis geschoben hatte. Die Drehbuchentscheidung, ausgerechnet eine Gesetz und Ordnung vertretende Autoritätsperson zum Mörder zu machen – als Killer entpuppt sich in den letzten Minuten der alternde Sheriff, gespielt vom Hitchcock-Veteran Farley Granger –, ist Zeichen für eine Skepsis gegenüber den herrschenden Mächten, die zur Wahrung der Harmonie die Gerechtigkeit vergessen, und damit der Katastrophe Vorschub leisten.

Auffällig ist in *The Prowler* auch der Generationenkonflikt und die Zeichnung älterer Männer – eben der Kriegsgeneration – als körperlich und geistig deformierte Krüppel: Der querschnitts-

The Prowler (1981)

gelähmte Direktor der Schule (Lawrence Tierney), Rosemarys Vater, beobachtet seine Schülerinnen stumm aus seiner Wohnung heraus; der mental beeinträchtigt wirkende Hausmeister torkelt lüstern grienend durch die Räumlichkeiten. Aber das alles spielt sich im Hintergrund des Films ab, der sich ganz auf die Festlichkeiten, die in ihrem Schatten stattfindenden Morde und die Jagd auf beziehungsweise Flucht vor dem Killer konzentriert. Dass sich einem The Prowler so gnadenlos und albtraumhaft einbrennt, hat sowohl mit der unheimlichen Figur des Phantoms zu tun, das im Armee-Kampfanzug mit undurchsichtiger Maske (die es tatsächlich gesichts- und identitätslos macht) und bewaffnet mit Bajonett und Mistgabel sein Werk verrichtet, als auch mit

Savinis schon angesprochener Arbeit, vielleicht seiner besten Leistung in einer beeindruckenden Karriere: Die bei einer Kopfdurchbohrung milchig weiß in den Höhlen nach hinten rollenden Augäpfel eines unglückseligen Jugendlichen und das in einer Unterwasseraufnahme langsam, fast verträumt aus einem Kehlschnitt ins Poolwasser gluckernde Blut sind Details transzendenter Schmerzens- und Leidensbilder, die man nicht mehr so schnell vergisst, auch, weil sie in ihrer Grausamkeit auf die psychisch desolate Lage des Mörders hindeuten – der anders als bei seiner ersten Tat keinerlei Motiv mehr aufzubieten hat. Es tost in ihm nur noch Wahnsinn.

Zito, dem heute ein gigantisches ägyptisches Fernsehstudio gehört, in dem er eine erfolgreiche Soap-Opera produziert, drehte mit *The Prowler* einen ambitionierten Anwärter auf den Thron des Slashergenres. Das sahen auch die Produzenten der *Friday-the-13th*-Reihe so und verpflichteten ihn kurzerhand für den vierten Teil, *Friday the 13th: The Final Chapter* (1984), der unter seiner Regie zum vielleicht reinsten Film der populären Serie avancierte. Zito hatte ein Händchen für Gewaltinszenierung, was er später hauptsächlich mit Actionfilmen wie *Missing in Action* (1984), *Invasion USA* (1986) oder *Red Scorpion* (1988) unter Beweis stellte. Auch wenn sein Name keinen großen Klang hat und er sich vor gut zwanzig Jahren aus dem Geschäft zurückgezogen hat: Er hat einer bestimmten Spielart des Achtzigerjahre-Kinos seinen bluttriefenden Stempel aufgedrückt.

SULGI LIE

To Live and Die in L.A.
William Friedkin, 1985

F for Fake, F for Film, F for Friedkin: Dass Film die Kunst der Fälschung par excellence ist, offenbart sich bei einem Genreregisseur wie William Friedkin nicht minder als bei Orson Welles, der bekanntlich seinen letzten Kinofilm *F for Fake* (1973) titulierte. Ein Diktum, das vielleicht gegen Godards berühmte Formel vom Film als »Wahrheit 24-mal in der Sekunde« gewendet werden kann, in der noch André Bazins theologische Aufladung des filmischen Bilds als *vera icon* nachklingt.

Friedkin hat sich aber spätestens mit seinem zweiten großen Hollywoodfilm klar auf die Seite des Teufels geschlagen: Denn dass in *The Exorcist* (1973) der Teufel den Leib des unschuldigen Mädchens Regan derart monströs besetzt hält, ist vor allem einer selbst schon diabolischen Soundästhetik geschuldet, die den besessenen Körper mit einer grotesk deformierten, elektronisch modulierten Stimme sprechen lässt. Die Stimme des Teufels entspringt direkt der Fälschung der Synchronisation: Indem der Film das scheinbar natürliche Band zwischen Körper und Stimme, zwischen Bild und Ton radikal aufkündigt, hat er sich nicht nur für den postklassischen Horrorfilm als stilbildend erwiesen, sondern artikuliert die Fiktion des audiovisuellen Realitätseindrucks selbst als Effekt einer Fälschung. Eine Fälschung indes, die kein Original mehr kennt: Der Teufel spricht vielförmig und vielzüngig aus Regan – nicht nur in verschiedenen Sprachen und verschiedenen Personen, sondern manchmal gar in rückwärts laufendem Englisch, das nur als Aufzeichnung im Tonlabor wieder korrekt invertiert werden kann: *rewind speech* – der Teufel ist in *The Exorcist* nichts anderes als ein Aufschreibesystem, das die Ordnung von Körpern und Sprachen poetisch und technologisch denaturiert, und nonlineare und achronologische Paradoxien ins Spiel bringt. Deshalb sind Spezialeffekte für eine solche polymorphe Ästhetik der Fälschung und Fabrikation konstitutiv.

Wenn Regans Kopf sich in zwei berüchtigten Szenen des Films um 180 Grad rückwärts verdreht oder sie in umgekehrter Rückstellung auf allen vieren rückwärts die Treppe runterläuft, geht es eben nicht um geschmacklose Effekthascherei, sondern um die plastische Verkörperung jener »Mächte des Falschen«, die Gilles Deleuze in nietzscheanischer Manier dem Kino von Orson Welles attestiert hat. Als einen weiteren filmischen Beitrag über Wahrheit und Lüge im außermoralischen Sinne ließe sich auch *To Live and Die in L.A.* charakterisieren, den Friedkin während einer Periode des amerikanischen Kinos gedreht hat, die gemeinhin eher abschätzig beurteilt wird – gilt das Hollywood der 1980er-Jahre in cinephilen und filmwissenschaftlichen Historiografien doch häufig als eine Ära des politischen und ästhetischen Niedergangs, der den ideologischen Konservatismus der Reagan-Administration mit dem Kommerzialismus kommodifizierter Bildoberflächen konvergieren lässt. Gerade aber weil sich *To Live and Die in L.A.* zu dieser glattpolierten Warenästhetik der Achtzigerjahre eben nicht kritisch, sondern absolut immanent verhält, lässt sich aus dem Film eine strukturale Analyse der spätkapitalistischen Totalität extrapolieren, die sich zentral aus der allegorischen Figuration des Falschgeldes speist.

Im Gewand eines Agenten-Thrillers gelingt es dem Film auf eine ingeniöse, dialektische Weise, das (Un-)Wesen des Falschgeldes sowohl als Wahrheit als auch als Lüge des (Geld-)Kapitals zu fassen: Falschgeld ist wahres Geld, nicht nur weil es für wahr gehalten wird, sondern auch, weil Falschgeld im Tausch ohne die Vermittlung einer Ware direkt in (mehr) Geld konvertiert wird: G-G', wie es die Marx'sche Formel auf den Punkt bringt. Falschgeld bleibt aber falsches Geld, nicht nur weil die Fälschung

trotz aller Perfektion enttarnt werden kann, sondern auch weil der Geldwert weder politisch (durch den Staat) noch ökonomisch (durch Arbeit) gedeckt ist. Deshalb hat Falschgeld als fingiertes, ja fiktionales Geld eine intrinsische Affinität zum Finanzkapital – Geld, das sich gegen Geld austauscht, ist eben nichts anderes als G-G' ohne den Umweg von G-W-G: »Der Wert wird also prozessierender Wert, prozessierendes Geld und als solches Kapital. Er kommt aus der Zirkulation her, geht wieder in sie ein, erhält und vervielfältigt sich in ihr, kehrt vergrößert aus ihr zurück und beginnt den selben Kreislauf stets wieder von neuem. G-G', geldheckendes Geld.«[73]

Als geldheckendes Geld gebiert sich das Falschgeld gleichsam von selbst – eine Art unbefleckte Empfängnis, die sich gerade in ihrer Fälschung als Reinform des Kapitals präsentiert. Die Wahrheit des Falschgeldes ist seine Falschheit, die Falschheit des Falschgeldes seine Wahrheit.

Im Falschgeld erstrahlt der Fetischcharakter der Ware auf besonders trügerische Art und Weise: Die Nachahmung des Geldes setzt sich an die Stelle des Geldes selbst, die Kopie setzt sich parasitär an die Stelle des Originals, das Bild ersetzt das Ding. F for Fake, F for Fetisch: Nun ist der (Geld-)Fetisch für Marx eben keine subjektive Täuschung, sondern die objektive Illusion eines »sinnlich übersinnlichen Dinges«[74], dessen Schein nicht nur notwendig

---

73 Karl Marx: *Das Kapital. Kritik der politischen Ökonomie* (Band 1). Berlin 1970, S. 170.
74 Karl Marx, a.a.O., S. 85.

To Live and Die in L.A. (1985)

falsches und notwendig richtiges Bewusstsein ineinander kollabieren lässt. Im Falschgeld offenbart sich der Trugbildcharakter des fetischistischen Scheins als materiell verdinglichtes Trugbild. Die ohnehin »gespenstische Gegenständlichkeit«[75] des (Geld-)Fetischs ist im Falschgeld nochmals potenziert, so dass man vom Falschgeld gar als dem Trugbild eines Trugbildes sprechen könnte.

Um die durch Falschgeld bewirkte Entsicherung von Bedeutung geht es zentral in *To Live and Die in L.A.*, in dem die paradoxe Logik des Simulacrums nicht nur die ökonomische, sondern ebenso die politisch-staatliche und psychosexuelle Struktur des Spätkapitalismus kontaminiert hat. Der Film zeigt uns das Los Angeles der Achtzigerjahre als eine Welt, in der alle gesellschaftlichen Verhältnisse durch Geld und Falschgeld vermittelt sind. Materialistisch ist der Film in dem präzisen Sinn, dass die Totalität der monetären Tauschbeziehungen ohne jede Moralisierung in ihrer abstrakten Funktionalität vorgeführt wird. Ob Gangster oder Polizisten – niemand bleibt von der systemimmanenten Korruption und Perversität des (Falsch-)Geldes unberührt.

In diesem Universum des geldheckenden Geldes, des selbstverwertenden Wertes und simulierter Simulacra ist jegliche Transzendenz von der »metaphysische[n] Spitzfindigkeit und theologische[n] Mucke«[76] der Geldware ersetzt worden, die als Falschgeld aus wertlosem Papier Wert generiert; aus fiktiven Zeichen realen Profit macht. Falschgeld ist spekulatives Geld; *To Live and Die in L.A.* ist eine Spekulation der Spekulation »auf / über das, was dem Kapital in einer Kapitale im Zeitalter des Geldes geschehen kann: Der Umlauf des falschen Geldstücks kann, selbst bei einem *kleinen Spekulanten* die realen Zinsen eines echten Kapitals erzeugen. Ist so, indem es Zinsen ohne Arbeit erzeugt, indem es, wie man sagt, von alleine arbeitet, die Wahrheit des Kapitals nicht fortan das Falschgeld? Gibt es hier eine wirkliche Differenz zwischen echtem und falschem Geld, sobald es Kapital gibt? Und Kredit?«[77]

Derridas Fragen berühren die Problematik einer prekär gewordenen Deckung des Geldes im Kapitalismus, das weder vom Staat, von Gold und auch nicht von Gott gedeckt wird. »Do you believe that the stars are the eyes of God?«, wird Ruth, die Informantin und Liebhaberin des Secret-Service-Agenten und Falschgeldjägers Richard Chance (William Petersen) mit zweimaliger Rätselhaftigkeit fragen – und Chance wird jedes Mal diese Frage ohne jeden Zweifel verneinen. In der vollends durch das Geld profanierten Welt von *To Live and Die in L.A.* gibt es keinen Gott, womöglich aber einen Teufel – sein Name ist Eric Masters (Willem Defoe), Geldfälscher und Antagonist von Chance.

Obwohl *To Live and Die in L.A.* auf den ersten Blick mit dem diabolischen Diskurs von *The Exorcist* nichts zu tun hat, verleiht auch dieser Film der Figur des Fälschers eine geradezu mephistophelische Dimension: Denn Masters ist nicht nur der Meister über Leben und Tod

75 Ebd., S. 52.
76 Ebd., S. 85.
77 Jacques Derrida: *Falschgeld. Zeit geben I.* München 1993, S. 162.

seiner Gegner, sondern über Leben und Tod des Falschgeldes; der Entrepreneur, der das Falschgeld in Eigenregie produziert, vernichtet dieses immer auch in sinnlos erscheinenden Akten der Verschwendung. Wiederholt sieht man Masters im Film beim Verbrennen von Falschgeld und anderen (Wert-)Gegenständen. Verwertung und Entwertung, Produktion und Zerstörung bilden bei Masters einen merkwürdigen Kreislauf, als ob der gefälschte Wert notwendigerweise wieder auf die totale Nullstufe zurückkehren müsste.

Mit dem verstörenden Akt einer suizidalen Verschwendung beginnt auch die Pre-Title-Sequenz des Films: Zu dem Titelsong der britischen Popband Wang Chung, die bezeichnenderweise in einer Zeile »I feel that God is not in heaven« singt, sieht man eine in maximaler staatlicher Hochsicherung aufgerüstete Autokarawane in ein Kongresshotel fahren. Dort hält Ronald Reagan höchstpersönlich eine Rede, deren Worte man durch die Ohrhörer von Richard Chance' Geheimdienstpartner Jimmy Hart hört: »I believe that in both spirit and substance our tax system has become un-American. Death and taxes may be inevitable, but unjust taxes are not. The first American Revolution was sparked by a conviction – taxation without representation is tyranny.«

Mittels dieser Rede situiert sich der Film nicht nur in einem konkreten zeithistorischen Moment, sondern lenkt unmittelbar den Fokus auf das bis heute unerschütterliche Dogma des

Neoliberalismus, das Steuererhöhungen nicht nur als Verbrechen, sondern von Reagan gar in McCarthy'scher Manier als antiamerikanischen Verrat an der ganzen Nationalgeschichte deklariert. Indem Reagan die Losungen »Death and taxes« und »Taxation without representation is tyranny«, die aus dem amerikanischen Unabhängigkeitskrieg gegen die britische Kolonialmacht stammen, ideologisch umcodiert, erklärt sich die neoliberale und neokonservative Konterrevolution der 1980er-Jahre selbst zum revolutionären Projekt. Auf rabiate Weise werden Steuererhöhungen mit dem Tod gleichgesetzt, dem Tod des amerikanischen Kapitals. Damit das Kapital wieder vital florieren kann, müssen die Steuern gesenkt werden.

Auf den tödlichen Antiamerikanismus der Steuer folgt in der assoziativen Verdichtung der Sequenz prompt der tödliche Antiamerikanismus des islamischen Terroristen, als ob ein interner Antagonismus externalisiert werden müsste. Chance spürt auf dem Hoteldach einen mit Dynamit gerüsteten Selbstmordattentäter auf, der in manischen Parolen Israel und Amerika und allen Feinden des Islams den Tod wünscht. Nur weil Jimmy Hart im letzten Moment den Attentäter vom Dach zieht, überlebt Chance die Explosion. Wie Michael J. Shapiro in seiner anregenden Interpretation des Films anmerkt, spiegeln sich paradoxerweise die Worte Reagans und des Attentäters in der Affirmation des Exzesses: »Here, a comparison of saving and hoarding life to protect value versus achieving value by expending life passionately is presented as analogous to saving and hoarding versus spending money.«[78]

78 Michael J. Shapiro: *Cinematic Political Thought. Narrating Race, Nation and Gender*. Edinburgh 1999, S. 153.

Wenn (kreative) Destruktion für die Wert-
bildung konstitutiv geworden ist, dann ist der
Neoliberalismus dem Terrorismus näher, als
ihm lieb sein kann. Ein solcher Terrorist des
Kapitals ist nämlich auch Masters. Ein (selbst-)
zerstörerischer (Todes-)Trieb verbindet über
das Feuer der Explosion den arabischen Terroristen mit dem Geldfälscher. Nicht zufällig wird
auch Masters als Personifizierung einer nihilis-
tischen Negation in den Film eingeführt: In
seiner Designervilla rollt er ein selbstgemaltes
Gemälde auf dem Boden aus, um es anschließend in einer abrupten Reaktion draußen an die
Wand zu heften und zu verbrennen: F for Fire,
Masters ist ikonophil und Ikonoklast zugleich.
Diese rituelle Bildzerstörung steht als symbolischer Akt für das extrem ambivalente Verhältnis zwischen Bild und Geld, die sich gegenseitig
hervorbringen, nur um sich wieder gegenseitig
zu vernichten. Masters erster Auftritt steht syn-
taktisch am Ende einer ausgedehnten Titelsequenz, deren komplexe Montagelogik deutlich suggeriert, dass der Reichtum von Masters
auf der Falschgeldzirkulation in den sowohl
proletarischen wie ethnisch gemischten Bezir-
ken von L.A. basiert. Es beginnt mit einer Montage in Rot: die Großaufnahme einer Pistole
im Rotlicht; als der Schuss fällt und das Mün-
dungsfeuer aus dem Lauf tritt, friert das Bild
für einen kurzen Moment ein und entfärbt sich
zugleich ins Schwarzweiß. Darauf folgt eine
Totale des rötlichen Sonnenaufgangs über L.A.
und eine Detailaufnahme der Augen eines ge-
malten Porträts, das sich durch einen merkwürdigen (elektronischen) Färbungseffekt von
Lila in Rot wandelt.

Damit wird eine dichte semantische Verknüpfung von Tod, Stadt und Bild in Gang
gesetzt, die das *pattern* der vorherigen Sequenz
fortführt. Nach einer Abfolge von Einstellungen, die Güterzüge, ausrangierte Autokarossen
und industrielle Produktionsstätten bei Tages-
anbruch zeigen, setzt mit dem treibenden
Pop-Sound eine serielle Montage von ano-
nymen Geldtransaktionen ein – 20-Dollar-
Scheine, die auf den Straßen von Los Angeles in
ethnisch gemischten Begegnungen schnell
gegen andere Scheine ausgetauscht werden.
Das Falschgeld zirkuliert im beschleunigten
Montage-Rhythmus eines Videoclips, während
die Titel in plakativer Typografie und knalligen
Rot- beziehungsweise Grüntönen eingeblendet
werden.

Danach folgt eine andere Bilderserie von in-
vestigativ beschrifteten, schwarzweißen Über-
wachungsfotos von tatverdächtigen Falschgeld-
händlern. Falschgeld und Gesetz werden damit
von Beginn an in ein System der konstanten
Zirkulation eingebunden, das die Trennung
zwischen Illegalität und Legalität in der Form
der Montage unscharf werden lässt. Der tänze-
rische Flow von Geldern und Bildern wird aber
immer wieder von diegetisch disjunktiven Einstellungen punktiert, die zu einem anderen
Zeitpunkt des Films wieder auftauchen und so
um- und decodiert werden: das geschminkte
Gesicht einer Frau (die später als Masters'
Freundin Bianca eingeführt wird), die frontal in
die Kamera schaut und in einer grafischen
Manipulation direkt aus der rot-grünen Schrift
des Filmtitels erscheint; ein weiteres Gemälde
mit hervorgehobenen Augen, eine andere Frau,

die rauchend im Bett liegt (später als Chance'
Freundin Ruth eingeführt).

Bereits an diesen *flash-forward*-artigen Ein-
schüben wird deutlich, dass der Film nicht im
linearen Modus narrativer Kausalität verfährt,
sondern in Loops von *fast forward* und *rewind*.
So nimmt auch Masters Bildverbrennung
seinen eigenen Verbrennungstod am Ende des
Films bereits vorweg – ein narrativer Kurz-
schlusseffekt, der den Urheber der wertbilden-
den Zirkulation zugleich als radikalen Wert-
vernichter antizipiert. Im selben Moment, da
Masters zum ersten Mal zu sehen ist, enden
auch die Credits mit der Einblendung von William Friedkins Namen. F for Fake, F for Fiction,
F for Friedkin: eine Autoallegorie des Regisseurs als Fälscher.

Friedkin ist wie Masters ein Meister der
Trugbilder – er fingiert Bilder ohne Deckung,
so wie Masters Geld ohne Deckung fingiert:
»Ferner, die Erzählung ist eine Fiktion, und
zwar eine Fiktion des Fingierens, eine Fiktion
aufgrund eines Fingierens, sogar die Fiktion
eines Fingierens.«[79] Friedkin ist der Enunziator,
aber ein trügerischer. F for Fraud: »Zusamm-
enfassend könnte man sagen, dass der Fälscher
zur Personalisierung des Films schlechthin
wird.«[80]

Zuerst erschienen als:
»F for Fake: Fälschung und Falschgeld in William Friedkins
To Live and Die in L.A.«. In: *Rheinsprung 11. Zeitschrift für
Bildkritik*, Nr. 5/April 2013, S. 22–36. Die vorliegende Fassung
wurde vom Autor gekürzt und geringfügig überarbeitet.

79 Jacques Derrida, a.a.O., S. 115.
80 Gilles Deleuze: *Das Zeit-Bild. Kino 2*. Frankfurt am Main
    1991, S. 176.

ALEJANDRO BACHMANN

VHS (Video Home System)

»The battle for the mind of North America will
be fought in the video arena, the Videodrome«,
heißt es 1983 mit aus heutiger Perspektive erstaunlicher Weitsicht in David Cronenbergs
Videodrome. Jenes mittlerweile ikonische Bild
der in den Bauchraum eindringenden VHS-
Kassette verdichtet als Metapher eine Bewegung, die mit diesem Heimformat zwar nicht
ihren Anfang nimmt, aber ihr entscheidendes
(und bis heute in Diskursen zur digitalen Dis-
semination des Bewegtbilds forthallendes) Mo-
mentum erreicht, weil sie Potenziale des Mediums Video auch jenseits der professionellen
Film- und Fernsehindustrie sichtbar macht:
Mit der radikalen Expansion des Home-Video-
Markts (von rund 1,9 Millionen mit einem
Videorecorder ausgestatteten US-Haushalten
1980 zu 64 Millionen 1989, und von 3,9 Millionen verkauften VHS-Kassetten 1980 zu 208 Millionen 1989) ordnete sich das Verhältnis von
Mensch und Bewegtbild völlig neu. War Letzteres mit dem Fernsehen bereits in die privaten
Räume eingedrungen, stellte VHS die Frage
auf andere Weise, nämlich entlang der Para-
meter von Besitz, Kontrolle und Verfügbarkeit.
Bilder waren jetzt für jeden aufzuzeichnen
und wiederzugeben, neu zusammenzufügen
und damit auch umzudeuten; die Grundpfeiler
einer »telematischen Gesellschaft«, wie sie
Vilém Flusser 1985 in seinem Buch *Ins Universum der Technischen Bilder* vorzeichnet, waren
gelegt. Die Verbreitung von Video, jenem »un-

Videodrome (1983, David Cronenberg)

ehelichen Kind des Kinos« (Jean-Luc Godard), in privaten Haushalten war für die Filmindustrie mit einem Überdenken von Produktions-, Distributions- und Wertschöpfungsweisen verbunden. Dass diese Veränderung in einer durch und durch kapitalistischen Welt auch ein neuartiges Eindringen der Bilder in die intimsten Bereiche des körperlichen und psychologischen Gewebes sowie ein Umschreiben der übergreifenden Strukturen menschlicher Geschichtsschreibung beinhaltete – davon erzählt ein nicht kleiner Teil des amerikanischen Kinos der Achtzigerjahre.

Die damals entstehenden Corporate-Strukturen der Filmstudios haben zu einem großen Teil mit der Verbreitung von VHS zu tun: In der Bilanz der 20th Century Fox war das Homevideo-Segment der am schnellsten wachsende Teil des Umsatzes, Columbia gründete Columbia Pictures Home Entertainment, Warner Bros. errichtete eine eigene Abteilung nur für dieses Marktsegment und die Wall Street begann Mitte des Jahrzehnts den Aktienwert der Studios auch anhand der Gewinne des Video-Marktes festzulegen – die Industrie wusste, dass alles anders werden würde, dachte aber vor allem über den Kampf gegen Piraterie, die Gewinnmaximierung bei Leihkassetten und den zeitlichen Abstand zwischen Kinoauswertung und VHS-Release nach. Mel Brooks' *Spaceballs* (1987) nimmt im metafiktionalen Höhepunkt seiner Satire auf die *Star-Wars*-Trilogie (George

Lucas, 1977–1983) diese Sorge auf und fügt ein Bild über die Auswirkungen der Videotechnologie auf das Zuschauerverhalten hinzu: Wenn Lord Helmet das Tape von *Spaceballs* einlegt, um zu einer früheren Szene des Films zurückzuspulen, wird er zur Blaupause des Homevideo-Privatkonsumenten und macht zugleich klar, dass das filmische Bild durch Video zu etwas anderem wird – zu einem Text, den man vor- und zurückblättern, anhalten und neu editieren kann. Dass davon mehr als die Veränderung ästhetischer Wahrnehmung betroffen ist; dass diese neue Medientechnologie sich tief in die psychosoziale Substanz einschreiben würde, wird wiederum in *Henry: Portrait of a Serial Killer* (John McNaughton, 1986) deutlich, wenn der Protagonist und sein Helfer sich die Aufzeichnungen ihrer Morde ansehen, zurückspulen und in der Zeitlupe zerdehnen. Video wird zum Spiegel des Geistes, dieser findet sich, in Bewegtbilder übersetzt, auf den Bildschirmen von Millionen Konsumenten wieder. McNaughtons Film war selbst Produkt dieser neuen Bilderlogik, produziert von der Directto-Video-Firma Maljack Productions, die mit Gewaltkompilations-Videos wie der Serie *Faces of Death* (1978–1995) so viel Geld verdient hatte, dass sie nun endlich einen »richtigen Film« auf 16mm und fürs Kino machen konnte. Aus Jay Leydas *Film Begets Film* wird in den 1980er-Jahren *Film Begets Video Begets Film*.

Der expandierende Videomarkt bereitete den großen Studios sowohl Kopfschmerzen als auch neue Einnahmequellen; jenseits ihres direkten Einflussbereichs aber beförderte er andere Bewegtbildsektoren (so zum Beispiel die Pornoindustrie) und steigerte insgesamt die Nachfrage nach Filmen. Daraus entstand auch ein Segment, das in den Neunzigerjahren das Label »Independent Film« erhielt. Einer seiner prominenten Anfänge Ende der 1980er: Steven Soderberghs *Sex, Lies, and Videotape* (1989). Der wiederum thematisiert den Abdruck, den das neue Medium auf gesellschaftlichen Kernstrukturen hinterlassen sollte, so explizit und reflektiert wie sonst nur die Filme David Cronenbergs: Die Videoaufnahmen von über ihr Sexleben sprechenden Frauen stehen im Zentrum einer Dekonstruktion des suburbanen Scheinidylls – die Kassette ist Träger eines sammelbaren Fetischs, der Beweismittel, Therapiekatalysator und Masturbationsvorlage zugleich wird; der die kleinbürgerliche Gleichsetzung von Liebe und Besitz, geliebter Person und Vereinnahmung gleichzeitig hervorkehrt und auflöst.

»Hast du den Film?« ist eine Frage, die vermutlich erst in den Achtzigerjahren Teil des allgemeinen Sprachgebrauchs wurde. Hatte es vor Video durchaus 16mm- und 8mm-Reduktionskopien von ausgewählten Filmen für Sammler gegeben, machte VHS Filmgeschichte wie nie zuvor abruf- und verfügbar, und zugleich sichtbar, wie instabil und damit modellierbar Geschichte ist: Auf die große Nachfrage des Videomarktes reagierte die Industrie unter anderem mit der flächendeckenden Verbreitung von sogenannten »Filmklassikern«, deren Bildformate mittels Pan-and-Scan-Verfahren auf das Wohnzimmerinterface oder mittels Nachkolorierung von Schwarzweißfilmen auf vermeintliche Sehgewohnheiten zugeschnitten (also verfälscht) wurden. Es brauchte Künstler

wie Jean-Luc Godard, um dieses Zuschneiden
des Films für das Medium Video zu einem progressiven, aufklärerischen und poetischen Prozess umzugestalten. Godards Ende des Jahrzehnts begonnene(n) *Histoire(s) du cinéma* (1989–
1999) nutzte(n) reflektiert die spezifischen Möglichkeiten des Mediums Video, um über poten-
zielle Vervielfachungen von Kinogeschichte(n)
nachzudenken. Bewegte Bilder anzuhalten,
wieder zu sehen, zu zerschneiden und neu in
ein Verhältnis zueinander zu setzen, kurzum:
mit Bildern und Tönen Geschichte zu schreiben, war in diesem neuen Medium in einem
emanzipatorischen Sinne möglich, wenn man
es jenseits seines Marktgebrauchs als spezifischen Bildtypus zu verstehen und einzusetzen
suchte.

Einer der größten Kassenerfolge der frühen
1990er-Jahre machte deutlich, dass dies eine
Ausnahme bleiben würde. *Everybody's darling*
Kevin interessiert sich in *Home Alone* (Chris
Columbus, 1990) nicht für die progressiven
Potenziale des VHS, wenn er das Tape eines
Gangsterfilms so abspielt, dass die Einbrecher
es für die Realität eines Wahnsinnigen mit Ma-
schinengewehr halten. Bei totaler Kontrolle
über die Bilder durch Videotechnologie wird
der Bildspeicher zur Waffe, um den reichlich
vorhandenen Besitz vor den weihnachtlichen
Dieben zu schützen – die Kontrolle der Bilder
als Sicherung der sozialen Hierarchie und Verteidigung des Kapitals. »The battle for the mind
of North America …«

ANDREY ARNOLD

Vice Squad
Gary Sherman, 1982

Das US-Kino der Achtzigerjahre, so heißt es
immer wieder, war ein Kino der Oberflächen.
Und Oberflächen, so lehrt uns die kritische
Theorie, ist nicht zu trauen. Sie sind glatt und
glänzend, verstellen schreckliche Wahrheiten
und lenken heimtückisch vom Wesentlichen
ab. Will man sie zu fassen kriegen, rutscht man
ab. Sucht man Tiefe und Authentizität, bieten
sie gelekte Spiegelbilder. Wo ist der Schmutz,
das Ranzige, der Ritzendreck? Der Stoff, aus
dem die Albträume sind? Das unverfälschte, ab-
gefuckte Leben? Ganz abgesehen davon, dass
ein aufmerksamer Streifzug durch *surface levels*
oft ergiebiger sein kann als jede Tiefenbohrung,
ist dieser Generalvorwurf gegen die Leinwand-
welten der Eighties ein reduktionistisches Pau-
schalurteil. Und zwar eines, das zur Absiche-
rung seiner Beweisführung filmhistorisch bewusst an der Oberfläche bleibt. Als Konter
dient sich ein Begriff an, der zwar auch mit
Oberflächlichkeit assoziiert wird, aber nicht
oberflächlich klingt, sich nicht oberflächlich
anfühlt: »sleaze«.

Seine (mutmaßlichen) etymologischen Wurzeln liegen in der preußischen Provinz Schle-
sien – im 17. Jahrhundert ein Zentrum europäi-
scher Textilproduktion. Ursprünglich wurde
schlesischer Stoff für seine hohe Qualität ge-
schätzt. Der Germanismus »sleazy« galt in
England lange Zeit als semantisches Gütesiegel
für Baumwollgewebe. Doch die Proliferation

minderwertiger, hauchdünner Schleuderware brachte das Wort in Verruf. Es mutierte zum Signum fragwürdiger Herkunft und strittiger Beschaffenheit. Die Konnotation moralischer Anfechtbarkeit ging wie von selbst daraus hervor und setzte sich irgendwann als Kernbedeutung durch. Ein mehr oder weniger äquivalenter deutscher Begriff wäre wohl »halbseiden«. Gemeinhin wird »sleazy« allerdings mit »schmierig« und »schmuddelig« übersetzt, was den lautmalerischen Charakter der englischen Wurzel bewahrt. »Sleaze«, das liegt auf der Zunge wie sämige Ekelsülze, klebt wie Sperma zwischen den Fingern, tropft auf den Boden und macht ihn zuschanden. Es ist ein haptischer Ausdruck, der sich weder glätten noch polieren lässt, der mit seiner ungebärdigen Plastizität abstößt – oder unanständige Gelüste weckt. Sein Klang birgt ein Versprechen des Verbotenen, handelt von obszönen Offenbarungen jenseits bürgerlicher Obhut.

In den amerikanischen 1980ern witterte man das Verbotene nach wie vor im Dickicht des Großstadtdschungels, der sich der Domestizierung durch konservative Kräfte hartnäckig entzog. Dort wucherten *sex and crime*, dort wurde man von *hoodlums* begrapscht und von *street trash* besudelt, dort lauerten Verbrecher hinter jeder Ecke und **C.H.U.D.** (im gleichnamigen Horrorfilm von Douglas Cheek, 1984) in der Kanalisation. Aus allen Poren der urbanen Gefahrenzone quoll widerlicher »Neonschleim«, dem sich jene, die nie davon gekostet hatten, nur im Schutzanzug zu nähern wagten – oder im Kino. Und das führt zu Gary Shermans formidablem Schmuddelthriller *Vice Squad*.

Vice Squad (1982)

»... The Real Story« verspricht der Untertitel auf dem nachtschwarzen Poster des Films, das ein wenig an das ikonische Plakat von *The Exorcist* (William Friedkin, 1973) erinnert – ein Versuch, Kapital aus Shermans Ruf als Horror-Regisseur zu schlagen. »On the street the real trick is staying alive«, witzelt die sardonische Tagline. Klare Botschaften: Das Leben im Straßensündenpfuhl ist noch viel schlimmer, als man es sich in seinen kühnsten Träumen auszumalen wagte. Hereinspaziert, hereinspaziert! Willkommen auf dem Hollywood Boulevard – Diskretion bitte an der Garderobe abgeben. Schon das erste Bild, ein vertikaler Schwenk vom Schuhwerk zur Haarpracht eines *working girl*, wirft jegliche Scham über Bord – in Shermans vorgängigem Gruselthriller *Dead & Buried* (1981) gibt es am Anfang einen ähnlich voyeuristischen Kamerablick; er wird dort allerdings einem lüsternen Fotografen zugeordnet und zügig abgestraft. Es ist der offensive Auftakt einer Vorspann-Montagesequenz, die den Zuschauer mitten ins Nachtratten-Gewusel stürzt. Zur Einstimmung auf seine weitschweifige Gossensafari lässt der Film eine schillernde *freak show* vorbeidefilieren: Obdachlose, *streetwalkers*, Motorradbullen, *leather daddies*, schrullige Strizzis und schräge Vögel glitzern im grellen Blinklicht der Polizeisignale und Leuchtreklamen. Ästhetisch bewegt sich das Ganze zwischen Direct-Cinema-Lokalaugenschein und Pulp-Karikatur (Kamera: John Alcott). Im Hintergrund röhrt Hauptdarsteller Wings Hauser mit lächerlicher Inbrunst seine Hard-Rock-Hymne *Neon Slime*: »I'm a stone-cold believer in the pleasures of hell!«

Doch was wäre die Hölle ohne Himmel? Hinter der nächsten Schwarzblende wartet ein brüchiges Familienidyll. Eine alleinerziehende Unternehmerin (verschalt / verletzlich: Season Hubley) verabschiedet sich von ihrer kleinen Tochter. Um zu überleben, muss sie ihr braves Mittelstandskostüm gegen das Federkleid einer Stricherin tauschen und in den Tartaros von Los Angeles hinabsteigen. Obwohl es Überwindung kostet, wirkt sie dort augenblicklich wie ein Fisch im Brackwasser. Als »Princess« (den »wahren« Namen der Heldin erfahren wir nie) kann ihr keiner was: Souverän stolziert sie im violetten Seidenhemd durch Reihen von *pimps* und *pushers*, wehrt mit scharfer Zunge Zudringlichkeiten ab, angelt gekonnt die besten Klienten und fügt sich nahtlos ins verruchte Getümmel.

Ihr erstes Leben scheint komplett vergessen. Hier hat sie eine andere Familie: Die Kolleginnen, mit denen sie sich an der Bar über die Spleens der Kundschaft lustig macht, bilden eine Solidargemeinschaft und passen aufeinander auf. Denn im Dunkeln lauern Wölfe. Einer der gefährlichsten nennt sich »Ramrod« (ohne Nom de guerre kommt hier niemand aus). Wings Hauser liefert in der Bad-Guy-Rolle eine saumäßig unangenehme Glanzleistung. Sein Schafspelz ist das Erscheinungsbild eines stämmigen *Dallas*-Stars, mit Stetson, schwarzen Locken und gemeißelter Visage. Sanft streichelt sein Finger die Motel-Tür, hinter der sich eine »seiner« Prostituierten vor ihm versteckt: »All I wanna do is love you!« Kurz darauf fesselt er sie mit einem Drahtbügel ans Bett und lässt seinem inneren Sadisten freien Lauf.

Die ganze Verachtung des Films gilt diesem *hard-hitting smooth talker*, der von Princess aus Rache ans Messer geliefert wird und darob völlig aus der Haut fährt. Doch er ist keine Ausgeburt der Halbwelt, sondern ein unerwünschter Eindringling: Mit seinem Faible für **Country** und der Cowboy-Montur mutet er an wie die Manifestation konservativer Kräfte, die auf dem Bodensatz der Gesellschaft herumtrampeln, um von ihrer eigenen Verkommenheit abzulenken. *Vice Squad* hingegen hat ein großes Herz für Abschaum, und das ist seine größte Stärke. Mehr Milieu-Umarmung als Milieustudie. Alle sind Clowns unter demselben Zirkuszelt: der schwarze Undercover-Cop, der sich wie ein Kind darauf freut, endlich seinen jamaikanischen Akzent ausprobieren zu können; der schwule Stricher, der sich am Polizeirevier mit gleichermaßen faulen wie farbenfrohen Ausreden verteidigt; das schüchterne alte Männlein, das sich von Princess den Hintern versohlen lässt.

Der Blick durch das dreckige Kaleidoskop verleitet zum Episodischen: *Vice Squad* ist ein liebevolles Kompendium exzentrischer Figuren und bizarrer Situationen. Vielleicht verstand Sherman – der in seiner Jugend in der Bürgerrechtsbewegung aktiv war und dessen Kino-Durchbruch, *Death Line* (aka *Raw Meat*, 1972), einen Obdachlosen zum tragischen Frankenstein-Monster stilisiert – den Film als Korrektiv zu den abgründigen Visionen von *Taxi Driver* (1976), dessen berühmter Monolog (»Some day a real rain will come and wash all this scum off the streets …«) in *Vice Squad* indirekt zitiert wird – oder zu den reaktionären Fantasien des *Death-Wish*-Franchise. Als weichgespült kann man sein buntes Boulevardstück freilich nicht bezeichnen: Wenn es ausfällig wird, packt es seine Figuren mit Vorliebe an der Gurgel oder greift ihnen zwischen die Beine. Aber es blickt nie auf sie herab, lässt (mit Ausnahme von Ramrod) jeder ihre Würde: »We ain't no whores, we're prostitutes!« Am Ende rät Princess ihrem Retter Sgt. Walsh (Gary Swanson), sich einen anderen Beruf zu suchen: »You're never gonna change the streets.« Auf dem Papier liest sich der Spruch fatalistisch, aus ihrem Mund klingt er fast hoffnungsvoll. Doch wie die spätere »Bereinigung« des Hollywood Boulevard und anderer »Lastergebiete« gezeigt hat, lassen sich die *streets* durchaus verändern – und wie …

DREHLI ROBNIK

Whiteness

Es geht hier um US-Genrekino der 1980er in einer politischen Dimension und mit Bezug zum Heute, zumal auch in mehrheitlich deutschsprachigen Gefilden. Daher nimmt dieser Eintrag, der Whiteness-Inszenierungen und Automatismen bei ZAZ (David Zucker, Jerry Zucker und Jim Abrahams), John Carpenter, Arnold Schwarzenegger und Samuel Fuller behandelt, seinen Einstieg in einem Taxi in München 2016. Der afrodeutsche Taxilenker Isaak Cissé taucht öfter mal in TV-Reportagen auf – in seiner Eigenschaft als ein etwas anderer Fan bayrischer Kultur: Aus Liebe zum FC Bayern und zur lokalen Mundart (auch Literatur) sei er, so erzählt er in breitem Bayrisch, aus seiner Heimat Senegal nach München gezogen. Einen Clip aus dem hochdeutsch untertitelten Taxi-Interview mit Cissé im ZDF-Magazin *Mona Lisa* brachte das nationalismuskritische ZDF-Satiremagazin *Heute Show* (30. 6. 2016) und feierte eine Dialekt-Tirade von Cissé als adäquate Antwort auf mehrheitsdeutschen Alltagsrassismus: Einem rassistischen Sprücheklopfer im Café, erzählt Cissé, »hab i g'sagt: ›Des sogst no amoi, do kriagst so a Fotzn, dass du speibst!‹ Also, den hab i so z'sammputzt – der macht das nicht mehr!«

Der ostentative Afro-Bayer Cissé mit seiner Auto-Performance nicht nur von Selbstbehauptungsfähigkeit, sondern auch von angemaßtem Kultur-Styling – urbayrischer als die meisten seiner Mitmünchner und -münchnerinnen –

Airplane! (1980, Jim Abrahams, David Zucker & Jerry Zucker)

vorstellungen von *African-American*-Straßen-slang. Die szenischen Jive-Ergüsse laufen zu standardsprachlicher Untertitel-Übersetzung ab; der Kontrast des geschriebenen »golly« zum gesprochenen »shiiit, maan!«, »white fellow« zu »honky« etc. macht den Gag aus. Im DVD-Directors' Commentary zu *Airplane!* erläutern ZAZ wie sie, »three white guys from Milwaukee«, Jive als Klischeesprache gescriptet haben.[82] Und: Bei einer Vorführung ihres Welt-erfolgsfilms in Düsseldorf seien sie erstaunt gewesen, wie gut die Jive-Szenen, die sie für *untranslatable* gehalten hatten, in der Synchron-fassung *Die unglaubliche Reise in einem verrückten Flugzeug* funktionierten: »They dubbed them in Bavarian, a Southern German dialect, so that joke translated.« Und so ist es[83]: Von *Backfotzn* (Ohrfeigen) etwa reden Gibbs und White in der Synchronfassung, als gälte es, 36 Jahre im Vo-raus mit dem Afro-Bayern Cissé in Dialog zu treten.[84] »Dem hätt i aa a paar sauberne gstiat«

ruft ein implizites, vorgängiges filmisches Pendant in den Sinn. Es sind dies zwei Figuren in *Airplane!* (Zucker, Abrahams & Zucker, 1980), die aus dem Ensemble-Cast dieser Flugzeug-katastrophenfilm-Parodie hervorstechen. Er-stens sind sie fast die einzigen *people of color*, die in *Airplane!* eine Sprechrolle haben. Zweitens – aber was für eine! Die von Norman Alexander Gibbs und Al White gespielten *African-Ameri-can*-Fluggäste sprechen in der Originalfassung des Films »Jive« – und heißen im Abspann First und Second Jive Dude.[81] Jive ist eine auch im Filmdialog so benannte Kunstsprache: eine humoristische Extremform weißer Klischee-

81 Die dreieinhalb Szenen sind online leicht zu finden, ebenso Al Whites Gerichtsauftritt in *Airplane II: The Sequel* (Ken Finkleman, 1982) und andere hier genannte Szenen.

82 Und zwar nachdem sie über ihr Nicht-Verstehen der *ethnic* Dialoge im Blaxploitation-Klassiker *Shaft* (Gordon Parks, 1971) amüsiert waren. Gibbs und White, heißt es weiter, hätten die bescheidenen Jive-Skizzen der Filmemacher erfolgreich ausgebaut. Das Enactment einer Stereotypisierung im Blick der weißen Anderen geht hier mit einem Moment von Aneignung einher.

83 Als Zeitzeuge einer Kinovorführung der deutschsprachi-gen Synchro von *Airplane!* 1980 erinnere ich, wie be-geistert das Publikum von den Jive Dudes war, die wir mehrheitsösterreichischen Teenies schnell einmal als bayrisch (also exotisch) und mit dem damals noch gängigen N-Wort labelten.

84 White verwendet auch das von Cissé als Kosename hochgeschätzte Wort »Hundling«.

ist in den hochdeutschen Untertiteln übersetzt als »Ja, wenn er das tut, ist er im Unrecht.«

Es geht hier um Projektionen von Blackness als Teil der Definition und Selbstüberprüfung von Whiteness, gerade in vorwiegend von Weißen gemachten Filmen wie den hier besprochenen. Nun ist es ja so, dass Cissé sich beim Androhen seiner *Fotzn* als politisches Subjekt in Stellung bringt, das Rassismus abmahnt und generell autochthonen Dialekt ebenso genießerisch-virtuos appropriiert wie die politisch einschlägig konnotierte Sprechposition »schimpfender Taxler«. Die Jive Dudes hingegen erzählen, in der Originalfassung wie auch auf Bayrisch, nur von ihrer Eifersucht angesichts des Übergriffs eines *honky motherfucker* gegen »mei Oide«.

Dennoch ist es nicht so, dass *Airplane!* nur Kulturklischees projiziert oder Projektionen kulturalisiert. Vielmehr sind die Jive-Dudes-Szenen durchdrungen, regelrecht heimgesucht, von einem politischen Moment, dem die bayrische Synchro die Tür weit öffnet. Sie ist also ein Schlüssel: Was in der synchronisierten Gag-Konstruktion im *Verrückten Flugzeug* stark anklingt, ist ein *auch* politischer Kontrast zwischen Sprechendem und Gesprochenem. Denn: Bayrisch – und als Wiener, der ob seines Dialekts zwischen Nürnberg und Bremen als Bayer wahrgenommen wird, sage ich dazu: auch jenes Süddeutsch, das in Österreich viele Leute sprechen, mit Nachdruck etwa Politiker, die Heimatgefühle ansprechen – ist nicht nur Dialekt, sondern ein Sprach-Sound, der einschlägig assoziiert ist mit identitätsfundamentalistischen, rechtsnationalen, westeuropäisch-

weiß-rassistischen politischen Haltungen von (Freistaats-)Regierungen und Mehrheitsbevölkerungen.

Das politisch-ideologisch Anormale an der Verbindung von schwarzen Menschen mit einem konnotativ »rechten« und »weißen« Sprechen, Sound und Habitus taucht in Filmen von ZAZ und in ähnlichen US-Genreparodie-Kontexten der 1980er immer wieder auf. Das Bayrisch der Dudes enthält den unentfalteten Keim einer politischen Diagnose, die prägnant ausformuliert wird im genreparodistisch-sozialsatirischen Kompilationsfilm *Amazon Women on the Moon* (Joe Dante, Carl Gottlieb, Peter Horton, John Landis & Robert K. Weiss, 1987). Der Sketch »Blacks Without Soul« (Regie: John Landis) persifliert weiße Übergriffe: das Übergreifen von White-Middle-Class-Habitus und politischer Einstellung auf afroamerikanische Milieus, die bis circa 1980 über oppositionelle Black-Power-Artikulationen definierbar waren. Auf einen Aufruf von Blues-Gitarrist B. B. King für eine Hilfsaktion zugunsten bedauernswerter Schwarzer, denen es an Soul/Seele/Haltung fehlt, folgen Beispielfälle: Ein schwarzes Ehepaar deklariert sich, in Millionärs-Freizeitkluft auf dem Golfmobil sitzend, als »we Republicans«, die beim Umkrempeln Amerikas »one heck of a job« geleistet hätten; ein stereotypisch gekleideter Harlem-Pimp bewirbt einen Volvo als sicheres Auto; Alben mit Klassikern wie *Tie a Yellow Ribbon 'Round the Old Oak Tree,* gesungen von Don »No Soul« Simmons, einem schwarzen *balladeer* mit Strickpulli und ohne Rhythmusgefühl, werden beworben als »nonthreatening music« für weiße Kuschelstun-

The Naked Gun (1988, David Zucker)

von biederer Erscheinung büßt sein freudiges Pflichtbewusstsein gegenüber weißen Vorgesetzten mit wiederkehrenden Beinah-Todes-Slapstickszenen. Sein notorisches Pech ist Objektivierung, Resultat und Bühne seines devoten Strebertums, so in seinem bekanntesten Auftritt: Zu Beginn von *The Naked Gun* taumelt er von Kugeln durchsiebt durch ein Zimmer, haut sich dabei den Kopf an, verbrennt sich an einer Herdplatte und streift mit der dunklen Jacke an eine weiße Tür mit »Wet Paint«-Schild, was ihm ein verzweifeltes »Oh no!« entlockt.[86] Das *whitening*, das Nordberg en passant durch die frisch gestrichene Tür, gleich darauf durch den Sturz in eine weiße Hochzeitstorte und später mit Gips und Bandagen im Krankenbett erfährt, ist eine Signatur des umfassenden Verdeckens der athletischen Handlungsmächtigkeit eines schwarzen Körpers, wird Nordberg doch vom vormaligen Football-Star O. J. Simpson gespielt.[87] Als verdeckter Athlet ist er ein Pendant zum Basketball-Star Kareem Abdul-Jabbar in der Rolle des gezwungen freundlichen Co-Piloten, der einzigen schwarzen Sprechrolle neben den Jive Dudes in *Airplane!*. Trotz hartnäckigem Nachfragen im Cockpit leugnet Kareem seine Star-Identität und annulliert quasi auch seine Konversion zum Islam samt Namenswechsel, indem er auf

den.[85] Es geht da um Whiteness als Habitus, der mit politischen Einstellungen verknüpft ist, und um dessen pervasive Dynamik in den neokonservativen Reagan/Bush-Senior-Jahren. Und es geht um Stereotypen von Blackness, die sich von 1970er-Blaxploitation- und Soul-Images und ihrer Assoziation mit oppositionellem Stolz und Getto-Selbstbehauptung entfernen, in Richtung politisch-kultureller Konformität.

Dem entspricht auch ein neuer Typus von schwarzem Verbrechensbekämpfer: nicht mehr der coole *private dick* und *baaad mutha* Shaft, sondern Officer Nordberg in der *Naked-Gun*-Trilogie von ZAZ (1988, 1991, 1994). Dieser Cop

85 Ein Schelm, wer da an CSU-Ehrenmitglied Roberto Blanco denkt.
86 Die Szene wirkt wie eine verdichtete Variation auf John Landis' Schwarzer-Spießer-im-Slapstick-Pech-Sketch »Mondo Condo« mit Arsenio Hall in *Amazon Women*.
87 Das Ende von Simpsons Nordberg-Rolle beziehungsweise der *Naked-Gun*-Reihe fällt 1994 mit dem Beginn seiner Gerichtsdauerpräsenz zusammen.

seinem konformen »weißen« Pilotennamen Roger Murdock beharrt.[88]

Die Art, wie den *Airplane!*-Dudes ihre bayrische Rede merklich aufgepfropft ist, ist ein Schlüssel zur Politizität von ZAZ-Parodien und von US-Genrekino der 1980er im Allgemeinen. Spieleinsätze von *race* und Rassismus in sozialen Machtverhältnissen lassen sich indes auch von direkten Filmbildern von Whiteness aus angehen – von weißen Körpern und Subjekten, die gerade in ihrer ostentativen Whiteness markiert und auffällig sind. Da ist zunächst das bei ZAZ häufige Auftauchen von Sprechenden, deren hörbare Rede / Sprache nicht recht zu dem Körper passt, dem sie zugeordnet ist. Die prekär zum Sichtbaren gefügte, nicht organisch aus dem Körper (oder dessen »Seele«) hervorgehende Stimme ist eine Facette der verselbstständigten Kommunikations-Programmabläufe, die in ZAZ-Parodien in so prägnanter Weise bloßgestellt werden; dies wiederum als Teil einer filmisch durchmessenen Welt, in der Genre-Programme (von Katastrophenfilmen, *cop movies* etc.) automatisch ablaufen und Leute (wie auch andere Dinge) sich intentionslos gesteuert verhalten.

Schon *Airplane!* bietet da zahllose Beispiele: Der von Leslie Nielsen gespielte Arzt trägt auf seinem Fluggastsitzplatz immer schon sein Stethoskop umgehängt, weil er eben den Standardtypus des Arztes verkörpert, der in jedem Katastrophenfilm zufällig mit an Bord ist. Menschenmengen sind signalgesteuert – in Massen-

paniken an Bord oder in der Choreografie zum abrupt in der Hafenkneipe erklingenden *Stayin' Alive*. Wortspiele, Kalauer und Doppeldeutigkeiten werden automatisch umgesetzt, in sophistische Sprechakte (»A hospital? – What is it?« – »It's a big building with patients, but that's not important right now.«) oder *sight gags* (dem auf Navigationsinstrumente gemünzten Satz »They're on instruments!« folgt eine Ansicht der Crew, die im Cockpit an Jazz-Instrumenten Dixieland spielt). Heute, da *crazy credits* beziehungsweise *credit cookies* fixer Teil von Filmkonsumritualen sind, sticht nicht zuletzt ins Auge, dass ZAZ-Filme frühe Beispiele für die Umnutzung von Hollywood-Abspännen bieten. Deren Rolltitel laufen ja seit den 1970er-Jahren in endloser Länge ab: automatisch, stur, unweigerlich sinnlos, aber voller rätselhafter Worte wie *key grip* und *dolly grip*. Bei ZAZ werden sie zu Optionen zum Einstreuen von Text-Tics, die diesen Automatismus unterbrechen, indem sie ihn freilaufen lassen. Der *Airplane!*-Abspann etwa fügt dem notorischen *best boy* einen »Worst Boy… Adolf Hitler« hinzu; spätere ZAZ-Abspänne enthalten u. a. die Frage »What the hell is a grip?«, Kochrezepte, Spoiler zum Film *The Crying Game* (Neil Jordan, 1992), den Hinweis, dass du längst zu Hause sein könntest, würdest du nicht Credits lesen, oder die Warnung, dass bei einem blauen Honda auf dem Kinoparkplatz das Licht angelassen wurde.

Filmbilder, die Wirklichkeiten als materielles Direktprodukt auf Genre-Kategorien zurückführen und Kommunikation auf Programm-Automatiken, haben ihren quasi angestammten Ort in einer Art erweiterter Kapitalismus-

---

88 Der Roger von dem Cockpit-Dialog »We have clearance, Clarence!« – »Roger, Roger!« – »What's our vector, Victor?«

kritik: als ambivalente Ausdrucksformen – Symptom und / oder Kritik – von Entfremdung durch Rationalisierung, von der Bild-Werdung akkumulierten Kapitals, von umfassender Subsumtion des Sozialen unter ein Wertbildungsregime. Ich will hier aber auf einen spezifischen, im engen Sinn politischen (eher denn polit-ökonomischen) Aspekt dessen hinaus, was uns als Sprechautomat(ik) im US-Genrekino der 1980er begegnet, nämlich auf den Deutsch sprechenden Automaten. Das aufgepfropfte Bayrisch der Jive Dudes setzt sich bei ZAZ implizit fort in dem aufgepfropften Deutsch in ihrer Agentenfilm-Parodie *Top Secret!* (1984), einer Revue aus *sight gags*, Elvis-Film-haften Nummern sowie brachial realisierten Kalauern und Genre-Klischees, angelehnt an heute obskure *French Resistance Movies* der 1940er, also als Parodie eines Nazi-Besatzungs-Thriller-Melodrams, verlegt allerdings in die DDR von 1984. Sehr kompliziert also, wie auch die Regisseure im DVD-Kommentar meinen – und gerade richtig als Rahmen für die beiläufige Szene mit dem singenden Schimmel (übrigens die als erste gedrehte): Das weiße Pferd – nicht, wie von der Inszenierung zunächst nahegelegt, der Kutscher – singt, in der OF wie in der Synchro, inbrünstig einige Takte aus *Du, du liegst mir im Herzen,* und dann, mit schwäbischem Akzent, *A Hard Day's Night.* Vielmehr: Es singt sich hier von selbst, nur eben aus dem Mund des Pferdes (das, so heißt es im Dialog, immer singt, aber heute etwas heiser ist), weil in einer Kutschenszene gesungen werden muss. Deutsch fungiert hier als ultimative Sprach(farb)e der Steuerung von Automatisierung und Routinen der Kommuni-

kation. Exemplarisch dafür sind Kabinen-Displays in *Airplane!*, Stümmel-Hispanic mit deutscher Silben-Einmengung – »Gobacken Sidona«, »Putanna da Seatbeltz« – sowie in *Top Secret!* die DDR-Nazis, Gehorsams-Roboter mit zum Teil sächselndem Englisch[89], und das Deutschkurs-Tonband, das im Zugabteil läuft, mit der Übersetzung von »Eine Blitzen is on the Flachmatuchen« als »The pen is on the table« und, *nonsensical,* von »Will haben Flichtmitten in der Heinerblatzen« als »There is Sauerkraut in mein Lederhosen«.

ZAZ-Filme bringen Genres und Stimmungslagen ebenso in ungeahnte Nähe zueinander wie Soziokulturen und deren Habitus(klischees), zumal amerikanische Jewishness und Blackness. Im DVD-Kommentar zu *Top Secret!* meinen ZAZ über die Szene mit der High-Five-Geste zweier *African-American*-Mitglieder der *French Resistance* in der DDR, die (weil der Film in den Pinewood Studios gedreht wurde) von Briten gespielt werden: »We tried to teach them high fives! The least qualified directors in Hollywood! Three jews from Milwaukee tried to teach them!« In *The Kentucky Fried Movie* (1977) imaginiert der Trailer zum fiktiven Blaxploitation-Film *Cleopatra Schwartz* – zu sehen ist eine Getto-Gangsterin à la Pam Grier im Bund und im Bett mit einem chassidischen Rabbi – die beiden Soziotope in einer Intimität, die *hilarious* ist. Ähnliches bietet impliziter, dafür großflächiger und plausibler der Erfolgsfilm *The*

89 Das Roboter-Deutsch versinnlicht den Nazismus als Routine-Automatik, das Wut-Deutsch in der Tradition des *Great Dictator* (Charlie Chaplin, 1940) eher die Hass-Automatik am Nazismus.

Blues Brothers (1980), gedreht von John Landis, der auch den von ZAZ geschriebenen *Kentucky Fried Movie* inszeniert hat, und zwar als Fusion der aus Fanperspektive gefeierten Kultur von *black soul music* mit jüdischen Motiven, die den Brothers zugeordnet sind. Als Scharnier fungiert dabei deren spontane, aggressive Gegnerschaft – »I hate Illinois nazis« – zu der SA-Truppe, die im Film Antisemitismus und *white supremacy* predigt. Eine Dreiheit von Jewishness, Blackness und Nazi-Deutsch: Hochverdichtet begegnet sie uns in Gestalt des schwarzen DDR-Zugschaffners in *Top Secret!*, der ein anderes Deutsch spricht als seine weißen Kollegen in Nazi-Uniform, nämlich Yiddish (siehe auch das DDR-Restaurant *Gey Shluffen*); ähnlich der erwähnte nibelungentreue Cop in *The Naked Gun*, halb Hiob, halb Uncle Tom, mit »nordisch«-deutschem Namen – auch seine Frau nennt ihn nur »my poor Nordberg«.

1984 ist das Jahr der Nazi-Sprache im US-Kino. Deutsch ist die Sprach(farb)e der quer zur amerikanischen Multiethnizität stehenden, unheimlichen weißen Dominanz und die der Vernichter – zumal des Terminator. Der prominenteste süddeutsch mit neokonservativem Einschlag parlierende Sprechautomat in markierter Whiteness ist Arnold Schwarzenegger. Der Kontrast zwischen Schwarzeneggers mit hysterischer Virtuosität performendem *hardbody* und seinem minimalistischen, verkümmerten Sprechen – stark steirisch kolorierter, verkulteter Schwarzenegger-*speak* – ist in viele seiner 1980er-Rollen integriert. Es sind Figuren *without soul*, befangen im Reproduzieren von Sprachaufzeichnungen und Kommunikations-

programmen: der steife KGB-Agent auf US-Einsatz in *Red Heat* (Walter Hill, 1988), mehr noch der Killerautomat in James Camerons *The Terminator* (1984) – denken wir an das geknödelte »Fuck you, asshole!«, das der Cyborg aus seinem Sprachprogrammrepertoire möglicher Standardantworten auswählt, oder an die Stimme der Mutter der Heldin, die auf unheimliche Weise aus seinem Mund kommt.

Die seltsame Whiteness von Schwarzenegger (sein Name verweist in präreflexiver Diktion zweifach auf Blackness) wird im Kino der 1980er betont durch sein *pairing* mit Latina-Darstellerinnen und schwarzen Kontrastfiguren: James Earl Jones – als Stimme der hohlen Hülle Darth Vaders wohl Hollywoods ambivalentester Sprechautomat – in *Conan the Barbarian* (John Milius, 1982) und vor allem die Trias in *Predator* (John McTiernan, 1987): Carl Weathers als »Black Without Soul«-Bürokrat im Streit mit Bill Duke als *wild guy* und der halb unsichtbare Alien-Buschkrieger-Titel-Cyborg, *one ugly motherfucker* mit Dreadlocks und mit Spaß daran, Aussagen von Menschen aufzuzeichnen und abzuspielen – etwa den vieldeutigen Ausspruch »Anytime!«.

In der US-Sci-Fi von 1984 gibt es eine weitere Stimme, die wie Schwarzeneggers Rollen und Reden süddeutsch, österreichisch, und rechts, neokonservativ, gefärbt ist und auf eine (zeitweise) in die USA versetzte Figur mit »sprechendem« Namen zurückgeht, eben in der Art des Sprechautomaten *without soul*. Wie der Terminator reist auch John Carpenters Starman im gleichnamigen Film als *non-human* von anderswo in die irdische Gegenwart, wird dort in einer menschlichen Hülle nackt »geboren« und formt seine physiognomische wie sprachliche Erscheinung nach einem Programm. Dem Erscheinungs-Vorbild[90] des Terminator entspricht in *Starman* das Homemovie eines Toten, und als Pendant zum Sprachprogramm: die mit der Voyager-Sonde ins All geschickte Disc, von der Außerirdische lernen sollen, wie Menschen kommunizieren, darauf auch eine Rede des damaligen UN-Generalsekretärs, des Österreichers Kurt Waldheim. Wenn das Alien im Körper und mit der Stimme des auferstandenen Ehemanns (Jeff Bridges) die entgeisterte Witwe begrüßt, tut es dies in der deutschen Synchronfassung in einem Akzent, der Wienerisch sein soll (aber Schweizerisch klingt), in der OF in Oxford English – dies in Reproduktion der Grußbotschaft auf der Voyager-Disc, die am Filmbeginn zu hören war: In der Synchronfassung versucht ein deutscher Sprecher, der Botschaft einen Hauch von Wienerisch zu verleihen, während in der Originalfassung Waldheim *himself* zu hören ist, der seinen Wiener Akzent hinter Oxford English zu verbergen sucht.

White-Middle-Class-Männlichkeit als Hülle eines Alien-Innen, und ein späterer österreichischer Bundespräsident (1986–1992) mit unreflektiertem Verhältnis zu seiner Nazi- und Wehrmachts-Vergangenheit als Programm-Software eines Sprechautomaten: In dieser Konstellation kommt zweierlei zusammen. Da sind zum einen Carpenters *hollow men*, weiße Männer, paradigmatisch der immer neu aufstehende *Halloween*-Serienmörder (1978) mit weißer Maske und Mechaniker-Overall: Michael

Myers bringt die »Unverwüstlichkeit«, Rache und rabiat gewordene Normalitätsperformance eines weißen US-Proletariats zur Geltung, das durch andere Ethnien, Frauenemanzipation und Informatisierung der Arbeitswelt an Selbstsicherheit eingebüßt hat.[91] Insofern ist er eine Kehrseite des unkaputtbaren, manisch-destruktiven, aber »charmanten« Ausagierers von Cowboy-Proll-Phantasma-Programmen in *Die Hard* (John McTiernan, 1988).[92] Bei Carpenter steht Michael in einer Reihe mit psychotisch »hohlen« Gewalttätern: der blonde Killer in *Assault on Precinct 13* (USA 1976), der an Klaus Kinski erinnernde Punk in *Escape from New York* (1981)[93], diverse vom Alien-Parasiten umprogrammierte monströse Wirtskörper in *The Thing* (1982) – weiße Haupt-Schreckensfiguren in multiethnischen Communities. Im selben Jahr, in dem der *Halloween*-Killer-Automat in die Cyborg-Software des Terminator einfließt[94], wird er in Gestalt des Starman, der sich, als wäre er Michael ohne Maske, vor dem Spiegel unverwandt ins

90 Der Terminator von 1984 nimmt sein »gefährliches« Outfit von einem Punk, der im Sequel von 1991 von einem Biker – weiß codierte Subkulturen, Letztere rechts konnotiert.
91 Zu Michaels Whiteness vgl. Michaela Wünsch: *Im inneren Außen. Der Serienkiller als Medium des Unbewussten.* Berlin 2010.
92 *Die Hard* wurde wie *Predator* von John McTiernan inszeniert und enthält prominente Falsch-Deutsch-Zitate (»Heizehaus«, »Schieß den Fenster!«) des herrenmenschlich auftretenden Meisterverbrechers Hans Gruber, ehemals Teil des »Radical West German Volksfrei Movement«.
93 Beide gespielt von Frank Doubleday.
94 Mit ihm der Robot-Revolverheld aus *Westworld* (Michael Crichton, 1973), einem Meilenstein-Film in der (Themen-)Welt-Werdung von Genre-Kategorien.

mimische Repertoire einer ihm fremden Lebensform einübt, zur Liebesfilmfigur umprogrammiert. Dies ist Mitvoraussetzung dafür, dass Carpenters explizitest politischer Film *They Live* (1988) aggressive proletarische Whiteness im Bund mit proletarischer Blackness als authentische Menschlichkeit *gegen* Aliens aufbieten kann – gegen Invasoren, die, unerkannt in ausschließlich weißen Upper-Class-Körperhüllen, die Menschheit mittels Signalsteuerung einschläfern und ausbeuten. Heute, angesichts eines Präsidenten Trump, der zum Teil mit dem konservativen Polit-Establishment im Clinch liegt, tritt an der Politik von *They Live* der maskulinistische Rechtspopulismus, der gegen eine neokonservative Finanzelite (sowie Frauen und *minorities*) wütet, ebenso hervor wie Carpenters vulgärmarxistische Hermeneutik »wahrer Verhältnisse« hinter bürgerlichen Charaktermasken.

Diesbezüglich gilt es, die Waldheim-Anekdote in *Starman* so buchstäblich zu nehmen wie die bayrischen Jive Dudes. Waldheim ist emblematisch als Polit-Automat im neokonservativen Backlash um 1980: Das Versprechen einer Rückkehr ins Idyll – heim in den Wald – ist Kehrseite einer Automatik der Berufung auf Pflicht (Waldheims Verteidigungsreflex auf Fragen zu seiner Wehrmachtskarriere), eines ungenierten Stehens zu alten Werten und Gewaltmitteln, wie es auch Reagan und Thatcher verkörpern: Die unlöschbare faschistoide Pro-

gramm-Inskription im Kern der neokonservativen Restauration durchgreifenden Regierens ist der Bedeutungs-Kern des sich aufpropfenden Deutsch in der Sprechautomatik des US-Genrekinos der 1980er-Jahre.

In einer zeitgenössischen Studie hat die Film-Phänomenologin und Sci-Fi-Theoretikerin Vivian Sobchack die Doublette von *Terminator* (mit dem Soldaten Reese, der ebenfalls nackt als Zeitreisender im Heute landet, als Gegner / Pendant zum Terminator) und *Starman* feministisch-marxistisch interpretiert: als den Versuch, nackte *paternity* und das Sinn-Gerüst bürgerlich-weißer *patriarchy* – trotz deren Ramponiertheit nach dekolonialen und Post-68-Umbrüchen – nicht auseinanderfallen zu lassen.[95] Vielmehr wird die Vater-Autorität (Reese wie auch der Starman schwängern die jeweilige Protagonistin) paradox perpetuiert und der Geschichte sozialer Kämpfe entzogen – im Modus der Zeitschleife (Reese als Vater seines künftigen Übervater-Idols) oder der Fusion von Vater und Kind (der Starman als Post-Hippie-Vorläufer terroristischer man-child-Narzissten bei Will Ferrell oder im *Hangover*-Modus).

Komplementär zu dieser fokussierten Kritik lässt sich die Sprech- und Genre-Programm-Automatik im Eighties-Hollywood auch als eine Allegorie des Kinos, zumindest des Mainstreamkinos, dessen Zeitlichkeit / Geschichtlichkeit lesen. Wie der Terminator, Michael und ähnliche Figuren ist Kino ein Automat, der immer weitermacht, immer neu aufsteht, aber auch immer wieder terminiert, Enden setzt, trotz – oder gerade als Existenzform – seiner in den 1980ern virulent werdenden Serialisierung

95 Vivian Sobchack: »Child/Alien/Father: Patriarchal Crisis and Generic Exchange«. In: *Camera Obscura*, Jg. 5, Nr. 3/ 1986, S. 6–35.

(und im Unterschied zu TV-Serien im Zeitalter ihrer staffelweisen Verfügbarkeit). Kino ist auch *Predator*, der Beute macht, Trophäen hortet, wie Parodien, die Genres und Sprachen plündern. Kino ist – wieder ist ein Eingriff vom Deutschen ins Amerikanische stichwortgebend – *Predator*, so wie dieser Filmtitel hierzulande meist (falsch) ausgesprochen wird: Es ist *Predator*, Automat, der sich im *predating* übt, im zeitlichen Vorangehen und Umdatieren, Umprogrammieren der Zeitenfolge. Wie der *Predator* mit seinem programmatischen »Anytime!« ist Kino ein Programm, das alles speichert und (in Form von Prequels, Retro-Kultur etc.) umdatiert. Aber nicht nur.

Diese vitalistische, auf Medienalltage von heute affirmativ vorausdeutende Lesart des Automaten hebt darauf ab, dass die verfremdende Bloßstellung der Automatisierung Teil erweiterter Automatisierungsprozesse – flexiblerer Flows – wird; dass die Parodie des Überkommen und Erstarrten dessen Neubelebung bedeutet. Sie unterschlägt wesentliche Facetten – von Kino-Automatik wie auch von Genre(parodie)kino der 1980er. Um diese Facetten wahrzunehmen und ihre heutige Ergiebigkeit auszuloten, lohnt es sich, Motive von Gilles Deleuze aufzugreifen. Seine Film-Philosophie bietet einen spezifischen Begriff von Kino als Automat, der gerade auf Momente der *Negation* von geschmeidiger Kontinuität zielt: auf den Kurzschluss zwischen Filmbild und massenweise Nervensystemen im Modus des Schocks sowie auf Konfrontationen von Bild und Denken, die am Denken ein intrinsisches Unvermögen, ein genuin Undenkbares hervorkehren.

In diesem Sinn bedeutet Kino-Automat nicht Hochleistung und kon-sensuelle All-Sammlung (quasi die Blockbuster-Logik), sondern eher Einrichtung von Dysfunktion und Dis-sens. Mit dem Para-Konzept vom *Verblödungs-Bild*, angedockt ans *Bewegungs-Bild* bei Deleuze und dessen Krisen, haben Michael Palm und ich 1995 anhand der Nonsens-Automatismen in ZAZ-Parodien filmtheorieparodistisch Folgendes skizziert: Kino als ein Abgrund des Denkens in Verknüpfung mit Deleuzes Konzept von Humor als sturer Ausrichtung auf eigenlogische Sinn-Wirkungen.[96] Um aber die Automatik der Schocks und Krisen, welche die Automatik vitaler Geschmeidigkeit durchkreuzt, mit Politik, zumal mit dem Kino der denormalisierten Whiteness zusammenzubringen, fehlt noch ein Schritt.

Dieser Schritt lässt sich gehen mit Samuel Fuller, mit seinem späten Hauptwerk, dem Rassismus-Drama *White Dog* (1982; mit in den USA umstrittenem, lange verzögertem Kinostart). Fullers eigentümlich dysfunktionales Actionkino, das bis 1949 zurückreicht, fungiert als Automatisierung der Einrichtung von Schocks und von Bildern oder Situationen, die uns mit Paradoxa oder Antinomien konfrontieren, mit Undenkbarem oder nur in Grenzmodi zu Denkendem. Wie Fuller Störung und Kollaps ins Zentrum seiner Bild-Welt stellt, das hat eine politische Dimension. Sie läuft darauf hi-

96 Vgl. Gilles Deleuze: *Das Zeit-Bild*. Frankfurt am Main 1991, Kap. 7; Michael Palm, Drehli Robnik: »Das Verblödungs-Bild. Parodistische Strategien im neueren Hollywoodkino: Intime Feindberührungen mit der Dummheit«. In: *Meteor*, Nr. 3/1996, S. 52–64.

naus, dass Fuller Kino als Bild-Versammlungs-Form einer Gesellschaftlichkeit praktiziert, die sich über kategorische *Nähe zum Feind* definiert, genauer: über das Problem, wie aus der Intimität mit dem Feind eine Politik werden kann.[97] In einem signifikanten Moment von *White Dog* wirft der alte weiße Tiertrainer einen Dartpfeil auf ein Plakat des *Star-Wars*-Roboters R2D2 und ruft »This is the enemy!«. Damit wird mehr aufgeworfen als die Klage, dass heutige Kinder knuddlige Roboter lieber mögen als dressierte Tiere, auch mehr als Marktmacht oder Geschmack in Sachen Film. Als Feind bezeichnet ist hier der völlige Verlust aller Feindseligkeit und Aggression im Zeichen eines knuddligen Automatismus der Pazifizierung, für den R2D2 steht. Am anderen Extrem ist Feind in *White Dog* verkörpert im Anblick des weißen Schäferhundes, den weiße Rassisten auf das Töten von schwarzen Menschen trainiert haben: In seinem Quasi-Gesicht fallen seelenlose Automatik und totaler Hass-Ausdruck zusammen. Im Plot von *White Dog* will der schwarze Tiertrainer (Paul Winfield, der später den Kommandanten der vom Terminator verwüsteten Polizeistation spielt) dem Hund den Hass auf schwarze Haut abtrainieren, ihn regelrecht neu programmieren. Er scheitert – in einem Finale, das den Bild-Affekt der Unlesbarkeit/Undenkbarkeit des weißen Hass-Hund-

White Dog (1982, Samuel Fuller)

Gesichts entfesselt – daran, dass Feindseligkeit nicht loszuwerden, nur einhegbar und in ihrer rassistischen Fixierung zu beirren ist. Die Aggression bleibt – aber es gilt, so viel wie möglich an *Verlernen* eines Whiteness-Programms herauszuholen.

White Dog ist Kulmination und ultimative Allegorie des Fuller'schen Kinos der Feind-Politik: Diese Politik hat im Feind ihre Definition und Grenze; ohne ihn, ohne radikale Abgrenzung, kann sie ebenso wenig sein wie mit ihm (das heißt, ohne ihn argwöhnisch einzuhegen). In Erweiterung des Ausdrucks *dogface* (»Frontschwein«), der in Fullers Kriegsfilmen

97 Vgl. Thomas Elsaesser: »Sam Fuller's *Shock Corridor*«. In: Bill Nichols (Hg.): *Movies and Methods Vol. 1*. Berkeley/Los Angeles 1976, S. 290–296; Drehli Robnik: »Running on Failure: Post-Politics, Democracy and Parapraxis in Thomas Elsaesser's Film Theory«. In: *Senses of Cinema*, Nr. 55/2010, www.sensesofcinema.com.

oft und prägnant fällt, präsentiert sich der Kino-Automat bei Fuller als *White Dogface*: weiße Leinwand als Null-Ausdruck und All-Ausdruck zugleich (Fell und Gesicht): Kino als affektive Wahrnehmungs-Öffentlichkeit eines Amerikanisch-Seins, in dem Whiteness, die vormals unmarkierte Norm, ihre Eigenart als eine instabil definierte Ethnie / Lebensweise unter anderen in einer konfliktuösen Gesellschaft finden muss; dies ohne dabei Feindseligkeit auszuagieren oder zu fixieren – vielmehr so, dass die Frage von Zugehörigkeit (»Im-Sold-Sein« als *dogface*), ob zu einem Stamm oder zu einem Staat, im Hinhören auf die Stimmen nichtweißer Anderer zu klären ist. Denken wir an den schwarzen GI im Dialog mit einem nordkoreanischen Offizier darüber, was es heißt, Bürger zu sein in einem Amerika, das noch die Weißen dominieren (*The Steel Helmet*, 1950), oder an die *Native American*, die einem identitätsnostalgischen Südstaatler klarmacht, dass er zum Stamm der Yankees gehört, der ein Staat ist, und zwar nicht der Herkunft, sondern geteilter Konventionen wegen (*Run of the Arrow*, 1957). So viel staatsbürgerlich-politische Bildung wird in Fullers Filmen von kontingent – postrationalistisch, postkolonial, postidentitär – situierten Subjekten vorgetragen: von Mandatsträgern einer egalitaristischen Internationale als symbolischer *Großer Roter Anderer* – so wäre der Titel seines zweiten Spät-Hauptwerks, *The Big Red One* (1980), umzudeuten: im Gegensatz zum Rot des Blut-Gesetzes das kommunistische Rot als Über-Ich. Fullers Kino ist heimgesucht von einem roten Anti-Amerikanismus als eine Haltung, der es kategorisch zuvorzu-

kommen trachtet, im Zeichen eines perversen Patriotismus als Selbst-Feindseligkeit, die zur Kritik am White America ausgeformt ist. Auf einem Höhepunkt des Kalten Krieges, zeitgleich mit weißen Kampf-Cyborgs und der Whiteness-DDR von ZAZ, formuliert Fuller jüdisch-amerikanische Feind-Bild-Politik als Form, soziale Konflikte möglichst gewaltarm, aber doch auszutragen, im Sinn von: Antagon, nicht Pentagon.

An *White Dog*, dessen Rezeption in Frankreich früher einsetzte als in Amerika, bemerkte Deleuze eine Analogie zur Zeitrhythmik von Fullers Kriegsfilmen, zum Wechsel von Wartezeit und Gewalteruption, und formulierte dies programmlogisch: der Hund als Langzeitspeicher wie auch Augenblicksdetonator von Hass.[98] Speicherung und Entladung: Von der Fuller'schen Politik / Ethik antagonaler Feindseligkeit her lässt sich zum einen das aggressive, negativ-kritische Moment von Genre-Parodien, dystopischem Horror und Sci-Fi-Neo-Noirs der Achtzigerjahre als irreduzibel festhalten (sosehr es auch nerd-nihilistisch oder maskulinistisch überformt ist). Zum anderen ist die Frage, wie sich der kollektiven Verknuddelung zum routiniert piepsend dahinkommunizierenden Robot entgehen lässt, zeit- und programmlogisch zu reformulieren – als eine geschichtspolitische Frage: Wie das Programm (immer wieder mal) entladen? Angesichts heutiger Dauer-Aneignung und -Wiederaufführung von Film, Pop und Mode der Achtzigerjahre – bis

---

98 Vgl. Gilles Deleuze: *Das Bewegungs-Bild*. Frankfurt am Main 1989, S. 213.

hin etwa zur Parodie der *Stayin'-Alive*-Parodie aus *Airplane!* in *Ted* (Seth MacFarlane, 2012) – gilt es, ein Verhältnis zur Vergangenheit und ihrer Wertschätzung einzuüben, das uns fremd zu werden droht: eine Bereitschaft, das endlose *stayin' alive* und *predating* auch mal kritisch zu terminieren – nicht im Ressentiment oder Wutausbruch nach außen, eher selbstfeindlich auch gegenüber der eigenen Teilhabe am Weitertreiben ins Endlose, ad nauseam. Es gilt überzugehen von Parodie als Endlos-Speicherung zur Parodie als Entladung – über den Umweg von *Verblödungs-Bild, Zeit-Bild* und *Streit-Bild*[99] zum *Speib-Bild*. Ein *Erbrechen* herrschaftlicher Sinn- und Wissensbestände[100], für das wir uns zum Vorbild nehmen können, wie Jive Dude Al White in *Airplane!* auf den Gesang der weißen Nonne reagiert, die ihn aufheitern will mit einer *without soul* appropriierten Folk-Gitarren-Version von Aretha Franklins *Respect*: Er kotzt sich unter Krämpfen an, während sie ihr »Sock it to me« skandiert.[101] Weniger Ekelreflex, eher Einmahnen von *respect*. Manchmal – um es mit Isaak Cissé zu sagen – bringt dich automatisiertes *whitening* dazu, »dass du speibst«.

Dank an David Auer.

99 Vgl. Drehli Robnik, Thomas Hübel, Siegfried Mattl: *Das Streit-Bild. Film, Geschichte und Politik bei Jacques Rancière*. Wien/Berlin 2010.
100 Vgl. Roland Barthes: *S/Z*. Frankfurt am Main 1976.
101 Genauer: des Songs, den Aretha sich nach dessen maskulinistischer Erstdefinition durch Otis Redding angeeignet hat.
102 Pauline Kael: *Taking It All In. Film Writings 1980–1983*, New York 1987, S. 382–83, zuerst erschienen in: *The New Yorker*, 23.8.1982.

ELENA MEILICKE

Winger, Debra

geboren als Debra Lynn Winger, am 16. Mai 1955

Sie ist klein und zierlich, ihre Augen sind groß und blau, das Gesicht ist schmal (am rechten Mundwinkel verläuft, kaum sichtbar, senkrecht eine kleine Narbe) und wird umrahmt von dunkelbraunen Locken. Ein bisschen wie Schneewittchen sieht Debra Winger aus, ein kleines Persönchen mit wildem Lockenschopf, weiß wie Schnee, schwarz wie Ebenholz. Das stimmt, und es ist andererseits auch ganz falsch: weil eine Beschreibung, die sich auf märchenhafte körperliche Erscheinung und physiognomische Details beschränkt, die idiosynkratische Schauspiel- und Verführungskunst, die Winger für eine kurze Zeitspanne in den 1980er-Jahren auf die Leinwände brachte, verfehlen muss. Mit einer Disney-Prinzessin ist Winger nicht zu verwechseln – auch wenn Schneewittchen immer meine liebste war.

Also noch mal von vorne: »The world's most expressive upper lip (it's almost prehensile) tells you that she's hungrily sensual; when she's trying to conceal her raw feelings, her hoarse voice, with its precarious pitch, gives her away«, schreibt Pauline Kael 1982 über Wingers Auftritt in *An Officer and a Gentleman*[102] (Taylor Hackford, 1982), einen Film, mit dem Winger unzufrieden war und für den sie sich weigerte, Publicity zu machen. Völlig zu Recht, die Navy-Schmonzette mit Richard Gere in der Hauptrolle ist ein misogynes Machwerk und erzählt, neben allerlei soldatischen Körper-

Mike's Murder (1984, James Bridges)

ertüchtigungsszenen, von Fabrikarbeiterinnen, deren Lebensziel darin besteht, sich einen Offiziersanwärter zu angeln.

Wingers Widerspruch brachte ihr den Ruf ein, »schwierig« zu sein, aber es gab immer auch Leute, die sie verehrt und verteidigt haben. Kael war von Anfang an ein großer Winger-Fan: »Debra Winger is one of the two or three finest (and most fearless) screen actresses we've got«, schrieb sie und attestierte ihr »the vividness of those we call ›born‹ performers.«[103] Kurz: »She's a major reason to go on seeing movies in the eighties«[104]. Dabei war ihr Weg zum Film *accidental*. Mit siebzehn Jahren erlebt die 1955 in Cleveland Heights, Ohio, als Tochter einer orthodox-jüdischen Arbeiterfamilie geborene Winger einen schweren Autounfall, der sie zeitweise erblinden lässt und für ein ganzes Jahr ans Bett fesselt. In dieser Zeit beschließt sie, Schauspielerin zu werden. Sie zieht nach Los Angeles und ergattert zunächst eine Nebenrolle in der TV-Serie *Wonder Woman*

(1975–1979). Ihre erste große Filmrolle, gleich an der Seite von Superstar John Travolta in *Urban Cowboy* (1980), holt sie sich mit Mut und Chuzpe: Ausstaffiert mit Cowboyhut und Stiefeln, lümmelt sie auf dem Gelände des Paramount-Studios herum, bis Regisseur James Bridges und Produzent Robert Evans auf sie aufmerksam werden. Obwohl Evans sie als »unfuckable« und damit ungeeignet verwirft (Misogynie Nr. 2), setzen Bridges und Travolta durch, dass sie die weibliche Hauptrolle spielt; Bridges wird ihr Förderer und Mentor.

Eine ausdrucksstarke Oberlippe (»prehensile«, sagt das Wörterbuch, heißt »zum Greifen geeignet«), eine hungrige Sinnlichkeit und eine Stimme, so heiser, tief und gleichzeitig gefährlich kieksig wie die eines Jungen im Stimmbruch – die charakteristischen Eigenschaften, die Kael zu Winger und ihrem Spiel einfallen, sind ungewöhnlich für einen weiblichen Hollywoodstar, aber tatsächlich genau beobachtet. Wirklich hör- und beschreibbar wird Stimme erst da, wo sie sich jenseits von Sprache artikuliert. Lachen, wiehern, glucksen, krächzen, kichern, juchzen – die gesamte Bandbreite von Wingers asignifikanter Geräuschproduktion und eigentümlicher Stimmartistik lässt sich in **Terms of Endearment** (1983) unter der Regie von James L. Brooks beobachten. Gemeinsam mit Shirley MacLaine spielt Winger in diesem epischen *women's weepie* ein in Hass und Liebe innig verbundenes Mutter-Tochter-Paar; ein bisschen *Mildred Pierce* (Michael Curtiz, 1945),

103 Ebd., S. 382–83.
104 Pauline Kael: *Hooked*, New York 1989, S. 176.

aber zärtlicher, versöhnlicher in seiner Darstellung der Mutter-Tochter-Beziehung. Winger spielt die Tochter Emma mit komödiantischem Überschwang, als Schwangere breitbeinig herumwatschelnd, die Hände in die Hüften gestemmt. In dicken Wollsocken und rostbraunem Frottee-Bademantel stapft sie durchs Haus und drängelt ihren Ehemann vorfreudig glucksend ins Schlafzimmer, wenn sie Lust dazu hat. »There's a capacity for delight that is always near the surface of her characters (and she never loses track of what turns them on)«, schreibt Kael über Winger in *Terms of Endearment*[105] und trifft mit der Verknüpfung von *delight* und *what turns on* den Kern von Wingers Sex-Appeal. Der hat etwas unverhohlen Verschmitztes und Freudvolles, kann jederzeit in großes Gelächter ausbrechen. Wingers Erotik ist eine (und das gibt es im Hollywood-Kino nicht oft), die nichts Statuarisches oder Bildhaftes an sich hat; die nichts mit Glamour, Stillstellung und Distanz zu tun hat, sondern im Gegenteil mit Offenheit, Wachheit, Wärme, Lebendigkeit und Nahbarkeit.

Besonders deutlich kommt dies in Wingers Zusammenarbeit mit James Bridges zum Ausdruck. Zwei Filme haben die beiden zusammen gedreht, *Urban Cowboy* und **Mike's Murder** (1984), beides Filme, die wissen, dass Sex mit Körpern und sinnlichen Empfindungen zu tun hat, aber gleichzeitig auch mit Vorstellungen, Wünschen, Sehnsüchten, die im Kopf passie-

ren. *Urban Cowboy* ist ein Film über ein kollektives Imaginäres, ein Film voller Verschiebungen und Ersetzungen, in dem nichts echt ist, das Begehren aber deshalb nicht weniger *real*. Es geht um Sissy (Winger) und Bud (Travolta), die in der Nähe von Houston leben und ihre Samstagabende in einem Western-Club namens Gilley's verbringen, einer weitschweifigen, von Rauch, Schweiß und **Country**-Musik erfüllten Halle. »Are you a real cowboy?«, fragt Sissy forsch, als sie Bud anspricht, weil: sie möchte doch einen. Er ist natürlich keiner, sondern sieht nur so aus (wie die Kamera, seinen schönen Körper von unten bis oben abfahrend, bereits festgestellt hat); sein Geld verdient er als Arbeiter in einer Ölraffinerie. Die beiden heiraten trotzdem und ziehen gemeinsam in einen Trailer.

Doch zwischen das familiäre Glück schiebt sich rasch ein Dritter: der *mechanical bull*, der in einer Ecke von Gilley's inmitten eines Matratzenlagers aufgestellt ist. Die schlüpfrige Assoziationsträchtigkeit dieses Apparats kostet der Film genüsslich aus. Schon nach dem ersten *ride* ist Bud dem Ding verfallen, ein seltsames Leuchten in seinen Augen, auch (oder gerade) wenn er zugeben muss: »My balls are killing me!« – Sissy: »Does that mean we won't be able to do it?« – Bud: »I don't know, I just don't know.« Schamlos ausgestellte Selbstbefriedigungsmechanik ist dieser *bull* (zwischendurch immer wieder Schnitt auf die Hand dessen, der den Regler, engl. *joystick*, bedient), eine echte Junggesellenmaschine. Als solche schaltet der *bull* sich zwischen das junge Paar, das von ehelichem Verkehr, Heim, Familie usw. bald

105 Pauline Kael: *State of the Art. Film Writings 1983–1985*, New York/London 1987, S. 93–96, zuerst erschienen in: *The New Yorker*, 12.12.1983.

nichts mehr wissen will und stattdessen in Konkurrenz um die Maschine gerät. Sissy: »You know what I really wanna do? I wanna ride that bull!« Frau auf Junggesellenmaschine, da läuft einiges durcheinander, ist *upside down*, so wie Bud, der an seinem Arbeitsplatz in hundert Meter Höhe vom Gerüst hängt, just in dem Moment (Parallelmontage!), als Sissy richtig gut im *bull riding* wird, mit Kunststückchen. Bud erträgt das nicht und sucht sich eine andere, eine *real lady*, wie er betont. Wie wenig weit die »Echtheit« in Sachen Geschlechtsidentität geht, zeigt nur ein paar Szenen später ein Lookalike-Contest, der die breite Bühne des Gilley's mit Dutzenden blonden und großbusigen Dolly-Parton-Imitatorinnen überschwemmt – *ladies in drag*, lauter Frauendarstellerinnen.

Noch weiter in der Dekonstruktion heterosexueller Liebes- und Paarkonzeptionen geht die zweite Winger-Bridges-Zusammenarbeit, *Mike's Murder*, ein stimmungsvoller, in Los Angeles angesiedelter Neo-Noir, der explizit von Sehnsüchten und Begehren erzählt, die heteronormative Formatierungen sprengen oder zumindest verkomplizieren. Als einzige Frau in einem Männerensemble spielt Winger die Bankangestellte Betty, die sich in den unbedarften Mike (Mark Keyloun) verguckt. Man sieht sie beim Tennis, dann gleich im Bett (der Film beginnt da, wo andere Filme aufhören), inszeniert als schwülstige Liebesszene, wie man sie aus dem Achtzigerjahre-Hollywood-Kino kennt: mit raffiniertem Jalousien-Zwielicht und schwarzen Silhouetten, die sich diskret, wortlos und in Zeitlupe einander hingeben, untermalt von sehnsuchtsvoll klagendem

Saxofon. Doch schon die nächste Einstellung bringt den Kitsch ins Kippen: zwei *burger patties*, die brutzelnd auf heißem Eisen gebraten werden, Zwiebeln drauf und Soße, *fast food* für *fast lovers*, eine Montage, die augenzwinkernd das Fleischliche feiert, gleichzeitig Bekenntnis zu einem prosaischen Realismus. Es bleibt beim One-Night-Stand, Mike meldet sich nicht und dann doch, im Vordergrund steht immer wieder fehlgehende Telekommunikation. Mike ist von Anfang an ein technisch vermitteltes Gespenst: Telefone, Anrufbeantworter, Fotografien und Videoaufzeichnungen verleihen ihm jenen seltsamen Status gleichzeitiger An- und Abwesenheit, den Medien mit sich bringen, und erzählen weniger eine Liebesgeschichte denn die Geschichte eines unerfüllten Begehrens, in deren Zentrum der fortlaufende Entzug des Liebesobjekts steht.

Dieser Entzug konkretisiert, wiederholt und potenziert sich mit Mikes gewaltsamem Tod nach einem schiefgelaufenen Drogendeal. Betty begibt sich auf seine Spuren und erfährt, dass Mike Beziehungen mit Männern hatte, eine Tatsache, die der Film beiläufig und ohne jede moralische Indignation erzählt. Mehr und mehr wird Wingers Figur zur Zuschauerin und Chronistin, die beobachtet, reagiert und rekonstruiert, aber kaum als Handelnde auftritt. Filmkritiker haben das bemängelt: Winger habe »no role to play«, schrieb die *New York Times*[106], und fungiere »only as a sort of token female in a narrative primarily concerned with

106 Vincent Canby: »*Mike's Murder* with Debra Winger«. In: New York Times, 9.3.1984, nyti.ms/2DtWXYz.

male hustling« – so als ob der Film Winger als weiblich-heterosexuelles Feigenblatt, zur Verschleierung seines schwulen Begehrens, gebrauche. Es ist komplizierter und interessanter; denn zum einen wird dieses Begehren ja gerade nicht verschleiert (sondern offengelegt von einer Kamera, die junge Männer, meist in Shorts, von Anfang an als Objekte des Begehrens ins Bild setzt) und zum anderen speist die komplizierte Anordnung unerfüllter Sehnsüchte die tiefe, schöne Melancholie von *Mike's Murder*.

Die beiden Bridges-Filme sind frühe Höhepunkte in Wingers Karriere, danach ging es nicht mehr in derselben Weise weiter. Auffällig ist, dass Winger in ihren späteren Filmen scheinbar zwangsläufig immer wieder Frauenfiguren gegenübergestellt wird, die ganz anders auftreten als sie: Elegant und oft blond sind diese Frauen, kühle und beherrschte *femmes fatales* wie Daryl Hannah in *Legal Eagles* (Ivan Reitman, 1986) – noch ein Film, über den Winger öffentlich ihr Missfallen äußerte – oder Theresa Russell in *Black Widow* (Bob Rafelson, 1987). Es ist nicht einfach zu klären, was genau in diesen Entgegensetzungen unterschiedlicher Frauenfiguren, die zwischen Rivalität und Komplizinnentum oszillieren, verhandelt wird. Letztlich handelt es sich um Konstellationen (die natürlich durchweg von männlichen Drehbuchautoren erfunden und arrangiert worden sind), in denen Frauen zueinander in Konkurrenzverhältnisse gesetzt und gegeneinander ausgespielt, auf ihre Plätze und in ihre Schranken gewiesen werden. Für die ungestüme, selbstbewusste Lust und erotische Energie, die Winger in den Filmen von Bridges und Brooks ausstrahlte, scheint da kein Raum mehr zu sein.

Pauline Kael hat das Flügelstutzende dieser Filme gespürt. Über *Black Widow*, in dem Winger als FBI-Agentin einer männermordenden Heiratsschwindlerin (Russell) das Handwerk legt, schreibt sie: »Winger is disappointing, because her role de-sexes her. It doesn't call upon what she's best at: a fearless hypersensuality [...] Winger has to put on a deadpan, and her husky voice is played down.«[107] Und in *Legal Eagles*, in dem Winger an der Seite von Robert Redford eine Anwältin spielt, erscheint sie Kael nur noch als »nice girl with neat, shiny hair, who looks small and ordinary. [...] She has some funny moments, but the part is an emotional straitjacket.«[108]

Diese Zwangsjacke hat Winger nicht lange anbehalten. Mitte der Neunzigerjahre hat sie aufgehört, Filme zu drehen, ist um die Welt gereist und schließlich nach New York gezogen.

107 Pauline Kael: *Hooked*, S. 271.
108 Pauline Kael: Ebd.

LEONIE SEIBOLD

Working Girl
Mike Nichols, 1988

»I'm not going to spend the rest of my life working my ass off and getting nowhere just because I followed rules that I had nothing to do with setting up.«
Tess McGill

Ronald Reagans Politik hinsichtlich der Stellung der Frau in der Gesellschaft kam einem Backlash gleich: Der *Omnibus Reconciliation Act* von 1981 hatte massive Kürzungen von Sozialleistungen zur Folge, die vor allem auch Frauen betrafen. Die Legalität der Abtreibung wurde infrage gestellt, die Durchsetzung des *Equal Rights Amendment* scheiterte endgültig. Rückschläge, wie sie sich in Mike Nichols' *Working Girl* widerspiegeln, allerdings in sehr ambivalenter Weise: als stetiges Alternieren zwischen *throwback* und *boost*.

Die Sekretärin Tess McGill (Melanie Griffith) macht als Repräsentantin einer ganzen Gesellschaftsschicht den *struggle* von der *working class* zum *white collar worker* durch. In der Eröffnungssequenz wird verheißungsvoll die Freiheitsstatue gezeigt, auf der eingraviert steht: »Give me your tired, your poor / Your huddled masses yearning to breathe free …« Die Protagonistin durchläuft täglich eine symbolische Migration nach Uptown New York von Staten Island mit der Fähre. Ihre Hoffnung wird mit einem Song von Carly Simon unterlegt: »Let the river run / Let all the dreamers wake the nation …«

Morgens auf der Fähre stößt Tess mit ihrer Freundin Cyn auf ihren 30. Geburtstag an und erklärt ihr im gleichen Zug, dass sie am Abend keine Zeit für sie habe, da sie gerade einen Rhetorikkurs besucht. Sie ist entschlossen, die soziale Leiter hinaufzuklettern und ihre proletarische Herkunft hinter sich zu lassen. Dass sie eine Frau ist und von ihren Vorgesetzten nicht respektiert wird, kann sie indes nicht ändern. Gleich zu Beginn muss sie einem männlichen Kollegen auf der Toilette eine neue Rolle Klopapier reichen; für ihre beruflichen Ambitionen wird sie belächelt. Bei einem von ihrem Chef arrangierten Treffen mit einem Kollegen gerät sie in die Situation, erklären zu müssen, sie sei nicht »*that* kind of working girl«.

Auch in der Beziehung zu ihrer späteren, weiblichen Vorgesetzten Katharine (Sigourney Weaver) wird schnell eine geschlechterspezifische Arbeitsteilung etabliert: Katharine gibt eine Party, und während sie Konversation mit Geschäftspartnern und Kollegen macht, muss Tess die dampfenden Dim Sums des Caterers herumschieben. Als Katharine mit gebrochenem Bein von einem Skiurlaub in Europa zurückkehrt, ist es ihr keineswegs unangenehm, Tess zur Apotheke zu schicken oder sie als Pflegekraft zu missbrauchen: »I'll need your help bathing and changing.« Trotz der mit Auszeichnung absolvierten Abendschule muss Tess in ihrem Job immer wieder ihrer Position unwürdige Aufgaben erfüllen. Als sie entdeckt, dass die neue Chefin ihr skrupellos eine entscheidende Idee gestohlen hat, gewinnt deren Motivationsspruch eine ganz neue Dimension: »Who makes it happen? *I* make it happen.«

Working Girl (1988)

Working Girl ist mehr ein Film der ergriffenen als der verpassten Chancen. Man kann Tess viel vorwerfen, aber sicher keinen Mangel an Mut oder Ambition. Sie ergreift die Gelegenheit beim Schopf, reißt den Deal an sich und bedient sich dabei aller ihr zur Verfügung stehenden Mittel, inklusive Katharines Kleiderschrank. »But Tess has learned only the language of elite fashion, not the parole, for the dress is wrong for the occasion.«[109] Das bringt sie auf der Businessparty zwar in eine seltsame Lage und ihr merkwürdige Komplimente ein – »You're the first woman I've met at one of these goddamn parties who dresses like a woman and not like a woman thinks a man would dress if he were a woman« –, schadet ihr *on the long run* aber auch nicht.

Als sie Zweifel hegt, ob ihr das *blending-in* gelungen ist, lässt sie sich von ihrer neuen Bekanntschaft Jack Trainer (**Harrison Ford**) bestätigen, sie sei sicherlich »a real ace at whatever it is you are doing«. Sie ist endlich angekommen in der Klasse, für die gilt: »Things like comportment and behavior become increasingly important. Above all, you don't want to stick out, or, if you do, it has to be done in the correct manner.«[110] Tess muss erst diverse Aufgaben, die längst nicht mehr in das Tätigkeitsfeld einer Sekretärin fallen, erledigen, bis der Firmenchef ihr Potenzial erkennt – um dann als *fairness fairy* für Gerechtigkeit zu sorgen, indem er die gute Prinzessin befördert und die böse Hexe feuert. Caryn James hat *Working Girl* bezeichnet als »[…] an enchanting fable that allows every harassed worker to fantasize about easy escape«[111] und wirft ihm Ignoranz gegenüber ökonomischen Realitäten vor. Oder aber: *an American dream come true.*

109 Elizabeth G. Traube: *Dreaming Identities. Class, Gender, and Generation in 1980's Hollywood Movies.* Boulder, Colorado 1992, S. 109.
110 James McGirk: »Common People. Class And The 80s«. In: *The Awl*, 6.8.2012, www.theawl.com/ 2012/08/common-people-class-and-the-80s.
111 Caryn James: »Film View. Are Feminist Heroes An Endangered Species?« In: *The New York Times*, 16.7.1989, www.nytimes.com/1989/07/16/movies/film-view-are-feminist-heroines-an-endangered-species.html.

Anhang

Autorinnen und Autoren

MICHAEL ALTHEN, 1962–2011, Filmkritiker. Ab 1984 freier Mitarbeiter und ab 1998 Filmredakteur für die *Süddeutsche Zeitung*. Ab 2001 Feuilleton-Redakteur der *Frankfurter Allgemeinen Zeitung*. Grimme-Preisträger. Zahlreiche Veröffentlichungen in *Der Spiegel*, *Die Zeit*, *Tempo* und *steadycam*.

ANDREY ARNOLD, geb. 1987 in Moskau, Studium der Theater-, Film- und Medienwissenschaft in Wien. Schreibt über Kino für *Die Presse*, das Blog *Jugend ohne Film* sowie *perlentaucher*; kuratiert das Konfliktprogramm »Trouble Features« als Mitglied des Vereins Diskollektiv.

ALEJANDRO BACHMANN, geb. 1980. Leitet den Bereich Vermittlung, Forschung und Publikationen des Österreichischen Filmmuseums, Kurator der »In person«-Reihe zu zeitgenössischem experimentellen Filmschaffen. Freischaffender Autor, Vermittler, Herausgeber, zuletzt *Räume in der Zeit. Die Filme von Nikolaus Geyrhalter* (2015).

JOHANNES BINOTTO, geb. 1977, Kultur- und Medienwissenschaftler, Universität Zürich und Hochschule Luzern Design+Kunst. Co-Redakteur des *Filmbulletins,* Publikationen zum unheimlichen Raum und zum Eigensinn der Filmtechnik, www.medienkulturtechnik.org.

HARTMUT BITOMSKY, geb. 1942, Filmemacher und Autor. Filme u. a.: *Deutschlandbilder* (1983), *Das Kino und der Tod* (1988), *Der VW-Komplex* (1989). Langjähriger Autor und von 1974 bis 1985 Redakteur der Zeitschrift *Filmkritik*. Buchveröffentlichungen u. a. zur Praxis und Theorie des Dokumentarfilms.

HANNES BRÜHWILER, geb. 1980, Autor und Filmkurator. Gründer des amerikanischen Independent-Festivals Unknown Pleasures und zusammen mit Lukas Foerster Kurator der Reihe »Kino-Atlas«. Retrospektiven u. a. zu Alfred Guzzetti, Hou Hsiao-hsien, Whit Stillman, Rainer Werner Fassbinder und der Hollywood Blacklist. Seit 2009 Redakteur der Filmzeitschrift *Revolver*.

ANDREAS BUSCHE, geb. 1974, freier Autor, Redakteur und Filmarchivar. Studium der Filmarchivierung an der Universität East Anglia. Von 2008 bis 2011 Filmrestaurator am Nederlands Filmmuseum (heute Eye Filminstitut), seit 2017 Redakteur beim *Tagesspiegel* in Berlin.

ADAM COOK, geb. 1989, Kurator und Kritiker, lebt in Toronto. Teil des Programmteams des Toronto International Film Festival und Kurator der Reihe »Future/Present« des Vancouver International Film Festival. Texte unter anderem für *The New York Times*, *Film Comment*, *Cinema Scope*.

BRIGITTE DESALM, 1942–2001, Film- und Literaturkritikerin. Ab 1972 Mitarbeiterin, ab 1981 und bis zu ihrem Tod Leiterin des Film-Ressorts des *Kölner Stadt-Anzeigers,* weitere Veröffentlichungen u. a. in *steadycam* und *Der Monat*.

DIEDRICH DIEDERICHSEN, geb. 1957, Kulturwissenschaftler, Kritiker, Journalist und Kurator. 1985–1990 Chefredakteur der *Spex*. Seit 2006 Professor für Theorie, Praxis und Vermittlung von Gegenwartskunst an der Akademie der bildenden Künste Wien. Zahlreiche Veröffentlichungen, zuletzt *The Sopranos* (2012), *Über Pop-Musik* (2014), *Körpertreffer. Zur Ästhetik der nachpopulären Künste* (2017).

LUKAS FOERSTER, geb. 1981, Medienwissenschaftler und Filmkritiker. Filmredakteur des *perlentaucher*. Teil des Programmteams des Kinos Xenix (Zürich). somedirtylaundry.blogspot.de.

FRITZ GÖTTLER, geb. 1954, Filmkritiker. In den 1980er-ahren Mitarbeiter im Münchner Filmmuseum. Seit 1992 Redakteur der *Süddeutschen Zeitung*. Weitere Veröffentlichungen u. a. in *steadycam* und *24*.

DOMINIK GRAF, geb. 1952. 1974–1979 Studium an der HFF München, seit 1979 Regisseur und Autor. Filme u. a.: *Die Katze* (1987); *Die Sieger* (1994); *Der Skorpion* (1997); *Der Felsen* (2001); *Hotte im Paradies* (2002); *Der rote Kakadu* (2005); *Im Angesicht des Verbrechens* (2008/09); *Die geliebten Schwestern* (2012). Auszeichnungen u. a.: Bundesfilmpreis für Regie 1988, mehrfache Grimmepreise, Bayerische Fernsehpreise, deutsche Fernsehpreise, u. a. Telestar (1998).

FRIEDA GRAFE, 1934–2002, Filmkritikerin, Essayistin und Übersetzerin. Ab 1962 zahlreiche Veröffentlichungen, insbesondere in *Filmkritik* und *Süddeutsche Zeitung*. Eine zwölfbändige Werkausgabe ist 2002–2008 bei Brinkmann & Bose erschienen.

FRIEDERIKE HORSTMANN, geb. 1978, Studium der Kunstgeschichte und Philosophie. Schreibt seit 2006 für unterschiedliche Zeitungen und Magazine, am liebsten übers Kino. Ihre Kritiken erscheinen in der Kinokolumne des *perlentaucher* und in *Cargo*, *Der Freitag* und *Der Tagesspiegel*. Sie ist Mitherausgeberin des *Wörterbuchs kinematografischer Objekte* und seit 2016 wissenschaftliche Mitarbeiterin am filmwissenschaftlichen Seminar der Freien Universität Berlin.

ALEXANDER HORWATH, geb. 1964, ist Autor und Kurator und war als Filmkritiker und Redakteur u. a. für den *Falter*, den *Standard*, *Die Zeit* und die *Süddeutsche Zeitung* tätig. Er leitete die Viennale und war von 2002 bis 2017 Direktor des Österreichischen Filmmuseums. 2007 fungierte er als Kurator des Filmprogramms der Documenta 12.

Zahlreiche Publikationen zum Film, darunter Bücher über Michael Haneke (1991, 1997), das amerikanische Kino der 1960er/1970er-Jahre (1994, 1995, 2003), Peter Tscherkassky (2005), Josef von Sternberg (2007), *Film Curatorship* (2008) und über das Österreichische Filmmuseum (2014).

CHRISTOPH HUBER, geb. 1973, wissenschaftlicher Mitarbeiter in der Programmabteilung des Österreichischen Filmmuseums. Co-Kurator diverser dortiger Retrospektiven, insbesondere zum Genrekino. Von 1999 bis 2014 Leiter des Filmressorts, ab 2007 auch Kulturredakteur der Wiener Tageszeitung *Die Presse*. European editor des kanadischen Filmmagazins *Cinema Scope*. Zahllose Beiträge in internationalen Filmzeitschriften, Buchpublikationen und Online-Medien.

MICHAEL KIENZL, geb. 1979, freier Kulturjournalist für verschiedene Print- und Onlinemedien, Mitglied bei der Programmauswahl von diversen Festivals (Woche der Kritik, Filmschoolfest Munich u. a.) sowie Redakteur des Online-Filmmagazins *critic.de*.

EKKEHARD KNÖRER, geb. 1971, Kulturwissenschaftler, Filmkritiker, Redakteur. Mitherausgeber der Zeitschriften *Cargo* und *Merkur*. Schreibt u. a. für *taz*, *Tagesspiegel*, *Spiegel online*, *Die Zeit*.

MICHELLE KOCH, geb. 1980, Studium der Filmwissenschaft und Soziologie. Arbeitet als Autorin und Redakteurin für wissenschaftliche Publikationen, Zeitschriften, Kulturinstitutionen und Filmfestivals. Mitarbeiterin der Nachwuchsinitiative »Cinema Next – Junges Kino aus Österreich«.

JOHN LEHTONEN, geb. 1991, angehender Filmemacher und Autor, lebt in Südkalifornien.

HANS CHRISTIAN LEITICH, geb. 1964, Filmkritiker mit Unterbrechungen seit 1985. Studien der

Kunstgeschichte und Architektur in Wien. Von 2000 bis 2013 Kulturredakteur bei *derstandard.at*.

SULGI LIE, geb. 1977, Filmwissenschaftler, Autor von *Die Außenseite des Films. Zur politischen Filmästhetik* (Zürich/Berlin 2012), arbeitet derzeit an einem Buch zur Slapstick-Komödie.

ELENA MEILICKE, geb. 1981, Kultur- und Medienwissenschaftlerin und Filmkritikerin, u. a. für die Zeitschriften *Merkur* und *Cargo*. 2016 erschien bei Turia & Kant *Paranoia. Lektüren und Ausschreitungen des Verdachts* (Mitherausgeberin).

OLAF MÖLLER, geb. 1971, Kölner. Schreibt über und zeigt Filme. Er ist Mitherausgeber u. a. der FilmmuseumSynemaPublikationen zu Michael Pilz, John Cook, Romuald Karmakar und Co-Autor des Buchs zu Dominik Graf.

OLIVER NÖDING, geb. 1976, freier Autor, Essayist und Filmblogger auf *Remember it for later* und *Sauft Benzin, ihr Himmelhunde!*

NIKOLAUS PERNECZKY, geb. 1982, Studium der Filmwissenschaft und Philosophie in Berlin. Lebt und arbeitet in London, zurzeit an einem Dissertationsprojekt über nachkoloniales Kino aus Westafrika und (als Mitglied des Kollektivs The Canine Condition) an einer Retrospektive zur Geschichte des Hongkong-Kinos.

BERT REBHANDL, geb. 1964 in Oberösterreich, lebt als freier Journalist, Autor und Übersetzer in Berlin. Mitherausgeber von *Cargo*. www.bro198.net.

DREHLI ROBNIK, geb. 1967, Theoretiker in Sachen Film & Politik, Edutainer, Discjockey. Monografien zu Stauffenberg im Film, zu Jacques Rancière und zur Regierungs-Inszenierung im *Kontrollhorrorkino*. Herausgeber der Film-Schrif-

ten von Siegfried Mattl. In Arbeit: *DemoKRACy: Siegfried Kracauers Politik*Film*Theorie*.

SIMON ROTHÖHLER, geb. 1976, ist Juniorprofessor für Medientechnik und Medienphilosophie an der Ruhr-Universität Bochum und Leiter des DFG-Forschungsprojekts »Streaming History«.

JOACHIM SCHÄTZ, geb. 1984, Filmwissenschaftler. Wissenschaftskoordinator am Ludwig Boltzmann Institut für Geschichte und Gesellschaft in Wien. Publikationen u. a. zu Politiken der Komödie und Medialitäten des Gebrauchsfilms.

HANS SCHIFFERLE, geb. 1957, Autor und Filmkritiker. Veröffentlichungen u. a. in *steadycam* und *epd Film*.

ALEXANDRA SEIBEL, geb. 1966 in Wien, arbeitet als Filmkritikerin und Autorin. Zahlreiche Publikationen (u. a. *Visions of Vienna. Narrating the City in 1920s and 1930s Cinema;* Herausgeberin gemeinsam mit Timothy Shary von *Youth Culture in Global Cinema*).

LEONIE SEIBOLD, geb. 1990, Studium der Theater-, Film- und Medienwissenschaft und der Soziologie (Masterarbeit über »Die soziale Rolle in Herrmann Zschoches *Karla*«). Arbeitet als Dramaturgin am Theater in der Josefstadt, Wien.

SILVIA SZYMANSKI, geb. 1958, Schriftstellerin (u. a. *Chemische Reinigung, Agnes Sobierajski*) und Musikerin (u. a. The Me-Janes), ist Mitglied des Nürnberger Hofbauer-Kommandos und schreibt über Filme u. a. bei *hardsensations.com* und *critic.de*.

ROBERT WAGNER, geb. 1982, Studium der Soziologie, Philosophie und Neueren Geschichte, Film-Blog-Autor (*the-gaffer.de* und *eskalierende-traeume.de*).

Filmregister der Achtzigerjahre (chronologisch)

1980
Airplane!,
   USA, Jim Abrahams/David Zucker/Jerry Zucker
Alligator, USA, Lewis Teague
American Gigolo, USA, Paul Schrader
Bad Timing, GB, Nicolas Roeg
Caddyshack, USA, Harold Ramis
Coal Miner's Daughter, USA, Michael Apted
Cruising, USA, William Friedkin
Don't Go in the House, USA, Joseph Ellison
Dressed to Kill, USA, Brian De Palma
Friday the 13th, USA, Sean S. Cunningham
Gloria, USA, John Cassavetes
Gregory's Girl, GB, Bill Forsyth
Heaven's Gate, USA, Michael Cimino
Honeysuckle Rose, USA, Jerry Schatzberg
Maniac, USA, William Lustig
Melvin and Howard, USA, Jonathan Demme
Modern Romance, USA, Albert Brooks
Out of the Blue, USA, Dennis Hopper
Palermo oder Wolfsburg,
   BRD, Werner Schroeter
Private Benjamin, USA, Howard Zieff
Roadie, USA, Alan Rudolph
Star Wars: Episode V – The Empire Strikes Back,
   USA, Irvin Kershner
The Apple, USA, Menahem Golan
The Big Red One, USA, Sam Fuller
The Blues Brothers, USA, John Landis
The Exterminator, USA, James Glickenhaus
The Shining, GB/USA, Stanley Kubrick
Urban Cowboy, USA, James Bridges

1981
…All the Marbles, USA, Robert Aldrich
Blow Out, USA, Brian De Palma
Body Heat, USA, Lawrence Kasdan
Chariots of Fire, GB, Hugh Hudson
Cutter's Way, USA, Ivan Passer
Dead & Buried, USA, Gary Sherman

Escape from New York, USA, John Carpenter
Knightriders, USA, George A. Romero
Prince of the City, USA, Sidney Lumet
Raiders of the Lost Ark, USA, Steven Spielberg
Southern Comfort, USA, Walter Hill
Take This Job and Shove It, USA, Gus Trikonis
The Cannonball Run, USA, Hal Needham
The Loveless,
   USA, Kathryn Bigelow/Monty Montgomery
The Night the Lights Went Out in Georgia,
   USA, Ron Maxwell
The Prowler, USA, Joseph Zito
Thief, USA, Michael Mann
Threshold, USA, Richard Pearce

1982
Airplane II: The Sequel, USA, Ken Finkleman
An Officer and a Gentleman, USA, Taylor Hackford
Blade Runner, USA, Ridley Scott
Conan the Barbarian, USA, John Milius
Creepshow, USA, George A. Romero
Diner, USA, Barry Levinson
E.T. the Extra-Terrestrial, USA, Steven Spielberg
Fast Times at Ridgemont High,
   USA, Amy Heckerling
First Blood, USA, Ted Kotcheff
Honkytonk Man, USA, Clint Eastwood
Jinxed!, USA, Don Siegel
Kiss Me Goodbye, USA, Robert Mulligan
Penitentiary II, USA, Jamaa Fanaka
Rocky III, USA, Sylvester Stallone
Some Kind of Hero, USA, Michael Pressman
Split Cherry Tree, USA, Andrej Končalovskij
Talk Dirty to Me: Part 2, USA, Tim McDonald
The Class of 1984, USA, Mark L. Lester
The Soldier, USA, James Glickenhaus
The Thing, USA, John Carpenter
Vice Squad, USA, Gary Sherman
White Dog, USA, Sam Fuller
Who Am I This Time?, USA, Jonathan Demme

1983

All the Right Moves, USA, Michael Chapman
Bless Their Little Hearts, USA, Billy Woodberry
Christine, USA, John Carpenter
Cujo, USA, Lewis Teague
Local Hero, GB, Bill Forsyth
Ninja III: The Domination, USA, Sam Firstenberg
Risky Business, USA, Paul Brickman
Rumble Fish, USA, Francis Ford Coppola
Sessions, USA, Richard Pearce
Star Wars: Episode VI – Return of the Jedi,
    USA, Richard Marquand
Staying Alive, USA, Sylvester Stallone
Tender Mercies, USA, Bruce Beresford
Terms of Endearment, USA, James L. Brooks
The Dead Zone, USA/Kanada, David Cronenberg
The Hunger, USA/GB, Tony Scott
The Outsiders, USA, Francis Ford Coppola
Tough Enough, USA, Richard Fleischer
Trading Places, USA, John Landis
Twilight Zone: The Movie,
    USA, Joe Dante/John Landis/George Miller/
    Steven Spielberg
Videodrome, Kanada, David Cronenberg

1984

Breakin', USA, Joel Silberg
Breakin' 2: Electric Boogaloo,
    USA, Sam Firstenberg
Body Double, USA, Brian De Palma
Children of the Corn, USA, Fritz Kiersch
C.H.U.D., USA, Douglas Cheek
Country, USA, Richard Pearce
Falling in Love, USA, Ulu Grosbard
Firestarter, USA, Mark L. Lester
Friday the 13th: The Final Chapter,
    USA, Joseph Zito
Hardbodies, USA, Mark Griffiths
Love Streams, USA, John Cassavetes
Maria's Lovers, USA, Andrej Končalovskij

Mike's Murder, USA, James Bridges
Missing in Action, USA, Joseph Zito
Over the Brooklyn Bridge, USA, Menahem Golan
Places in the Heart, USA, Robert Benton
Reckless, USA, James Foley
Red Dawn, USA, John Milius
Sixteen Candles, USA, John Hughes
Songwriter, USA, Alan Rudolph
Starman, USA, John Carpenter
Stop Making Sense, USA, Jonathan Demme
Swing Shift, USA, Jonathan Demme
The Killing Fields, GB, Roland Joffé
The Pope of Greenwich Village,
    USA, Stuart Rosenberg
The River, USA, Mark Rydell
The Terminator, USA, James Cameron
Top Secret!,
    USA, Jim Abrahams/David Zucker/Jerry Zucker
Unfaithfully Yours, USA, Howard Zieff
Wildrose, USA, John Hanson

1985

1918, USA, Ken Harrison
Brewster's Millions, USA, Walter Hill
Cat's Eye, USA, Lewis Teague
Day of the Dead, USA, George A. Romero
Death Wish 3, USA, Michael Winner
Fool for Love, USA, Robert Altman
Ha-Me'ahev, Israel, Michal Bat-Adam
Legend, USA, Ridley Scott
Le Soulier de satin, Frankreich/Portugal/BRD/
    Schweiz, Manoel de Oliveira
Lost in America, USA, Albert Brooks
Perfect, USA, James Bridges
Police Story (Jing cha gu shi),
    Hongkong, Jackie Chan
Rambo: First Blood Part II,
    USA, George Pan Cosmatos
Rocky IV, USA, Sylvester Stallone
Runaway Train, USA, Andrej Končalovskij

Silver Bullet, USA, Daniel Attias
Sweet Dreams, USA, Karel Reisz
The Breakfast Club, USA, John Hughes
The Protector, Hongkong/USA, James Glickenhaus
To Live and Die in L.A., USA, William Friedkin
Witness, USA, Peter Weir
Year of the Dragon, USA, Michael Cimino

1986
9½ Weeks, USA, Adrian Lyne
52 Pick-Up, USA, John Frankenheimer
Club Paradise, USA, Harold Ramis
Cobra, USA, George Pan Cosmatos
Combat Shock, USA, Buddy Giovinazzo
Duet for One, USA, Andrej Končalovskij
Ferris Bueller's Day Off, USA, John Hughes
Heartbreak Ridge, USA, Clint Eastwood
Henry: Portrait of a Serial Killer,
    USA, John McNaughton
Invasion U.S.A., USA, Joseph Zito
Legal Eagles, USA, Ivan Reitman
Manhunter, USA, Michael Mann
Maximum Overdrive, USA, Stephen King
No Mercy, USA, Richard Pearce
Nothing in Common, USA, Garry Marshall
On Valentine's Day, USA, Ken Harrison
Otello, Niederlande/Italien/USA, Franco Zeffirelli
Pale Rider, USA, Clint Eastwood
Pretty in Pink, USA, Howard Deutch
Something Wild, USA, Jonathan Demme
Stand by Me, USA, Rob Reiner
The Color of Money, USA, Martin Scorsese
The Mosquito Coast, USA, Peter Weir
Top Gun, USA, Tony Scott

1987
Amazon Women on the Moon,
    USA, Joe Dante/Carl Gottlieb/Peter Horton/
    John Landis/Robert K. Weiss
Angel Heart, USA, Alan Parker
Barfly, USA, Barbet Schroeder
Beverly Hills Cop II, USA, Tony Scott

Black Widow, USA, Bob Rafelson
Broadcast News, USA, James L. Brooks
China Girl, USA, Abel Ferrara
Courtship, USA, Howard Cummings
Creepshow 2, USA, Michael Gornik
Critical Condition, USA, Michael Apted
Deadly Illusion,
    USA, Larry Cohen/William Tannen
Death Wish 4: The Crackdown,
    USA, J. Lee Thompson
Full Metal Jacket, USA/GB, Stanley Kubrick
Housekeeping, USA, Bill Forsyth
King Lear, USA, Jean-Luc Godard
Masters of the Universe, USA, Gary Goddard
Matewan, USA, John Sayles
No Way Out, USA, Roger Donaldson
Over the Top, USA, Menahem Golan
Penitentiary III, USA, Jamaa Fanaka
Predator, USA, John McTiernan
Prince of Darkness, USA, John Carpenter
RoboCop, USA, Paul Verhoeven
Running Man, USA, Paul Michael Glaser
Shy People, USA, Andrej Končalovskij
Some Kind of Wonderful, USA, Howard Deutch
Someone to Watch Over Me, USA, Ridley Scott
Spaceballs, USA, Mel Brooks
Street Smart, USA, Jerry Schatzberg
Street Trash, USA, J. Michael Muro
Superman IV: The Quest for Peace,
    USA, Sidney J. Furie
Swimming to Cambodia,
    USA, Jonathan Demme
The Hidden, USA, Jack Sholder
Tough Guys Don't Dance, USA, Norman Mailer

1988
Big, USA, Penny Marshall
Bird, USA, Clint Eastwood
Breaking In, USA, Bill Forsyth
Clara's Heart, USA, Robert Mulligan
Cocktail, USA, Roger Donaldson
Colors, USA, Dennis Hopper

Die Hard, USA, John McTiernan
Frantic, USA/Frankreich, Roman Polanski
Homeboy, USA, Michael Seresin
Maniac Cop, USA, William Lustig
Manifesto, USA, Dušan Makavejev
Married to the Mob, USA, Jonathan Demme
Midnight Run, USA, Martin Brest
Miles from Home, USA, Gary Sinise
Patty Hearst, USA, Paul Schrader
Powaqqatsi, USA, Godfrey Reggio
Rain Man, USA, Barry Levinson
Rambo III, USA, Peter MacDonald
Red Heat, USA, Walter Hill
Red Scorpion, USA, Joseph Zito
Running on Empty, USA, Sidney Lumet
Shakedown, USA, James Glickenhaus
The Last Temptation of Christ,
   USA/Kanada, Martin Scorsese

The Naked Gun: From the Files of Police Squad!,
   USA, David Zucker
They Live, USA, John Carpenter
Traveling Light, USA, John Hanson
Working Girl, USA, Mike Nichols

1989
Harlem Nights, USA, Eddie Murphy
Heathers, USA, Michael Lehman
Homer and Eddie, USA, Andrej Končalovskij
Johnny Handsome, USA, Walter Hill
Pet Sematary, USA, Mary Lambert
Sex, Lies, and Videotape,
   USA, Steven Soderbergh
Tango & Cash, USA, Andrej Končalovskij
The Final Days, USA, Richard Pearce
When Harry Met Sally ...,
   USA, Rob Reiner

Gesamtregister (alphabetisch)

Abbildungsnachweis

ALEXANDER HORWATH UND REGINA SCHLAGNITWEIT
Seite 51 © S. Karin Epstein

COLLECTION CINÉMATHÈQUE SUISSE
Seiten 83 oben, 88, 93, 95, 137, 169
Alle Rechte vorbehalten

DEUTSCHE KINEMATHEK
Seite 83 unten
Alle Rechte vorbehalten

FILMARCHIV AUSTRIA
Seiten 14, 19, 23, 33, 44, 55, 63, 74, 77, 91, 121, 126, 131, 133, 153, 154, 164, 177, 192, 197
Alle Rechte vorbehalten

FILMMUSEUM DÜSSELDORF
Seiten 49, 142, 157
Alle Rechte vorbehalten

ÖSTERREICHISCHES FILMMUSEUM
Seiten 30, 39, 46, 59, 65, 71, 79, 100, 107, 109, 112, 116, 124, 140, 145, 151, 161, 166, 180, 182, 189
Alle Rechte vorbehalten

SLOVENSKA KINOTEKA
Seite 174
Alle Rechte vorbehalten

Es konnten nicht alle Fotorechte vollständig geklärt werden. Wo uns dies nicht gelungen ist, bitten wir Rechteinhaber/innen um freundliche Nachsicht beziehungsweise Kontaktaufnahme.

Die historischen Texte wurden an die neue Rechtschreibung sowie an die Formatierungskonventionen des Buches angepasst.

FilmmuseumSynemaPublikationen

FilmmuseumSynemaPublikationen sind zu beziehen im gut sortierten Buchhandel, im Filmmuseum und auf www.filmmuseum.at oder direkt bei office@synema.at.

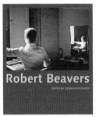

BAND 30
ROBERT BEAVERS
Hg. Rebekah Rutkoff
Das erste, reich illustrierte Buch über Robert Beavers' Kino schillert in allen Farben seiner Filme. Mit Beiträgen von Ute Aurand, Don Daniels, Luke Fowler, Haden Guest, Kristin Jones, James Macgillivray, Gregory Markopoulos, Ricardo Matos Cabo, Jonas Mekas, René Micha, Susan Oxtoby, P. Adams Sitney, Erik Ulman und Rebekah Rutkoff sowie Beavers' eigenen Schriften über die Kunst des persönlichen Filmemachens.
Wien 2017, 224 Seiten, in englischer Sprache
ISBN 978-3-901644-69-6

BAND 29
RUTH BECKERMANN
Hg. Alexander Horwath, Michael Omasta
Ruth Beckermann arbeitet seit 40 Jahren als Dokumentarfilmerin, ihr Name steht – weit über die Grenzen Österreichs hinaus – für politisches Kino. Der Band enthält zahlreiche Originalbeiträge sowie seltene Fotos, Dokumente, eine kommentierte Filmografie, eine Auswahl ihrer eigenen (Film-)Texte und ein ausführliches Gespräch mit der Filmemacherin.
Wien 2016, 192 Seiten, in deutscher Sprache
ISBN 978-3-901644-68-9

BAND 28
THE CINEMA HYPOTHESIS.
TEACHING CINEMA IN THE
CLASSROOM AND BEYOND
Alain Bergala
Erstmalig erschien einer der zentralen Texte zum Verhältnis Film und Bildung – Alain Bergalas
L'Hypothèse cinéma – in englischer Sprache. Eine Einführung von Alejandro Bachmann und Alexander Horwath sowie ein ausführliches Gespräch mit dem ehemaligen Chefredakteur der *Cahiers du cinéma* ergänzen den Band.
Wien 2016, 136 Seiten, in englischer Sprache
ISBN 978-3-901644-67-2

BAND 27
SIEGFRIED MATTL.
DIE STRAHLKRAFT DER
STADT. SCHRIFTEN ZU FILM
UND GESCHICHTE
Hg. Drehli Robnik
Ein ebenso liebevolles wie theoriefreudiges Verständnis von Kino inspiriert die Film-Schriften von Siegfried Mattl (1954–2015); sie waren ein wesentlicher Teil der Arbeit dieses herausragenden Wiener Historikers. Mattls Essays und Studien sind reich an Deutung, Material und Kontext, an Witz und Kritik.
Wien 2016, 272 Seiten, in deutscher Sprache
ISBN 978-3-901644-66-5

BAND 26
JEAN-MARIE STRAUB &
DANIÈLE HUILLET
Hg. Ted Fendt
Der Band bietet eine
Einführung in das Werk
von Straub/Huillet – eines
der zentralen Œuvres
im modernen Kino – und
eine detaillierte Dokumentation ihrer Filme. Er
enthält zahlreiche unveröffentlichte Bilder und
Dokumente, ein großes Gespräch über »Film und
Politik«, Arbeitsberichte vieler Mitarbeiter/innen
sowie Essays von Harun Farocki, Ted Fendt, John
Gianvito, Jean-Pierre Gorin, Claudia Pummer und
Barbara Ulrich.

Wien 2016, 256 Seiten, in englischer Sprache
ISBN 978-3-901644-64-1

BAND 25
ABENTEUER ALLTAG.
ZUR ARCHÄOLOGIE DES
AMATEURFILMS
Hg. Siegfried Mattl,
Carina Lesky, Vrääth Öhner,
Ingo Zechner
Die erste Publikation im
deutschsprachigen Raum,
die einen Überblick über aktuelle Forschungen
zum Amateurfilm im europäischen Raum gibt.
Mit Beiträgen zu Themen wie Technologie und
Ästhetik, Genres und Variationen, Politik und Ge-
schichte des Amateurfilms sowie zu Sammlungs-
und Archivierungsstrategien ausgewählter euro-
päischer und amerikanischer Archive.

Wien 2015, 272 Seiten, in deutscher Sprache
ISBN 978-3-901644-63-4

BAND 24
BE SAND, NOT OIL.
THE LIFE AND WORK OF
AMOS VOGEL
Hg. Paul Cronin
Amos Vogel, der Autor von
Kino wider die Tabus, war
eine der bedeutendsten
Persönlichkeiten der inter-
nationalen Filmkultur nach dem Zweiten Welt-
krieg. *Be Sand, Not Oil* enthält zahlreiche seiner
Schriften, ein bislang unveröffentlichtes Interview
sowie mehrere große Essays zu seinem Schaffen
und über seine Jugend in Wien.

Wien 2014, 272 Seiten, in englischer Sprache
ISBN 978-3-901644-59-7

BAND 23
HOU HSIAO-HSIEN
Hg. Richard I. Suchenski
Mit seinem sinnlichen,
nuancenreichen Schaffen
seit den 1980er Jahren
nimmt Hou Hsiao-hsien
einen einzigartigen Platz in
der globalen Filmkultur ein.
Mit Beiträgen u. a. von Olivier Assayas, Peggy
Chiao, Jean-Michael Frodon, Shigehiko Hasumi,
Jia Zhang-ke und James Quandt sowie Gesprä-
chen mit dem Regisseur und seinen engsten
Mitarbeitern.

Wien 2014, 272 Seiten, in englischer Sprache
ISBN 978-3-901644-58-0

BAND 20–22
FÜNFZIG JAHRE ÖSTERREICHISCHES FILMMUSEUM
DREI BÜCHER IM SCHUBER
Hg. Österreichisches Filmmuseum
Die Geschichte und Gegenwart des Filmmuseums in drei Akten. Zunächst eine historische
Recherche – über das *Aufbrechen*: Wie zwei noch
nicht Dreißigjährige ein »Museum gründeten und
in kürzester Zeit eine »Kinemathek von Welt-
rang« (*F.A.Z.*) schufen. Ein zweites Buch über
Das sichtbare Kino: 50 Jahre Filmmuseum in
100 Texten, Briefen, Dokumenten, mit 200 Bildern
der Weltkinomacher/innen, die hier zu Gast
waren. Der dritte Band erzählt von der *Kollektion*:
als Abenteuerreise durch die Filmgeschichte
anhand von 50 ausgewählten Objekten aus den
Sammlungen des Filmmuseums.
Wien 2014, 768 Seiten, in deutscher Sprache
ISBN 978-3-901644-53-5

BAND 19
JOE DANTE
Hg. Nil Baskar, Gabe Klinger
Das farbenfrohe Dante-
Universum wird in einer
reich illustrierten Mono-
grafie erkundet: mit bisher
unveröffentlichten Bild-
dokumenten, Essays von
Michael Almereyda, Jim Hoberman, Christoph
Huber, Gabe Klinger, Violeta Kovacsics, Bill Krohn,
Dušan Rebolj, John Sayles und Mark Cotta Vaz
– und einem großen Interview mit Joe Dante
selbst, das seine gesamte Laufbahn abdeckt.
Wien 2013, 256 Seiten, in englischer Sprache
ISBN 978-3-901644-52-8

BAND 18
DOMINIK GRAF
Christoph Huber, Olaf Möller
Dominik Graf, eine Aus-
nahmeerscheinung im Film-
Fernseh-Betrieb, ist vieles auf
einmal – das macht viel von
seiner Faszination aus. Davon
erzählt dieses Buch in einem
Essay von Christoph Huber, einer kommentierten
Filmografie von Olaf Möller sowie einem ausführ-
lichen Gespräch der beiden Autoren mit dem
Filmemacher.
Wien 2013, 208 Seiten, in deutscher Sprache
ISBN 978-3-901644-48-1

BAND 17
A POST-MAY ADOLESCENCE
LETTER TO ALICE DEBORD
Olivier Assayas
Ein autobiografischer Be-
richt – die Schilderung einer
persönlichen Sozialisation
und schwierigen Selbstfindung
im »nach-revolutionären«
Klima der 70er Jahre. Abgerundet wird der Band
von zwei Texten, die Assayas 1994 und 2001 verfasst
hat und in deren Zentrum die Errungenschaften
von Guy Debord als Autor und Filmemacher stehen.
Wien 2012, 104 Seiten, in englischer Sprache
ISBN 978-3-901644-44-3

BAND 16
OLIVIER ASSAYAS
Hg. Kent Jones
Diese reich illustrierte Mono-
grafie beruht auf langjähriger
Korrespondenz und einem
intensivem Ideenaustausch
zwischen dem Filmemacher
und dem Herausgeber Kent
Jones. Mit Beiträgen u.a. von Greil Marcus, Geoffrey
O'Brien, Howard Hampton, Kristin M. Jones,
B. Kite, Glenn Kenny, Olivier Assayas und seinen
engsten Mitarbeiter/inne/n.
Wien 2012, 256 Seiten, in englischer Sprache
ISBN 978-3-901644-43-6

BAND 15
SCREEN DYNAMICS.
MAPPING THE BORDERS
OF CINEMA
Hg. Gertrud Koch,
Volker Pantenburg und
Simon Rothöhler
Immer mehr Bildschirme,
Displays und Leinwände
durchziehen heute den privaten und öffentlichen
Raum. Dieses Buch nimmt die Besonderheiten
und Grenzen von Film und Kino in den Blick. Mit
Beiträgen von Raymond Bellour, Victor Burgin,
Vinzenz Hediger, Tom Gunning, Miriam Hansen,
Ute Holl, Ekkehard Knörer, Thomas Morsch,
Jonathan Rosenbaum und den Herausgebern.
Wien 2012, 184 Seiten, in englischer Sprache
ISBN 978-3-901644-39-9

BAND 14
WAS IST FILM. PETER
KUBELKAS ZYKLISCHE
PROGRAMME IM ÖSTER-
REICHISCHEN FILMMUSEUM
Hg. Stefan Grissemann,
Alexander Horwath und
Regina Schlagnitweit
In Peter Kubelkas Pro-
grammzyklus »Was ist Film« wird das Medium
Film anhand von Beispielen als eigenständige
Kunstgattung vorgestellt. Die konkrete Erfahrung
im Kino ist für das Verständnis der Werke unab-
dingbar. Das Buch *Was ist Film* versteht sich als
Angebot, die Beschäftigung mit ihnen auf anderer
Ebene weiterzuführen. Es enthält Texte zu allen
Filmen, rund 200 Abbildungen, ein umfangreiches
Gespräch mit Peter Kubelka und einen Index zu
den 73 Künstler/innen, die im Zyklus vertreten sind.
Wien 2010/2017, 208 Seiten, in deutscher Sprache,
ISBN 978-3-901644-36-8

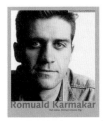

BAND 13
ROMUALD KARMAKAR
Hg. Olaf Möller,
Michael Omasta
Ganz direkt, sehr gegen-
wärtig: Romuald Karmakars
Werk steht im deutschen
Kino einzigartig da – und
quer zu fast allem, was an-
dere so denken, machen, filmen. Das vorliegende
Buch stellt sein bisheriges Schaffen zum ersten
Mal in seiner Gesamtheit dar. Ein großer Essay
und Gespräche, eine kommentierte Filmografie
und ausgewählte Texte des Künstlers, darunter
Treatments und Drehbuchentwürfe zu nicht
realisierten Filmen, geben Einblick in sein
filmisches Denken.
Wien 2010, 256 Seiten, in deutscher Sprache
ISBN 978-3-901644-34-4

BAND 12
APICHATPONG WEERASETHAKUL VERGRIFFEN
Hg. James Quandt
Wien 2009, 256 Seiten. ISBN 978-3-901644-31-3

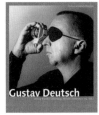

BAND 11
GUSTAV DEUTSCH
Hg. Wilbirg Brainin-
Donnenberg, Michael
Loebenstein
Mit Meisterwerken wie der
mehrteiligen Reihe *Film ist.*
oder *Welt Spiegel Kino* ist
Gustav Deutsch zu einer
Hauptfigur des internationalen Found-Footage-
Films avanciert. Diese Monografie zeichnet
anhand zahlreicher Materialien, Interviews und
Essays sein Schaffen nach.
Wien 2009, 252 Seiten, in englischer/deutscher
Sprache, ISBN 978-3-901644-30-6

BAND 10
MICHAEL PILZ.
AUGE KAMERA HERZ
Hg. Olaf Möller,
Michael Omasta
Michael Pilz, Regisseur von
Himmel und Erde, einem
der monolithischen Werke
des internationalen Doku-
mentarfilms, genießt nicht einmal annähernd jene
Bekanntheit, die er längst verdient: ein Solitär,
der sich konsequent seit vier Jahrzehnten jeglicher Kategorisierung verwehrt. Diese erste, in
enger Zusammenarbeit mit dem Künstler ent-
standene Monografie enthält Essays zu seinem
Schaffen, ein ausführliches Gespräch, ausgewählte Texte und Dokumente zu seiner Arbeit
sowie eine umfassende Filmografie.

Wien 2008, 288 Seiten, in deutscher Sprache
ISBN 978-3-901644-29-0

BAND 9
FILM CURATORSHIP
ARCHIVES, MUSEUMS, AND
THE DIGITAL MARKETPLACE
VERGRIFFEN (2. ERWEITERTE
AUFLAGE IN PLANUNG)
Paolo Cherchi Usai, David
Francis, Alexander Horwath,
Michael Loebenstein
Das Buch diskutiert – in Form von Dialogen
zwischen Kuratoren und Archivaren dreier
Generationen – das Medium Film und seine Ver-
mittlung im Kontext von Museen und Cinéma-
thèquen, Fragen von Kuratorenschaft sowie
die Zukunft des filmischen Erbes und sucht eine
Form der Auseinandersetzung jenseits des
Medienpurismus oder der Zwänge des Marktes.

Wien 2008, 240 Seiten, in englischer Sprache
ISBN 978-3-901644-24-5

BAND 8
LACHENDE KÖRPER
KOMIKERINNEN IM KINO
DER 1910ER JAHRE
Claudia Preschl
Das Buch von Claudia
Preschl trägt, mit Blick
auf die kurzen Serien- und
Lustspielfilme, zur Wieder-
entdeckung eines frühen, sehr direkten, »ande-
ren« Kinos bei, in dem Komikerinnen eine große
Rolle spielten. Der reiche Fundus ihrer grotesk-
körperlichen Überschreitungen und anarchischen
Rebellion bietet heute Aufschlussreiches zu Ge-
schlechter- wie Handlungskonzepten.

Wien 2008, 208 Seiten, in deutscher Sprache
ISBN 978-3-901644-27-6

BAND 7
JEAN EPSTEIN. BONJOUR
CINÉMA UND ANDERE
SCHRIFTEN ZUM KINO
Hg. Nicole Brenez, Ralph Eue
Jean Epstein, der große
Unbekannte unter den
Größten des Films,
gehört zur Handvoll jener
Autoren, die in ihren Reflexionen über das Kino
wie in ihren künstlerischen Arbeiten das moderne
Filmdenken miterfunden haben. Der vorliegende
Band macht eine Auswahl seiner mitreißenden
Schriften erstmals auch in deutscher Sprache
zugänglich.

Wien 2008, 160 Seiten, in deutscher Sprache
ISBN 978-3-901644-25-2

BAND 6
JAMES BENNING
Hg. Barbara Pichler,
Claudia Slanar
Die weltweit erste um-
fassende Würdigung einer
der faszinierendsten
Persönlichkeiten des un-
abhängigen US-Kinos. Mit
Beiträgen von Julie Ault, James Benning, Sadie
Benning, Dick Hebdige, Sharon Lockhart, Scott
MacDonald, Volker Pantenburg, Michael Pisaro,
Nils Plath, Allan Sekula, Amanda Yates.
Wien 2007, 264 Seiten, in englischer Sprache
ISBN 978-3-901644-23-8

BAND 5
JOSEF VON STERNBERG.
THE CASE OF LENA SMITH
Hg. Alexander Horwath,
Michael Omasta
Entlang hunderter Original-
fotos und Dokumente,
einer Reihe literarischer
Blitzlichter sowie Essays
internationaler Autoren und Autorinnen rekon-
struiert dieser Band Josef von Sternbergs ver-
lorengegangenes Filmdrama über eine junge
Frau in der Wiener Klassengesellschaft um 1900.
Wien 2007, 304 Seiten, in deutscher/englischer
Sprache. ISBN 978-3-901644-22-1

BAND 4
DZIGA VERTOV.
DIE VERTOV-SAMMLUNG
IM ÖSTERREICHISCHEN
FILMMUSEUM
Hg. Österreichisches Film-
museum, Thomas Tode,
Barbara Wurm
In beispielhafter Weise
stellt der Band die umfangreiche Sammlung
vor, die das Österreichische Filmmuseum zum
Schaffen des russischen Filmemachers und
-theoretikers Dziga Vertov angelegt hat: Filme,
Fotos, Plakate, Briefe sowie eine Vielzahl bislang
unpublizierter Schriften, Entwürfe und Skizzen
des Künstlers.
Wien 2006, 288 Seiten, in deutscher/englischer
Sprache. ISBN 3-901644-19-9

BAND 3
JOHN COOK. VIENNESE BY CHOICE,
FILMEMACHER VON BERUF VERGRIFFEN
Hg. Michael Omasta, Olaf Möller
Wien 2006, 252 Seiten, in deutscher (und z. T.
englischer) Sprache. ISBN 3-901644-17-2

BAND 2
PETER TSCHERKASSKY VERGRIFFEN
Hg. Alexander Horwath, Michael Loebenstein
Wien 2005, 256 Seiten. ISBN 3-901644-16-4

BAND 1
CLAIRE DENIS. TROUBLE EVERY DAY VERGRIFFEN
Hg. Michael Omasta, Isabella Reicher
Wien 2005, 160 Seiten. ISBN 3-901644-15-6